UNE TERRE
DEUX FOIS PROMISE
ISRAËL-PALESTINE

WILLIAM KAREL
LAURENT RUCKER

UNE TERRE DEUX FOIS PROMISE
ISRAËL-PALESTINE

Cinquante ans d'histoire racontée par ceux qui l'ont faite

ÉDITIONS DU ROCHER
Jean-Paul Bertrand

Crédits photos des cahiers hors texte : Sarah Pflug, Jérusalem. Bureau de presse du gouvernement. Centre Jimmy Carter. Collections privées. Droits réservés.

Cartes : Hervé Clerc.

ISBN 2 268 02960 3

« Une nation a promis à une deuxième
le territoire d'une troisième. »

Arthur Koestler

AVANT-PROPOS

Ce livre est le prolongement du film *Israël-Palestine. Une terre deux fois promise*, diffusé en février 1998 sur France 3, dans le cadre de l'émission « Les dossiers de l'Histoire ».

Pour des impératifs de durée, nous avions été contraints de ne conserver que cent vingt minutes sur les cent vingt heures d'entretiens que ces cinquante « acteurs », tous de premier plan, nous avaient accordées. Une minute par heure...

De cette frustration est né ce livre qui raconte, à travers les récits des principaux témoins directs, les dessous des conflits, les négociations secrètes, les occasions manquées qui ont marqué cette traversée d'un demi-siècle. Cinquante témoins de premier plan, dont le roi Hussein de Jordanie, Yasser Arafat, Benyamin Netanyahou, Jimmy Carter, Shimon Peres, Ezer Weizmann, Yitzhak Shamir, Leah Rabin, Jehane Sadate, Henry Kissinger, James Baker, Alexander Haig, Boutros Boutros-Ghali, William Quandt, Abba Eban, Hanane Ashraoui, Leïla Khaled, Bassam Abou Sharif, Feyçal el-Husseini, Tom Segev, Dan Shomron, Ehud Barak, Motti Hod, Dennis Ross, Meïr Amit et David Kimche, anciens chefs du Mossad, et les généraux Raphael Eytan et Ariel Sharon.

Notre livre n'a pas la prétention de vouloir « rouvrir » tous les dossiers, mais plutôt d'essayer, sur des points précis, de répondre à ceux qui se demandent : Comment est-ce arrivé ? Que s'est-il passé la nuit du partage de la Palestine en deux États, l'un juif, l'autre arabe ? Comment

Israël a préparé la guerre des Six Jours de juin 1967 ? Qui est à l'origine des combats entre les Palestiniens et le roi de Jordanie ? Comment Israël a-t-il sauvé le roi Hussein en 1970 ? Pourquoi Sadate a-t-il pris la décision de venir à Jérusalem ? Quels furent les dessous de la conférence de Madrid et des négociations d'Oslo ? Pourquoi Israël n'a pas riposté pendant la guerre du Golfe ? Comment James Baker a fait « tomber » le Premier ministre Yitzhak Shamir pour mettre au pouvoir Yitzhak Rabin ? Pourquoi et comment furent assassinés Anouar el-Sadate et Yitzhak Rabin ?

Cinquante ans d'histoire d'Israël et du Proche-Orient racontés par ceux qui l'ont faite.

Tous les entretiens qui ont nourri le film et ce livre ont été réalisés entre janvier et septembre 1997 par Anouar el-Sadate, Hesi Carmel, Elias Zananiri, John Cooley, Mohamad Khatib, Bruno Sylvestre et William Karel. Les traductions de ces entretiens ont été assurées par Tal Zana et Elie Ayoub.

Nous adressons nos plus vifs remerciements à Patrick de Carolis, Patricia Boutinard-Rouelle, Élisabeth Couturier, Muriel Rosé (France 3) ; Claude Lefèvre, Bénédicte Massiet du Biest, Carole Domenach (MFP) ; ainsi qu'à Bettina Hatami, Philippe Saada, Dominique Vidal, Nira Reyes Morales, Blanche Finger et Hervé Clerc qui nous ont soutenus tout au long de cette entreprise. Un merci tout particulier à Hesi Carmel.

LE PROCHE-ORIENT

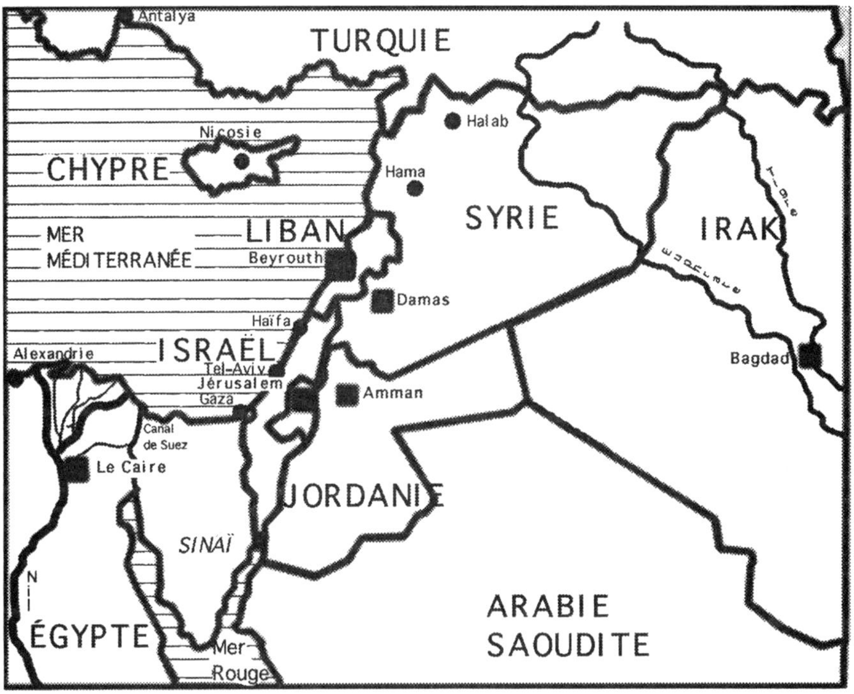

INTRODUCTION

Une terre deux fois promise et trois fois sainte. À elle seule, cette équation suffit à expliquer pourquoi la Palestine, dont le sous-sol recèle peu de richesses naturelles, suscite tant de convoitises et déchaîne tant de passions.

Berceau des religions du Livre, carrefour entre l'Occident et l'Orient, passage presque obligé vers les richesses, en particulier pétrolières, de l'Asie, champ d'affrontement des grandes puissances, depuis près d'un siècle, la Palestine est l'objet de toutes les attentions. Le moindre événement peut y acquérir une résonance mondiale.

Cinq guerres, des soulèvements à répétition, d'innombrables attentats sanglants rythment l'histoire de cette terre sur laquelle, il y a un siècle, le mouvement sioniste a décidé de construire l'État des Juifs.

Certes, depuis des siècles – très exactement depuis 135 après J.-C., date de leur défaite face aux Romains – les Juifs, dispersés à la travers le monde (la Diaspora), entretenaient l'espoir d'un retour à Jérusalem. Mais, jusqu'au milieu du XIXe siècle, ce vœu est resté de nature religieuse. Les Juifs, dans l'attente de l'arrivée du Messie, répétaient chaque année la même prière : « l'An prochain à Jérusalem ».

Il faut attendre le XIXe siècle pour que cette prière prenne la forme d'un projet politique. La conjonction de deux phénomènes va conduire certains Juifs à envisager la construction d'un État en Palestine.

Le XIXe siècle voit, partout en Europe, monter la revendication nationale. Chacun veut prendre en main son destin, gouverner son territoire et ne plus subir le carcan étouffant des empires – austro-hongrois, allemand, ottoman et russe – qui dominent la plus grande partie du continent européen. L'indépendance nationale et étatique semble alors être la condition *sine qua non* pour accéder à cette modernité qui fait tant rêver depuis la Révolution française de 1789. Dans ce contexte, pourquoi les Juifs ne revendiqueraient-ils pas, eux aussi, leur autonomie, voire leur État.

Mais à la face lumineuse de ces aspirations nationales – la libération des peuples – correspond une face sombre – le rejet de l'autre dont le Juif devient l'une des cibles privilégiées.

Le XIXe siècle est aussi celui de l'émergence de l'antisémitisme moderne, qui succède à l'antijudaïsme chrétien. Ce n'est plus le Juif déicide qui est visé mais l'étranger à la nation, qui n'appartient à aucune autre. Cet antisémitisme se développe particulièrement en Europe orientale où, contrairement à l'Europe occidentale où les Juifs se sont assimilés, les communautés juives, souvent pauvres, vivent repliées sur elles-mêmes, entretiennent un mode de vie traditionnel dans un environnement hostile.

C'est sur ce terreau que va naître le mouvement sioniste qui s'intitule ainsi en référence à la colline de Sion à Jérusalem.

Les premiers à envisager la construction d'un État juif en Palestine sont l'Allemand Moses Hess, ami de Marx et Engels, qui expose ses idées dans *Rome et Jérusalem*, un livre publié en 1862, et le Russe Léon Pinsker qui écrit l'*Auto-émancipation* en 1882. Mais ils ne rencontrent encore qu'un très faible écho. À cette date, la Palestine ne compte que 25 000 Juifs pour 500 000 Arabes.

À partir de la fin du XIXe siècle, la recrudescence de l'antisémitisme en Europe, notamment dans l'Empire russe où les pogromes se multiplient, conduit 20 000 à 30 000 Juifs à émigrer vers la Palestine. Cependant, cette destination n'est choisie que par une minorité. La plupart préfèrent l'Europe occidentale ou les États-Unis.

Le sionisme va prendre son véritable élan grâce à l'action d'un homme : Théodore Herzl. Né à Budapest, vivant à Vienne, Herzl est le produit de l'intelligentsia juive de cet empire austro-hongrois au faîte de sa gloire, mais qui manifeste de plus en plus de signes de fatigue. Brillant journaliste, Herzl est à Paris en 1894 pour suivre l'affaire Dreyfus. Cette flambée d'antisémitisme au pays des Lumières, de la déclaration des droits de l'homme et de l'émancipation des Juifs, le bouleverse. Il en conclut que les Juifs n'ont plus qu'une solution : se doter de leur propre État.

Il donne au sionisme ses fondements théoriques, qu'il expose en 1896 dans son ouvrage l'*État des Juifs*, et une organisation, avec la tenue en 1897 du premier congrès sioniste à Bâle.

L'émigration vers la Palestine se poursuit au début du XXe siècle. À la veille de la guerre de 1914, la communauté juive de Palestine, le *Yishouv*, compte environ 80 000 personnes.

L'Organisation sioniste acquiert assez vite une place importante au plan international. À la recherche de soutiens qui lui permettraient d'atteindre son objectif, elle va se tourner vers la puissance qui lui semble la mieux à même de l'y aider : la Grande-Bretagne.

C'est au cours de la Première Guerre mondiale que le destin de la Palestine est scellé. Londres la promet deux fois : une fois aux Arabes ; une fois aux Juifs.

La Grande-Bretagne, alliée à la France et à la Russie, est en guerre contre l'Allemagne, l'Autriche-Hongrie et l'Empire ottoman qui contrôle une grande partie du Proche-Orient. En 1915, Londres conclut des accords avec Ibn Séoud – le fondateur de l'Arabie Saoudite – et Hussein, le chérif de La Mecque, roi du Hedjaz, père du futur roi Fayçal d'Irak et... arrière-grand-père de l'actuel roi Hussein de Jordanie.

En échange d'une révolte arabe contre l'Empire ottoman, la Grande-Bretagne promet à Hussein et Ibn Séoud l'établissement d'un grand État arabe couvrant la péninsule arabique, la Palestine, l'Irak, la Jordanie et la Syrie. Seule une partie est exclue de ces accords : elle correspond grosso modo au Liban contemporain.

La révolte arabe – encadrée par le célèbre colonel Lawrence, dit Lawrence d'Arabie – aura bien lieu et permettra à Londres de vaincre les armées ottomanes, mais la promesse ne sera pas respectée.

Entre-temps, en 1916, des accords secrets – les accords Sykes-Picot, du nom des diplomates britannique et français, ont été signés entre la France et la Grande-Bretagne et ratifiés par la Russie. Ils prévoient qu'à l'issue de la guerre la Grande-Bretagne contrôlera l'Irak et la Transjordanie, la France recevra le Liban et la Syrie. La Palestine devra passer sous un régime international.

À peine l'encre de ces accords est-elle séchée que la Grande-Bretagne, soucieuse d'éloigner les Juifs de l'influence allemande, de la révolution bolchevique – opposée au sionisme mais favorable à l'émancipation des Juifs en Russie –, promet au mouvement sioniste l'édification d'un « foyer national juif en Palestine » et de tout mettre en œuvre « pour la réalisation de cet objectif ». Ce document, connu sous le nom de déclaration Balfour, est une lettre adressée le 2 novembre 1917, par lord Arthur James Balfour, le secrétaire au Foreign Office, à lord Rothschild, le président de la Fédération sioniste britannique.

La Grande-Bretagne a promis tout et son contraire. Le nœud proche-oriental vient d'être noué.

À la fin de la guerre, le grand État arabe promis n'est pas créé. En 1922, la Grande-Bretagne reçoit de la Société des nations (SDN) un mandat sur la Palestine, tandis qu'à la France échoit un mandat sur le Liban et la Syrie.

Sous le mandat britannique, l'immigration juive en Palestine se poursuit : entre 1919 et 1939, près de 360 000 Juifs, venus essentiellement de Pologne, d'URSS, d'Allemagne et d'Autriche. Mais cette période est marquée par une succession de révoltes violentes (en 1921, en 1929, en 1936-1939) des Arabes de Palestine qui refusent tout à la fois la domination britannique et l'immigration juive. « Il y a une contradiction insurmontable entre eux et nous. Nous voulons la même chose : la Palestine », déclare David Ben Gourion.

À chaque révolte, l'administration britannique répond par une répression féroce mais aussi par des *Livres blancs* (1922, 1930, 1939) qui limitent l'immigration juive et l'achat des terres arabes.

Entre 1936 et 1939, la Grande-Bretagne ne parvient pas à éteindre le feu de la révolte arabe. Elle propose d'abord un plan de partage de la Palestine (1937, commission Peel) avant d'y renoncer et de réduire de manière draconienne l'immigration juive en 1939 avec un nouveau *Livre blanc* (seuls 75 000 Juifs seront autorisés à entrer sur une période de cinq ans).

Londres ferme les portes de la Palestine aux Juifs alors qu'ils cherchent à fuir l'Allemagne nazie et que la guerre gronde. Mais là se situe bien le problème. La Grande-Bretagne redoute une alliance du monde arabe avec les puissances de l'Axe (Allemagne et Italie) qui ferait peser un terrible danger sur l'Empire.

Après la guerre, financièrement exténuée, la Grande-Bretagne n'est plus en mesure de contrôler la Palestine alors même qu'elle est obligée d'accorder l'indépendance au joyau de la couronne, l'Inde.

Mais surtout l'extermination de 6 millions de Juifs par les nazis a rendu légitime et indiscutable la revendication sioniste. D'autant plus que des centaines de milliers de Juifs n'ont plus de foyers ou refusent de rester dans des pays où les leurs ont été massacrés, parfois avec le concours des populations locales, comme en Ukraine, en Pologne ou dans les pays Baltes.

En Palestine, les troubles et les violences se multiplient, tant côté juif qu'arabe. La répression, réelle mais exploitée par la propagande sioniste, de l'immigration juive clandestine, donne une image désastreuse de la Grande-Bretagne. Voilà qu'elle se retrouve à rejeter, souvent sans ménagement, les rescapés des camps de la mort, qui veulent, après tant de souffrances, trouver refuge en Palestine. Il n'en faut pas plus pour faire monter la pression internationale, d'autant que les candidats à la succession pour se partager cette zone d'influence au Proche-Orient sont nombreux et que la guerre froide américano-soviétique s'annonce.

En février 1947, la Grande-Bretagne porte la question palestinienne devant les Nations unies. Le débat sur le partage de la Palestine en deux États, l'un arabe, l'autre juif, commence.

1947 : PLAN DE PARTAGE DE L'ONU

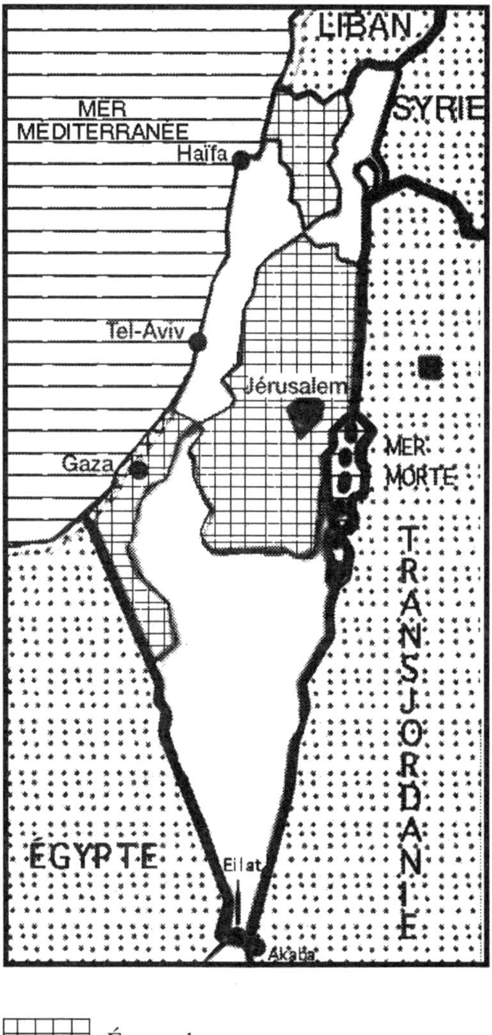

État arabe

État juif

1949 : FRONTIÈRE APRÈS LA GUERRE

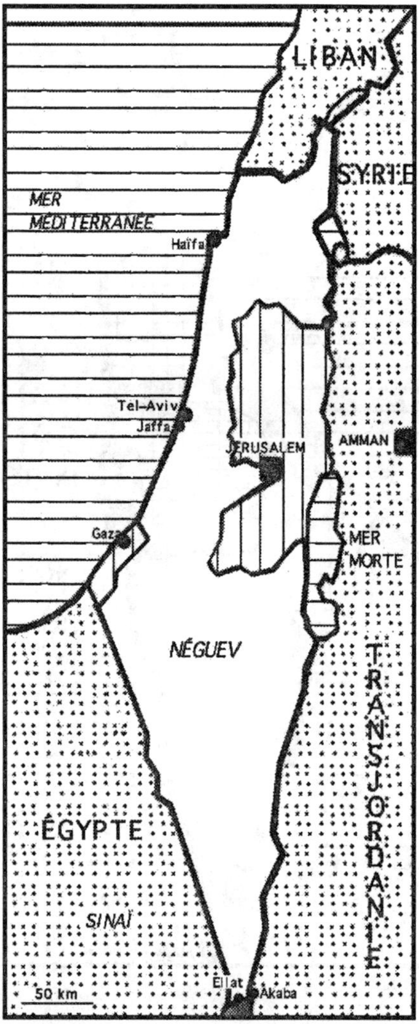

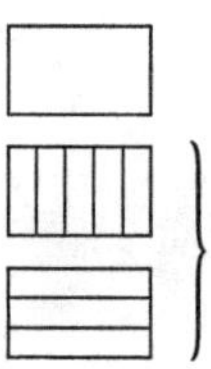

État juif

Territoire arabe

1

LE PARTAGE OUBLIÉ

1947-1967

New York, 29 novembre 1947. Dans l'ancienne patinoire de Flushing Meadows, l'Assemblée générale de l'ONU s'apprête à voter le partage de la Palestine en deux États, l'un juif, l'autre arabe. Pour que la résolution soit adoptée, il faut qu'elle soit votée par les deux tiers des cinquante-six nations représentées.

Un jeune délégué de l'Agence juive attend avec angoisse les résultats du vote dont dépend l'avenir de la Palestine et la possibilité pour les Juifs de réaliser leur plus vieux rêve : « L'an prochain à Jérusalem ! »

Depuis des semaines Abba Eban et ses collègues s'activent dans les couloirs de l'ONU pour convaincre une majorité de délégués de voter en faveur du partage de la Palestine : « Nous avons pris une carte du monde, se souvient Abba Eban, nous l'avons découpée, un peu naïvement, et chacun en a pris une partie. Mon rôle consistait à m'assurer du vote, en principe favorable, de la France, de la Belgique et des pays nordiques. Et nous sommes partis à l'assaut des délégations. Avec, en toile de fond, la responsabilité, la culpabilité du monde entier pour tout ce que le peuple juif venait de subir. Je crois que ça a été le facteur décisif. On nous écoutait avec sympathie. Mais malgré tous nos efforts, en fin de compte, il nous manquait trois ou quatre voix. »

Dans les coulisses de l'ONU, des agents de la CIA interceptent les consignes des ambassades, enregistrent les entretiens entre les délégués. Leurs collègues du futur Mossad truffent de micros les voitures des représentants des différents pays.

« L'ONU est une scène exposée aux quatre vents, souligne Abba Eban, qui ne connaît ni les secrets ni la discrétion. Nous savions donc, la plupart du temps, quelles étaient nos chances. »

Après des mois d'hésitations, le président des États-Unis, Harry Truman, s'est engagé en faveur du plan de partage et n'entend pas être contrarié. « C'est Truman lui-même, poursuit Eban, qui a finalement pris la décision. Plus rien ne pouvait l'arrêter. C'était un génie de la décision. Il était déterminé, et tous les autres ne pouvaient que le suivre. »

La délégation américaine reçoit l'ordre du président Truman de convaincre les indécis. Tous les moyens sont bons pour obtenir gain de cause : pressions, menaces, cadeaux. Vingt-six sénateurs américains prennent en charge le président philippin – qui est à la veille de recevoir d'importants crédits du Congrès – et lui font comprendre qu'il est de son intérêt de modifier son vote. Sous la pression des représentants américains, le fabricant de pneus Firestone obtient du Liberia, dont la survie économique est liée à la production de caoutchouc, un vote en faveur du partage. Enfin, un prêt de cinq millions de dollars ramène également Haïti dans le camp du « oui ». À la surprise générale, le bloc soviétique, à l'exception de la Yougoslavie, est favorable au partage. Moscou y voit une bonne occasion d'affaiblir la Grande-Bretagne, de diviser les « puissances impérialistes » et de prendre pied au Proche-Orient.

Il ne manque plus qu'une voix : « Deux ou trois jours avant le scrutin, se souvient Abba Eban, nous savions que si le vote se déroulait le jour même, nous subirions une défaite. À ce moment-là, tout dépendait de la France. »

La France, déjà contestée au Liban et en Syrie, craint

d'écorner son influence dans le monde arabe et d'avoir à affronter des troubles dans un Maghreb déjà fort agité par les revendications indépendantistes. Son représentant, Alexandre Parodi, s'apprête à s'abstenir.

Abba Eban et Haïm Weizmann, le président de l'Agence juive, et qui sera un an plus tard le premier président de l'État d'Israël, décident d'en appeler à Léon Blum.

« J'ai convaincu Weizmann d'entrer en contact avec Léon Blum, affirme Abba Eban. Ils se connaissaient depuis un certain temps. J'ai aidé Weizmann à rédiger le texte d'un télégramme, qu'il a envoyé à Blum et qui se terminait par ces mots : "Est-ce que la France peut s'abstenir, être absente, d'un moment que personne n'oubliera et qui restera à jamais gravé dans la mémoire de l'humanité ?"

Blum a été très ému et a usé de toute son influence. Vincent Auriol était alors président et certains pensent que c'est la pression effectuée par Blum qui a été décisive. Il n'était plus au pouvoir en France, mais il avait l'habitude de prêter attention à ce que Weizmann lui disait. »

La France votera oui. « Quand le représentant de la France, se souvient Eban, Alexandre Parodi, qui avait été résistant, a prononcé le mot crucial, "oui", tout le public s'est mis à applaudir et nous avons alors réalisé que nous allions vers la victoire. »

Finalement, la résolution 181 de l'Assemblée générale des Nations unies est adoptée par 33 voix contre 13 et 10 abstentions. Mais plus que les pressions de toutes sortes, pour Eban, « l'une des raisons de cette victoire, vraiment stupéfiante, a été, sans l'ombre d'un doute, la Shoah. Le souvenir du génocide était encore présent. Le bateau *Exodus* en était l'emblème... Bien sûr, ce n'est pas l'*Exodus* qui a été à l'origine de la création de l'État d'Israël, mais c'était un symbole. Les gens avaient forcément fait le rapprochement. Nous n'aurions sûrement pas pu obtenir un résultat semblable quelques années plus tard. Nous nous sommes un peu laissé aller, avoue Eban. Les gens s'embrassaient. Ce jour-là, nous avons été témoins, sans doute, d'un des plus grands exploits dans l'histoire du pays ».

Le vote de l'ONU provoque des explosions de joie chez les Juifs de Palestine. Pourtant, un homme sait déjà que la joie sera de courte durée. David Ben Gourion ne cache pas son inquiétude à Shimon Peres, futur Premier ministre d'Israël : « J'étais à côté de lui, raconte Peres, quand il a dit : "Aujourd'hui, le peuple entier chante et danse. Mais dès demain, le sang va couler." À vrai dire, je pensais qu'il exagérait, qu'il était peut-être un peu envieux. Mais les fêtes se sont terminées et le sang a effectivement commencé à couler. »

Le lendemain, les affrontements entre Juifs et Arabes débutent. Ils ne cesseront – provisoirement – qu'un an et demi plus tard. Du Caire à Bagdad, le monde arabe refuse de reconnaître la nouvelle réalité. À ses yeux, non sans raison, le partage d'un territoire que les Palestiniens peuplent majoritairement depuis sept siècles n'est qu'une injustice commise par les Occidentaux pour réparer un crime, la destruction des Juifs d'Europe, dont ils ne sont pas responsables.

Après avoir perdu la bataille sur le terrain diplomatique, les États arabes et les Arabes de Palestine tenteront de vaincre par les armes. Dès la proclamation de l'État d'Israël, le 14 mai 1948, les armées jordanienne, égyptienne, libanaise, syrienne et irakienne se joignent aux combattants palestiniens et envahissent la Palestine.

Mais le rapport de forces n'est pas en leur faveur. Ils essuieront leur première défaite face à l'armée juive. L'État palestinien, prévu par le plan de partage aux côtés de l'État d'Israël, ne verra jamais le jour. Israël, la Jordanie et l'Égypte se partagent cet État mort avant même d'avoir vécu.

À l'exception du parti communiste, tous les courants politiques arabes ont refusé le partage. Aujourd'hui, nombre de dirigeants palestiniens mettent en cause la politique de leurs prédécesseurs. « Ils ont réagi au plan de partage de 1947 avec un manque de réalisme, souligne Bassam Abou Charif, conseiller de Yasser Arafat. Si la direction avait fait preuve de maturité, elle aurait accepté le plan, et nous n'en serions pas là. » Et Haïdar Abdel Chafi, qui dirigera la délégation palestinienne lors de la conférence de Madrid en 1991, d'ajouter : « Au regard de la réalité, le peuple palestinien et le monde arabe, pour peu qu'on veuille les évaluer en fonction des capacités de notre adversaire, n'étaient pas du même niveau et n'avaient pas les compétences nécessaires pour justifier le refus du plan de partage. Il eût été plus sérieux et plus logique, dans ce contexte, d'accepter le partage. Et je pense que ce qui s'est produit depuis justifie mon point de vue. Si ce discours du refus a si bien servi l'objectif sioniste, c'est parce que le monde a été trompé à propos de la réalité de la Pales-tine. Les dirigeants sionistes ont affirmé que la Palestine était une terre sans peuple. C'était un mensonge. Leur "droit historique" était la négation du droit palestinien. Tout cela n'était que tromperie. »

Ce premier refus palestinien sera suivi de bien d'autres, réduisant à chaque fois un peu plus les perspectives d'indépendance nationale jusqu'au tournant décisif des années 1988-1993.

Pour l'heure, en cette année 1948, la défaite arabe tourne à la déroute et scelle le destin de centaines de milliers de Palestiniens – plus de 800 000 – qui prennent le chemin de l'exil pour s'installer dans des camps de réfugiés au Liban, en Jordanie ou en Syrie. D'autres arrivent à Gaza dans des conditions dramatiques, comme en témoigne Haïdar Abdel Chafi : « Dans le secteur sud, les Israéliens ont occupé plusieurs villages arabes. Certains étaient censés appartenir à la partie palestinienne. J'étais alors à Gaza à l'époque, et de nombreux réfugiés arrivaient, venant des villes et des villages palestiniens, depuis Jaffa et jusqu'au sud. Mais la plupart arrivaient de Jaffa même.

Un bon nombre d'entre eux sont venus par la mer dans des embarcations et plusieurs d'entre eux ont péri noyés. Des amis m'ont raconté qu'ils avaient assisté au naufrage d'un certain nombre de bateaux, en route de Jaffa pour Gaza. C'étaient là des cas extrêmement douloureux. »

Deir Yassine

Mais la défaite arabe n'est pas le seul motif de leur départ. Les exactions commises par certains groupes de combattants sionistes sèment la terreur dans la population arabe. Deir Yassine en est devenu le tristement célèbre symbole.

Meïr Païl était alors un jeune officier de la Haganah – l'armée juive – chargé des opérations spéciales « dirigées aussi bien contre les Arabes que contre les Anglais ou même les Juifs. Je m'occupais des enlèvements, des interrogatoires, parfois même de choses plus sérieuses ». Meïr Païl travaille sous l'autorité directe du commandant général de la *Haganah* Israël Galili. Le 6 avril 1948, il apprend de la bouche d'un ami, rencontré dans une rue de Jérusalem, ancien membre du *Palmah* – les troupes de choc de la *Haganah* – qu'une opération contre le village arabe de Deir Yassine est en préparation. « Deir Yassine est situé sur une espèce de colline. C'est un village qui est, d'ailleurs, très loin de la route et qui ne domine absolument rien. Il n'avait aucune importance stratégique », estime Meïr Païl.

Inquiet, il se rend chez le commandant du district de Jérusalem, David Shaltiel. « Il faut savoir que Deir Yassine (village arabe) et Givat Shaoul (village juif) étaient deux villages qui s'étaient mis d'accord pour ne pas se battre entre eux pendant la durée du conflit. Cet accord a été respecté. Nous n'avons pas ouvert le feu et eux non plus ne l'ont pas fait. »

Païl pénètre dans le bureau de Shaltiel et l'apostrophe :

« David, qu'est-ce que c'est que cette histoire ? Pourquoi avez-vous donné l'autorisation d'entreprendre une opération dans ce village ? C'est une violation de l'accord.

– Écoute, répond Shaltiel, ils m'ont mis devant le fait accompli. Ils veulent attaquer Deir Yassine. Ils ont réussi à réunir 120 hommes. Les deux tiers sont des membres de *l'Irgoun*, le reste est constitué par des combattants du *Lehi*. C'est ce qu'ils ont à Jérusalem. Ils veulent faire un raid. Ils insistent sur Deir Yassine. Je leur ai dit non, mais cela n'a servi à rien. S'ils quittent Givat Shaoul vers Deir Yassine, je ne vais quand même pas leur tirer dans le dos. Je ne peux pas le faire. Je ne peux pas non plus me permettre d'envoyer une, deux ou trois compagnies pour les arrêter, car les combats se sont intensifiés. »

Meïr Païl décide se joindre aux forces de l'*Irgoun* de Menahem Begin et du *Lehi* d'Yitzhak Shamir, non pour participer à l'opération, mais pour observer ces hommes qui inquiètent le commandement de la *Haganah*.

L'*Irgoun* et le *Lehi* sont deux organisations qui se situent à l'extrême droite de l'échiquier politique sioniste. Elles ont inscrit à leur programme la construction d'un État juif, sur les deux rives du Jourdain dans sa version minimaliste, et du Nil à l'Euphrate dans sa version maximaliste.

Elles possèdent, chacune, leur propre milice. Mais, une fois que l'État d'Israël sera fondé, il ne sera plus question de tolérer une quelconque concurrence à l'armée régulière. Ces milices n'auront d'autre choix que de s'y'intégrer ou de prendre le risque d'être dissoutes par la force. Ben Gourion n'entend pas voir son autorité discutée. Les chefs de la *Haganah* ont donc besoin d'évaluer les capacités militaires de l'*Irgoun* et du *Lehi*, et en conséquence le danger potentiel qu'ils peuvent représenter.

« J'irai avec eux, déclare Païl à Shaltiel. Je rapporterai les faits aux personnes concernées, à toi aussi si tu le veux. »

Dans la nuit du 9 avril 1948, Païl rejoint les hommes du *Lehi* à Givat Shaoul. Il est accompagné d'un de ses hommes et muni d'un appareil de photographie Leica.

Les premiers échanges de coups de feu avec les villageois de Deir Yassine débutent à l'aube. Toutefois, il ne s'agit encore que de légers accrochages. « C'était plutôt tranquille, explique Païl. Rien ne bougeait. Je me demandais pourquoi personne ne montait à l'assaut. »

La réponse ne tarda pas à venir. « Vers 9 ou 10 heures, je vois des obus de deux pouces atterrir sur les maisons du village. Ils effectuaient des tirs de mortiers au-dessus de nos têtes. Cinq ou dix minutes plus tard, une quinzaine de personnes escaladent la pente, très raide, vers le village. Je constate que ce sont des hommes du Palmah. »

Meïr Païl interpelle en yiddish l'un de ces hommes, Yaki Veg : « Que faites-vous ici ?

– J'ai effectué hier soir un raid avec deux compagnies. Nous sommes revenus, et j'ai envoyé mes hommes dormir à Schneller. Ma troisième compagnie allait prendre position sur la "Montagne du repos", pour contrôler le dernier tronçon de la route. Un type du Lehi est venu me voir en courant. Il me criait : "La situation est grave. Nous sommes à Deir Yassine. On est en train de se faire massacrer. Venez à notre secours."

J'ai laissé la moitié de ma compagnie derrière moi, et je suis arrivé ici en passant par Givat Shaoul. J'ai vu ce qu'il se passait. J'ai installé un mortier et j'ai pris le village.

– Écoute Yaki, ce quartier n'est pas à nous. Partez ! Allez accomplir votre mission. Je ne sais pas qui vous a rapporté les événements. En tout cas, il faut passer un coup de fil à quelqu'un et raconter ce qui vient de se passer. »

Après le départ des hommes du Palmah, le massacre des habitants de Deir Yassine commença : « Quand les vingt hommes du Palmah ont quitté les lieux, j'ai tout de suite entendu des coups de feu provenant de plusieurs maisons. Des hurlements et des tirs d'armes automatiques... Je suis allé jeter un coup d'œil avec mon compagnon. J'ai vu qu'un massacre était en train de se dérouler. Les hommes du *Lehi* et de l'*Irgoun* – je ne sais pas faire la différence – passaient d'une maison à l'autre et tiraient sur les habitants. Nous avons pris des photos. Ils ne les ont même pas mis face aux murs. Ils les ont entassés dans les coins. On voyait des groupes de quatre ou cinq enfants, une femme, un vieillard, parfois un homme... comme ça... abattus... dans chaque maison. J'ai commencé à courir dans tous les sens pour trouver un officier. Je ne les connaissais pas, [ces types] de l'*Irgoun*. Je n'ai rien trouvé. J'ai regretté d'avoir laissé le *Palmah* quitter les lieux. Je m'en mords les doigts encore aujourd'hui. Il ne s'agit pas seulement de remords. Cela me pèse sur le cœur. Je ne l'oublierai jamais. Cela a duré trois ou quatre heures. J'ai vu des hommes du *Lehi* ou de l'*Irgoun* mettre une vingtaine d'hommes sur un camion pour les emmener en ville. Une heure plus tard, le camion est revenu. Il y avait une carrière abandonnée entre Deir Yassine et Kefar Shaoul. Ils les ont alignés face au mur et les ont tous massacrés. Mon compagnon a pris des photos. Leur commandant était le professeur Yéhoshoua Meïri. Il a raconté que, quand il est arrivé, on était en train de brûler des cadavres. Il a parlé de trois monceaux de cadavres, composés respectivement de 70, 20 et 10 corps. Mais il y a eu beaucoup plus de morts, car l'*Irgoun* et le *Lehi* ont jeté un grand nombre de personnes dans des fosses remplies d'eau. »

Ce sont les habitants du village juif de Givat Shaoul qui firent cesser le bain de sang : « Des centaines d'entre eux sont entrés dans le village. La plupart étaient des religieux. Ils ont commencé à crier : "Assassins ! Meurtriers ! Comment avez-vous fait une chose pareille ? Nous vivions en paix avec eux. Que faites-vous ?" »

Entre les deux villages, il y avait une école, qui existe toujours. Les hommes du *Lehi* et de l'*Irgoun* ont rassemblé les survivants du massacre à l'intérieur de cette école. C'était un immeuble construit par les Britanniques. Ils n'arrêtaient pas de dire : « On va faire exploser l'immeuble et les Arabes avec. On va les tuer. »

Les habitants de Givat Shaoul criaient : « Assassins ! Vous ne le ferez pas. »

« On était déjà vendredi après-midi. Ils ont fait venir quatre camions qu'ils ont remplis de survivants. Il ne s'agissait pratiquement que de femmes, de vieillards et d'enfants. Il ne restait plus d'hommes adultes. Presque tous avaient déjà fui. Ils les ont entassés sur les camions et les ont emmenés à Jérusalem. Je sais qu'en arrivant là où se trouve actuellement le ministère de l'Éducation du côté du quartier de Mousrara, ils les ont libérés. Ils les ont laissés partir vers la Porte de Naplouse. Et j'ai quitté le village. »

Meïr Païl retourne à Jérusalem et remet son rapport à David Shaltiel. Le rapport et les photos furent ensuite transmis à Israël Galili. Et ce dernier, par écrit, informa Ben Gourion des événements de Deir Yassine.

Le massacre de Deir Yassine – dont le bilan s'élève à 254 morts – aura un immense retentissement et provoquera un scandale. L'Agence juive le condamna et David Ben Gourion présenta des excuses au roi Abdallah de Transjordanie. « Le commandant du *Lehi*, Nathan Friedmann, rapporte Meir Païl, a écrit une lettre au chef du *Lehi* à Jérusalem, en lui disant : "Si vous avez décidé de faire une chose pareille, il est probable que vous n'ayez pas eu le choix. Mais quand je pense à ce que les nazis ont fait à nos frères du peuple d'Israël, et à nos familles, en Pologne, je suis loin d'être fier de ce que vous avez fait."

Begin n'a jamais cessé de faire l'éloge de cet événement. Tout ce qui en reste est une des plus grandes hontes de l'histoire du sionisme. »

L'écho du massacre de Deir Yassine est, en partie, à l'origine du mouvement de fuite des habitants des villages arabes de Palestine.

La destruction des mythes

Depuis une dizaine d'années, la question de l'exode massif des Arabes palestiniens en 1948 fait l'objet d'une vive polémique parmi les historiens israéliens. Ces « nouveaux historiens » remettent en cause l'historiographie traditionnelle sur la foi de leurs travaux dans les archives israéliennes. Ils ont mis en lumière la volonté des dirigeants sionistes d'agrandir au maximum le territoire de l'État juif et d'en assurer l'homogénéité démographique. Le débat porte aujourd'hui sur le rôle de Ben Gourion : « Sans aucun doute, souligne l'historienne israélienne Anita Shapira, en 1948, quand Ben Gourion voyait ce qui se passait, il ne le regrettait pas. Au contraire, je suis certaine qu'il s'en est félicité, comme la plupart des dirigeants sionistes. On avait de la peine pour les familles déracinées et pour ceux qui ont souffert, mais sur le plan national, ce n'était que joie et bonheur. Cela n'a pas été prémédité, mais personne n'a regretté la fuite, et ensuite, l'expulsion des réfugiés arabes. L'idée était que c'était bon pour les Juifs. »

Haïm Weizmann, le premier président de l'État, écrira à un ami : « Le vrai miracle de 1948, ce n'est pas la victoire militaire des Juifs, mais le nettoyage du pays d'une partie de sa population arabe. »

La version selon laquelle les Arabes se seraient enfuis sur l'injonction de leurs chefs est très largement démentie par les documents conservés dans les archives. Mais, pour reprendre la belle expression de Raymond Aron, « les mythes peuvent résister longtemps à la leçon des faits ».

« Jusqu'aujourd'hui, Israël n'avait pas une historiographie, mais une mythologie, souligne Tom Segev. Jetez un coup d'œil sur les manuels scolaires. Ils n'ont pas évolué pendant ces soixante dernières années. On enseigne encore aux enfants des histoires véritablement stupides et nationalistes. C'est un pays qui essaye encore de défendre son passé. Un certain establishment s'acharne à le faire. Tout le monde aime raconter des histoires.

Mais nous, nous racontons une histoire différente. C'est un tel plaisir de détruire les mythes. C'est aussi le plaisir de dire des choses nouvelles, de montrer du doigt les préjugés, de raconter une nouvelle histoire. Nous, ceux qu'on a appelés les nouveaux historiens, nous accédons aux Archives, nous ouvrons un dossier, nous consultons un document et notre première réaction est : "Mais ce n'est pas du tout ce que nous avons appris à l'école !"

Nous avons également accès aux comptes rendus des sessions du gouvernement. Ils sont publiés actuellement pour la première fois. Il ne faut pas oublier que les ministres qui se sont exprimés lors de ces réunions supposaient que leurs propos ne seraient jamais rendus publics. Ils parlent de choses qui, selon n'importe quel critère, sont des crimes de guerre. Ils parlent de soldats qui commettent des meurtres et des viols de civils, des pillages. Vous êtes donc en mesure de savoir ce que l'on essaye de vous cacher. Par exemple, on a effacé cette phrase prononcée par un ministre : "Nous avons bien fait de les expulser, ces 'sales arabes'."

On se demande pourquoi on le fait, et la seule réponse est que c'est gênant. Ce n'est pas un secret. Mais c'est un détail dont la censure a préféré interdire la publication.

Nous découvrons que l'on nous a enseigné des mythes que les documents ne confirment pas. Au contraire. On nous a appris que nous n'avions pas expulsé les personnes qui sont plus tard devenues les réfugiés arabes. Les documents prouvent le contraire. Une partie de ces personnes, en tout cas, a été expulsée. On nous a appris que l'État d'Israël avait toujours fait le maximum pour arriver à des négociations avec les pays arabes, et que c'était toujours les Arabes qui ne voulaient pas nous parler. Ce n'est pas vrai. Les documents nous apprennent que notre histoire est moins jolie que ce que nous croyions, moins idéaliste que ce que nous avons appris. Mais cette société mûrit au fur et à mesure. Elle apprend à vivre avec son passé, tel qu'il a vraiment été et non tel qu'il a été façonné pour des raisons politiques et nationales. »

La première guerre israélo-arabe prend fin en 1949 avec la signature d'accords d'armistice entre Israël et ses voisins arabes. Mais l'armistice ne signifie pas la paix. Aucun problème n'a été résolu : ni celui des réfugiés palestiniens, ni celui des frontières d'Israël, ni ses relations avec les États arabes qui, sur le plan interne, vont être profondément déstabilisés par cette défaite.

Tous les ingrédients sont déjà réunis pour que ce premier conflit armé ne soit pas le dernier. Il faut à peine sept ans pour qu'éclate la deuxième guerre israélo-arabe.

Un nouveau Munich. Un nouvel Hitler. La presse française, la presse britannique et les hommes politiques des deux côtés de la Manche se déchaînent après la nationalisation de la Compagnie du canal de Suez décidée par Nasser en juillet 1956.

À Tel-Aviv, le Raïs égyptien est aussi considéré comme l'ennemi principal depuis qu'il est parvenu à se doter d'armes tchécoslovaques en septembre 1955. Ironie de l'histoire, en 1948, la Tchécoslovaquie avait vendu à Israël les armes qui avaient permis à l'État juif de vaincre les armées arabes. Entre-temps, l'URSS a réorienté sa politique pour contracter une alliance avec l'Égypte de Nasser, et la Tchécoslovaquie est à nouveau sollicitée.

À la conquête du Sinaï

La Grande-Bretagne, qui refuse la nationalisation du canal de Suez ; la France, qui cherche comment couper le FLN de sa base arrière égyptienne ; Israël, qui veut mettre fin aux raids des *fedayin* palestiniens menés depuis Gaza et obtenir l'ouverture du Détroit de Tiran, ont tous trois le même objectif. Porter un coup décisif à leur ennemi commun : Nasser.

Une opération militaire conjointe franco-israélo-britannique est élaborée en septembre 1956. Shimon Peres, qui était alors le directeur général du ministère de la Défense, mène les négociations avec les Français. « Je suis arrivé à Paris, rapporte Peres, pour rencontrer Maurice Bourgès-Maunoury, qui était ministre de la Défense. Maurice m'a demandé : "Combien de temps faudrait-il à Tsahal pour balayer le Sinaï ?

– Deux semaines", lui ai-je répondu.

Il a été très surpris et m'a dit : "Êtes-vous sûr ?

– C'est notre estimation", lui ai-je affirmé.

Il m'a alors fait comprendre qu'il y avait un plan franco-britannique pour prendre possession du canal de Suez. »

Mais les Français restent sceptiques sur les capacités militaires de l'armée israélienne, comme le souligne Ariel Sharon qui, à l'époque, commandait les unités de parachutistes : « Je crois qu'on leur a dit que nous pouvions conclure l'opération en quelques jours. Ils ne nous ont probablement pas crus. »

Cependant, Ben Gourion n'est pas totalement convaincu par les plans franco-britanniques.

Le 22 octobre 1956, une conférence secrète est organisée à Sèvres à laquelle participent, entre autres, Ben Gourion, Moshé Dayan et Shimon Peres côté israélien ; Guy Mollet, Maurice Bourgès-Maunoury et le général Challe côté français.

« Quand nous sommes partis à Sèvres, se souvient Shimon Peres, Moshé [Dayan] et moi, nous ne savions pas quelle était la décision de Ben Gourion. Nous n'en avions pas la moindre idée. Nous étions assis tous les trois à l'arrière d'une voiture, Ben Gourion avec son chapeau sur la tête, Moshé Dayan avec ses lunettes noires pour que personne ne le reconnaisse et moi, serré entre les deux. Ben Gourion était déjà très en colère dans la voiture. Il m'a dit : "Est-ce que les Français savent que nous n'avons aucune obligation de partir en guerre ? Leur avez-vous expliqué que vous n'êtes ici qu'en réponse à leur invitation ?"

Je lui ai évidemment répondu par l'affirmative. »

De toute évidence, le « Vieux Lion » n'était pas disposé

à se laisser imposer quoi que ce soit par les Français : « Au début des négociations, Ben Gourion ne voulait parler que de philosophie. Les Français étaient stupéfaits. Doit-on enseigner le latin à l'école ? Doit-on enseigner le grec ? Qu'est-ce qui est plus important, les langues ou les mathématiques ? Ce n'était pas un hasard.

Il a aussi décrit sa vision d'un nouveau Proche-Orient, nous a laissé mener les négociations. Nous avons traité des détails de l'opération. Nous n'avions pas de carte. Je fumais des Kent à l'époque. Moshe Dayan a dessiné sur mon paquet de cigarettes une carte du Sinaï, qui comportait trois flèches.

Une première flèche longeait la côte, afin d'éliminer les bases des *fedayin* à Gaza, une deuxième longeait la mer Rouge en direction de Charm Al-Cheik, dans le but de rouvrir les Détroits de Tiran, et une troisième traçait une percée au centre du désert, afin de détruire la concentration d'armements égyptiens, les blindés, les chasseurs et le reste. Moshé a dit que, si la surprise était bien préparée, l'opération durerait très peu de temps. »

Cependant, un différend opposait les Israéliens aux Britanniques : « Les Anglais, rapporte Peres, ont proposé d'utiliser le scénario suivant. Un navire israélien essaierait de passer par le Canal, les Égyptiens l'arrêteraient, Israël riposterait et les forces franco-britanniques débarqueraient pour séparer les belligérants. Un autre scénario prévoyait un bombardement simulé de Bersheva, dans le Negev, et une riposte israélienne. Ben Gourion était fou de rage. Il a dit : "Je suis prêt à faire tout, sauf mentir. Je ne le ferai pas."

Les négociations avec les Anglais ont été très dures. »

La conférence de Sèvres, à laquelle vont aussi participer des représentants britanniques, débouche sur la signature de conventions qui stipulent que les forces israéliennes déclencheront une attaque de grande envergure contre les forces égyptiennes afin d'atteindre la zone du canal de Suez. Ensuite la France et la Grande-Bretagne devaient lancer un ultimatum aux deux belligérants et intervenir militairement pour les séparer et... reprendre le contrôle du canal.

Mais l'opération, qui démarre comme prévu le 29 octobre 1956, va tourner au désastre pour la France et la Grande-Bretagne obligées de céder sous la double pression américano-soviétique.

Pour Israël, dans un premier temps, l'opération est un succès. *Tsahal* – l'armée israélienne – occupe le Sinaï et Gaza, le blocus d'Eilat est levé. « C'était une opération brillante, souligne Shimon Peres. Elle n'a pas duré plus de cent heures. Chaque soldat mort est évidemment une grande perte, mais en somme les pertes ont été minimisées. Nous avons perdu en tout 180 soldats, dont la moitié sont morts d'accidents de voiture ou pendant les préparatifs. Cette opération a énormément contribué à la réputation d'Israël dans le monde et a évidemment profondément impressionné le peuple juif. De plus, nous avons atteint les trois objectifs principaux de l'opération : le détroit de Tiran a été rouvert.

Entre 1956 et 1967, pendant dix ans, il n'y a presque pas eu d'attentats en Israël, tout était calme.

Et nous avons détruit l'armement soviétique dont la quantité commençait à sérieusement menacer l'État d'Israël. »

Mais quelques mois plus tard, Israël devra renoncer à ses conquêtes territoriales toujours sous la double pression des États-Unis et de l'URSS. « Je crois, note Abba Eban, que le fait d'avoir gagné cette guerre relève du miracle. À mon avis, les préparatifs de l'opération avaient été si défaillants. Tout ce côté clandestin. Nous étions comme des voleurs pris en flagrant délit. Ce faux argument selon lequel nous aurions demandé aux Français et aux Britanniques de faire la séparation entre nous et les Égyptiens. C'était tellement hypocrite et peu convaincant, qu'apparemment nous avons été touchés par la grâce pour nous en sortir de cette manière. »

Israël tira un autre bénéfice de l'opération de Suez. La collaboration militaire entre la France et Israël scella la coopération nucléaire entre les deux pays.

Au milieu des années cinquante, David Ben Gourion se fixe un objectif : doter Israël de l'arme nucléaire. Il confie ce dossier à Shimon Peres. Peres réalise très vite « qu'Israël ne pouvait pas tout faire tout seul car nous n'avions pas l'industrie nécessaire et que, sous certaines conditions, il serait possible d'arriver à un accord avec la France ».

Entamées au début de l'année 1956, les discussions se sont poursuivies au cours de la conférence secrète de Sèvres. « Nous avons parlé des matières premières nécessaires au fonctionnement de la centrale, y compris l'uranium. » Pourtant, les esprits sceptiques étaient nombreux en Israël. « Des rumeurs circulaient parmi les responsables à propos du coût soi-disant exorbitant de la centrale, de la futilité de l'entreprise, de mon optimisme exagéré, de ma vision. Nous avons même eu des problèmes pour obtenir les sommes nécessaires. Nous avons créé un fonds spécial. La majorité du financement était le résultat de sollicitations personnelles. Nous avons réuni près de 45 millions de dollars. »

Un accord sur la livraison secrète d'un réacteur atomique sera signé en septembre 1957 à Paris. Et quelques mois plus tard débutera la construction de la centrale de Dimona dans le désert du Negev. « On peut se demander, explique l'historien Tom Segev, pourquoi un petit État comme Israël a besoin d'une bombe atomique. La raison en est le génocide. Sans l'ombre d'un doute, la décision de construire la centrale nucléaire à Dimona est liée à la Shoah. On avait le sentiment qu'en raison du génocide le peuple juif ne devait se priver d'aucune arme de combat. »

Le voyage interdit

Malgré l'hostilité affichée entre l'Égypte et Israël, des tentatives secrètes ont été conduites pour ouvrir un dialogue entre Nasser et les dirigeants israéliens. Plusieurs canaux ont ainsi été établis dès l'arrivée des « Officiers libres » au pouvoir en juillet 1952. « Ben Gourion, raconte Peres, était très impressionné par ce groupe de jeunes officiers, par leur retenue. Le fait qu'ils n'aient pas assassiné Farouk, mais qu'ils aient préféré l'expédier en Italie sur un luxueux navire ainsi que le fait d'avoir parlé de transformations sociales en Égypte et de modernisation ont fait naître beaucoup d'espoir chez Ben Gourion. »

L'un de ces canaux secrets, qui aurait pu être fructueux, a été établi par celui qui, à l'époque, était le chef du Mossad, Meïr Amit. Le contact d'Amit est Essam el Din Mahmoud Khalil. Cet Égyptien est, depuis 1959, le chef de la section spéciale des services de renseignements, chargé de développer les armes non conventionnelles. « Cette personne était notre ennemi numéro un. Nous le cherchions sans cesse. Finalement, ce même homme est devenu notre contact auprès de Amer et de Nasser. Il était très proche de Nasser. Je l'ai rencontré en Europe. Le courant est tout de suite passé entre nous. »

Les discussions entre Amit et Khalil portent d'abord sur les questions économiques : « L'Égypte connaissait alors une situation économique effroyable. Ils étaient désespérés. Ils croyaient que nous étions en mesure de tout remettre en ordre chez eux. Nous avons essayé de les aider. Nous étions d'accord pour leur accorder un prêt, leur donner des denrées alimentaires. Nous avons fixé un deuxième rendez-vous en Europe. Mais Khalil n'a pas obtenu la permission de repartir en Europe. Ils étaient très nerveux. Ils étaient certains que nous étions en train de le tromper. Ils lui ont dit : “Pourquoi devez-vous repartir en Europe ? Amit n'a qu'à venir au Caire. Il sera notre invité et rencontrera Nasser.” Cela a compliqué les choses. »

En effet, Amit ne peut pas se rendre au Caire sans une permission spéciale du gouvernement. La rencontre dans la capitale égyptienne est prévue pour le mois de février 1966. Elle n'aura jamais lieu. « Pour des raisons que je considère comme totalement injustifiées et mesquines, le voyage a été annulé. C'était contraire à nos intérêts. Une réunion a eu lieu chez Levi Eshkol avec quelques ministres. Israël Galili parlait de l'arrivée du Messie. Il s'exprimait de façon très pittoresque. Mais presque tous étaient opposés au voyage. Eshkol a longtemps étudié la question et a finalement décidé de ne pas me laisser partir. Je ne suis effectivement pas parti. Je suis un homme discipliné. Les Égyptiens ont très mal réagi à cette nouvelle. Ils nous ont dit : "De toute façon, nous avons toujours su qu'il était impossible de compter sur vous." Et le lien s'est brisé. »

Les deux hommes reprendront contact à la veille de la guerre des Six Jours. Ils ne peuvent que constater les dégâts, témoigne Meïr Amit : « La situation se dégradait et nous avions le sentiment que nous ne la contrôlions plus. Cela a été le dernier contact que j'ai eu avec lui. Le pays entier était mobilisé. La situation était devenue intolérable. »

La tension ne cesse de monter entre Israël et ses voisins arabes. Une nouvelle guerre va éclater, la troisième en vingt ans. Cette fois, toutes les cartes seront redistribuées.

2

CINQ ANS POUR SIX JOURS

1967

L'aviation égyptienne détruite en quelques heures, le territoire israélien quadruplé en quelques jours, un nouvel exode palestinien, le 10 juin 1967, l'équilibre proche-oriental est entièrement bouleversé.

La victoire militaire israélienne est le fruit d'un long et minutieux travail préparatoire.

Ce succès est en partie le résultat des efforts déployés par les services de renseignements israéliens pour obtenir un maximum d'informations sur l'équipement des pays arabes, notamment sur leur aviation dotée de matériel soviétique.

Un jour de janvier 1965, Meïr Amit, le patron du Mossad, demande au général Ezer Weizmann, le commandant en chef de l'armée de l'air israélienne :

« Quelle est la chose la plus importante pour vous ?

– Si vous m'obtenez un Mig-21, je vous embrasse, répond Weizmann.

– Vous en aurez un ! »

Amit se met à la recherche des moyens pour y parvenir : « Cela nous a pris un an et demi, mais nous l'avons fait. »

Il faut trouver un pilote qui accepte d'offrir un Mig-21 à Israël. Le choix du Mossad se porte sur un Irakien. « Il était chrétien, raconte Meïr Amit. Il faisait son service dans le secteur kurde. Il s'est retrouvé en train de tuer des Kurdes, ce qui était contraire à sa conscience. Tous ces facteurs nous ont aidés. Il n'était pas seulement attiré par l'argent. C'était même secondaire compte tenu de ce que nous lui offrions. » Amit et son équipe convainquent le pilote de se rendre en Europe pour établir un premier contact. « Nous nous sommes vus dans un café, dans une ville européenne. J'étais assis à une table voisine et j'écoutais ce qu'ils disaient. Je l'observais. Il me paraissait être un homme digne de confiance. On lui a proposé de piloter un avion jusqu'en Israël. C'était risqué de lui confier un avion. Je devais prendre une décision. Il pouvait en faire ce qu'il voulait, même si quelqu'un était assis à côté de lui. Nous avons décidé de le laisser faire. Nous voulions qu'il nous fasse confiance. Cela nous donnait également l'occasion de l'étudier de près. »

Pour réussir, cette opération doit rester confidentielle. Amit se trouve face à un problème : comment faire atterrir un Mig-21 sans qu'il soit abattu par la chasse israélienne ? « Nos pilotes sont connus pour leur tendance à ouvrir rapidement le feu. Pas plus de dix personnes étaient au courant de cette affaire. Finalement, tout s'est bien passé. L'histoire a été présentée comme une désertion. On a expliqué qu'il ne fallait surtout pas le descendre. »

L'opération est un succès, « l'aviation israélienne était folle de joie » se souvient Amit. Le Mossad a ensuite dû assurer la sécurité de ce pilote irakien. « Nous avons investi autant d'efforts dans son recrutement que dans le soutien que nous lui avons apporté ultérieurement. Nous l'avons aidé à se fondre dans la foule. Cela n'a pas été facile, à cause de sa famille et de toutes sortes de complications. Je préfère ne pas parler de ce qu'il est devenu par la suite. Certains pilotes qui avaient déserté ont été assassinés. Les Égyptiens ont poursuivi un pilote jusqu'en Amérique du Sud pour l'éliminer là-bas. Dans les services de renseignements, nous savons toujours que, quand le repas est fini et que tout le monde s'en va, c'est à nous de faire la vaisselle. Mais nous la faisons. Cela fait partie de notre travail. »

La préparation de la guerre de juin 1967 a été entamée cinq ans auparavant. Grâce aux avions de combat achetés à la France, *Tsahal* est en mesure de lancer une attaque aérienne de grande envergure contre l'Égypte. Rafael Sivron a participé à l'élaboration et à la mise en œuvre du plan « Focus » : « Pendant plusieurs années, ce plan a dévoré près de cinquante pour cent de la totalité du budget de la Défense, et plus du quart du budget de l'État d'Israël. Les deux premiers Mirages ont atterri le 7 avril 1962. À la fin de l'année, Ezer Weizmann a donné l'ordre de préparer la guerre. L'objectif principal de l'opération était de nous assurer la supériorité aérienne afin de pouvoir, par la suite, engager les combats terrestres. Le plan a été établi étape par étape. Cela a duré deux ans et demi. Nous avions un ordre, appelé "ordre capital", car il concernait la quasi-totalité de l'état-major et des généraux. Tout y était décrit. Chaque avion avait non seulement une mission, mais encore des horaires précis, une route clairement définie, des moyens de communication, une altitude de vol, de l'armement et, le plus important, une destination.

Sur chaque photo aérienne des aéroports égyptiens, on avait tracé une croix. Nous avions à peu près 200 avions, chaque avion portait de 2 à 12 bombes, et on avait défini un objectif précis pour chacune d'entre elles. »

Pour assurer la réussite de cette opération, un impératif : l'entourer d'un secret absolu. « On était obligés de garder notre plan dans un coffre-fort, confie Rafael Sivron. Chaque page était numérotée, et chaque étape de l'opération portait un numéro de code. Les services de sécurité venait les contrôler tous les soirs. Nous connaissions tous exactement la liste des gens qui avaient le droit de venir consulter le plan. Chaque personne qui y travaillait savait que non seulement sa vie, mais également la nôtre dépendaient de ce qu'il y avait à l'intérieur de ce dossier. »

Très peu de personnes ont eu vent du plan Focus. « Pour que la surprise soit complète, raconte Motti Hod, j'ai convaincu le nouveau chef d'état-major, Yitzhak Rabin, de garder le secret, de ne rien dire à l'état-major militaire, et encore moins au gouvernement. »

En 1964, tout est place : « Nous avons réussi à définir un plan d'opération et à connaître les aéroports que nous voulions attaquer, les trajets que nous utiliserions pour contourner le radar ennemi, les vitesses de vol, la durée de l'attaque » explique Rafael Sivron.

Le problème majeur était résolu, souligne Motti Hod : « Comment survoler le Sinaï et atteindre les onze aéroports égyptiens sans être repéré ? Nous avons réussi à développer une technique qui nous indiquait si les Égyptiens nous voyaient ou non sur les écrans de leurs radars. »

En juillet 1965, l'ordre est prêt. *Tsahal* peut, si nécessaire, mettre en œuvre ce plan étudié dans les moindres détails. Il ne reste plus qu'à attendre que l'occasion se présente. Ce qui ne va pas tarder.

Malgré un calme relatif après la guerre de 1956, la tension ne cesse de monter entre Israël et ses voisins à partir de 1963. À cette date, les eaux du Jourdain, qu'Israël décide de détourner unilatéralement, deviennent une source de conflit.

En 1965, le *Fatah*, l'organisation fondée au Koweit quelques années plus tôt par Yasser Arafat, lance ses premiers raids contre Israël à partir de la Cisjordanie, entraînant des opérations de représailles israéliennes.

Mais c'est au printemps 1967 que commence l'escalade. D'abord avec la Syrie. Le 7 avril 1967, à la suite de plusieurs incidents, Israël lance une attaque aérienne sur le Golan. L'accrochage se solde par la destruction de six Mig-21 syriens. La Syrie rappelle à l'Égypte ses obligations en vertu du traité de défense qui lie les deux pays.

Le 14 mai, les troupes égyptiennes s'avancent dans le Sinaï. Nasser demande le retrait des Casques bleus de l'ONU qui y sont stationnés depuis 1957. Désormais, Israéliens et Égyptiens se font face.

Le 15 mai, un défilé militaire israélien est organisé à Jérusalem. Le 24 mai, Nasser décrète le blocage du Détroit de Tiran aux navires israéliens. Aux yeux de Tel-Aviv, c'est le *casus belli*. Le 31 mai, la Jordanie se joint au pacte militaire égypto-syrien.

Rumeurs, provocations, déclarations incendiaires, inefficacité de l'ONU, tout concourt à envenimer la situation. La guerre devient inévitable.

L'opinion publique occidentale est acquise à la cause de l'État juif. Des volontaires accourent dans les ambassades israéliennes pour donner leur sang ou pour s'engager dans les rangs de *Tsahal*. L'image, savamment entretenue, du David israélien contre le Goliath arabe fonctionne à plein.

Au Caire, Ahmad Choukeiry, président de l'Organisation de libération de la Palestine, se déchaîne : « Nous allons rejeter tous les Juifs à la mer, proclame-t-il. En cas de guerre, il n'y aura pas de survivants en Israël. » Abba Eban dira plus tard : « Par ses excès, Choukeiry a fait plus pour Israël que la totalité de nos ambassadeurs. »

En Israël, un climat de psychose s'est développé, comme en témoigne l'historien israélien Tom Ségev : « Si on analyse les événements qui ont précédé la guerre des Six Jours, on arrive à la conclusion que c'est la peur qui nous a poussés à faire la guerre, la peur du cataclysme. Des rabbins ont autorisé l'aménagement des stades de football pour qu'ils puissent éventuellement servir de cimetières. On avait véritablement le sentiment que des centaines de milliers de personnes allaient mourir. Seul un peuple qui a déjà connu un cataclysme peut préparer de manière si intensive le suivant. Ce n'était pas le résultat de manipulations. Les journaux de l'époque disaient que les Arabes préparaient la destruction d'Israël. Ils ne parlaient pas de conquête, de villes en ruine, de citoyens arrêtés ou même tués. Il s'agissait de la destruction d'Israël. Le mot "destruction" est issu du génocide. Le mot "Israël" ne fait pas seulement référence à l'État d'Israël, mais aussi au peuple juif. »

Le 1er juin 1967, un gouvernement d'union nationale est formé. Il est dirigé par Levi Eshkol, qui a succédé à Ben Gourion en 1963, Menahem Begin devient ministre pour la première fois et Moshé Dayan est nommé ministre de la

Défense. C'est un cabinet de guerre. Il reste à sonder les États-Unis.

Ce même jour, Meïr Amit, le chef du Mossad, s'envole pour Washington à la demande du chef des renseignements militaires, le général Aharon Yariv, qui lui dit : « Vous avez des contacts à Washington. Vous devez pouvoir apprendre si quelque chose se prépare. »

Dès son arrivée à Washington, Amit est reçu par ses homologues de la CIA : « Nous avons comparé nos informations et nous nous sommes mis d'accord sur l'interprétation des cartes. » Meïr Amit veut savoir si les États-Unis sont prêts à intervenir militairement :

« Dites-moi, est-il possible de parler avec quelqu'un qui fasse partie de la force expéditionnaire ?

– Écoutez, il n'y pas de force expéditionnaire. Personne ne compte rouvrir les détroits ou faire autre chose pour vous, lui répond l'officier américain. »

Meïr Amit se rend ensuite chez le secrétaire à la Défense, Robert Mac Namara. L'entretien au Pentagone dure une demi-heure :

« Nous n'avons besoin d'aucun soldat américain, lance Amit à son interlocuteur. Nous vous demandons seulement de vous assurer que les Russes restent en dehors de ce conflit. Nous ne vous demandons pas d'armes, seulement un soutien politique. À votre avis, que dois-je faire ?

– Rentrez chez vous, répond Mac Namara. C'est là-bas que vous devez être. »

C'est le feu vert qu'Amit est venu chercher. Il reprend l'avion pour Tel-Aviv en compagnie d'Abba Eban. Dès leur arrivée à Tel-Aviv, les deux hommes se rendent au domicile du Premier ministre Levi Eshkol. Amit prend la parole en présence de Dayan et d'autres ministres : « J'ai dit que nous devions faire la guerre et que les Américains nous soutiendraient. Le lendemain, un dimanche, j'ai expliqué ma position au gouvernement. Nous avons déclenché la guerre lundi. »

Certes, les dirigeants israéliens ne se faisaient pas trop de soucis comme le rappelle Abba Eban : « Nous étions sûrs d'une certaine compréhension de la part des États-Unis. Ils ont constaté que leurs efforts avaient échoué. Le président Johnson, qui jouait un rôle primordial dans cette affaire, bien entendu, a créé deux équipes au Pentagone. Ces deux équipes sont arrivées exactement à la même conclusion. C'était un peu comme la traduction de la Bible des Septante. Ils ont conclu, dans un premier temps, qu'Israël gagnerait la guerre en une semaine s'il lançait en premier un raid aérien et, dans un deuxième temps, qu'il faudrait une douzaine de jours aux Israéliens pour gagner la guerre si c'était les Arabes qui attaquaient en premier. Pendant tout ce temps, les Américains ne croyaient pas que l'existence même de l'État d'Israël était en péril. Je me souviens qu'à la suite de l'opération, le président Johnson m'a dit : "Mes généraux ont raison à propos de toutes les guerres, sauf quand il s'agit des guerres américaines."

Il parlait, bien sûr, du Vietnam. »

La bienveillance américaine a balayé les dernières hésitations du gouvernement israélien. La plupart des pays occidentaux soutiennent Israël, à l'exception de la France : « Le président de Gaulle se désintéressait complètement de la position israélienne, rapporte Eban. Il était déterminé :

– Ne faites pas la guerre ! m'a-t-il dit, alors que je n'avais même pas pris le temps de m'asseoir. En tout cas, ne la déclenchez pas.

Je lui ai expliqué que la guerre avait déjà commencé et que le blocus en avait constitué la déclaration. »

La guerre des trois heures

Les militaires sont chargés d'enclencher le plan Focus. C'est l'heure de vérité. Il reste à fixer le moment de l'attaque aérienne.

L'état-major israélien réserve une surprise au monde entier : « Dans le petit monde de l'aviation, avant la guerre des Six Jours, raconte Motti Hod, on ne parlait qu'en termes d'aube et de crépuscule. Nous avons dit : "Non. Ils n'ont qu'à nous attendre à l'aube." Tous ces facteurs réunis nous ont amenés à choisir 7 h 45. Pourquoi 7 h 45 et non pas 8 heures ou 7 h 30 ? Parce que le monde entier choisit des chiffres ronds. Nous avons choisi 7 h 45. »

L'heure d'attaque a été fixée la veille de l'opération « en tenant compte des renseignements qui affirmaient qu'entre 7 h 30 et 8 heures les pilotes égyptiens se trouvaient entre les cantines et les bases. Les escadrilles n'étaient pas prêtes », rappelle Rafael Sivron.

Le 5 juin 1967 à 7 heures du matin. Mordechaï Hod, le chef de l'aviation, supervise l'opération : « L'aviation israélienne tout entière a décollé. Avec l'interdiction formelle d'utiliser tout moyen de communication. Les pilotes ont réussi à partir et à se joindre en formation dans le silence le plus total. Aucun pilote ne devait savoir quelle était la mission des autres avions. Chacun a reçu l'ordre de voler d'un endroit à un autre, à basse altitude, de larguer ses bombes, et de revenir. »

Le territoire israélien se trouve alors dans une situation d'exposition maximale. « Nous n'avons gardé que deux formations de quatre engins, et une formation supplémentaire sur le sol », souligne Hod. Et Rafael Sivron d'ajouter : « Si au même moment nous avions été attaqués, ç'aurait été un désastre. Il n'y avait plus un seul avion pour défendre le pays. »

Rien ne perturbera l'exécution du plan Focus. L'opération aérienne dure moins de trois heures. « Grâce aux services des renseignements, nous savions, explique Motti Hod, que les Syriens avaient besoin d'au moins trois heures pour riposter. Nous supposions que les Égyptiens mettraient une demi-heure pour comprendre ce qui se passait, qu'il leur faudrait une demi-heure de plus à l'expliquer aux Syriens et que les Syriens auraient besoin d'une demi-heure pour les croire. Cela fait une heure et demie. Ensuite les Syriens mettront une demi-heure pour prendre une décision. Cela en fait deux. L'état d'alerte sera déclaré une demi-heure plus tard. Ils auront besoin d'une demi-heure supplémentaire pour arriver ici. Cela fait trois heures en tout. Trois heures pour nous, c'était un rêve. »

L'aviation égyptienne est entièrement détruite. Rafael Sivron se trouve alors au poste de commandement, attendant une éventuelle riposte égyptienne : « Quand j'ai appris que les avions survolaient leurs cibles et qu'aucun avion ennemi n'avait décollé, j'ai compris, avant même qu'une seule bombe ait été lâchée, que nous avions non seulement emporté la bataille, mais aussi gagné la guerre. Pour la première fois, une opération a été préparée et exécutée dans les moindres détails. »

Ezer Weizmann vécut à ce moment-là l'instant le plus fort de sa carrière militaire : « On a cloué la totalité de l'aviation égyptienne au sol. C'est le rêve de tout commandant de l'armée de l'air. Un avion, c'est un objet extrêmement dangereux et utile dans les airs. Au sol, son efficacité reste assez limitée. »

Assurés de la supériorité aérienne, Moshé Dayan et Yitzhak Rabin lancent les chars israéliens à la conquête du Sinaï. La défaite égyptienne sera complète au matin du 9 juin 1967.

Les surprises de juin

L'histoire aurait pu s'arrêter là, mais la guerre de juin 1967 sera celle de toutes les surprises.

Un second front entre Israël et la Jordanie est ouvert le 5 juin au matin. Personne n'imagine un seul instant que l'issue de cette bataille va transformer le Proche-Orient pour des décennies.

Pourtant cette guerre avec la Jordanie aurait pu peut-être être évitée à quelques minutes près. « Le 5 juin au matin, raconte Ezer Wetzmann, le président israélien, j'ai envoyé au roi Hussein de Jordanie, qui est aujourd'hui un de mes meilleurs amis, un télégramme où je lui disais en gros : "Surtout ne bougez pas... C'est une histoire entre les Égyptiens et nous."

Hussein a dit plus tard qu'il a été trompé par les Égyptiens, ce qui n'est pas une excuse pour justifier son entrée en guerre. Et à 10 heures du matin, il a commencé à nous bombarder. »

Le roi Hussein affirme n'avoir jamais reçu ce message. « De toute façon, ajoute-t-il, cela n'aurait rien changé à ce moment-là. »

Les Israéliens font parvenir au roi Hussein la même mise en garde, mais cette fois-ci par l'intermédiaire du bureau des Nations unies à Jérusalem. Trop tard.

« Nos avions avaient déjà décollé, explique le roi Hussein. Lorsque la guerre a été sur le point d'éclater, je n'avais déjà plus le choix. J'avais toujours pensé qu'il fallait tout faire pour l'éviter, mais ensemble, avec les autres pays arabes. »

Ezer Weizmann donne l'ordre d'attaquer la Jordanie : « On a pris une partie des avions qui étaient encore en l'air et on a liquidé l'aviation jordanienne en trois minutes, parce qu'elle était insignifiante. »

Autant la guerre avec l'Égypte a été minutieusement préparée, autant celle avec la Jordanie a été improvisée, comme l'affirme Ezer Weizmann : « Le 5 juin au matin, personne n'avait envisagé un seul instant qu'on allait occuper la Cisjordanie, et encore moins Jérusalem. Toute cette opération a été improvisée. Il n'y a jamais eu de stratégie mûrement réfléchie. C'était un hasard. Certains l'attribueront à Dieu, d'autres au manque d'inspiration de quelqu'un... Finalement, l'histoire est faite par les hommes. Le 5 juin, nous ne rêvions pas de réunifier Jérusalem. »

Sur le terrain, les officiers éprouvent même des difficultés à canaliser leurs troupes tant l'ampleur de la victoire les surprend : « Pendant la guerre des Six Jours, il n'y avait aucun objectif précis, rapporte le général Rafael Eytan, aujourd'hui ministre du gouvernement Netanyahou. Personne ne savait où se trouvaient les unités de soldats. Chacun faisait ce qu'il voulait. Brusquement, on recevait un appel d'une unité qui se trouvait sur les bords du canal. Comment sur le canal ? J'appelais pour dire que nous arrivions au Mur des lamentations. On me répondait : "Qui vous a demandé d'aller au Mur." »

Le chef d'état-major des armées, Yitzhak Rabin, entre dans Jérusalem. Il est accompagné du général Moshé Dayan, qui s'attribuera abusivement cette victoire, au détriment de Rabin. Trois jours plus tard, l'Égypte, la Jordanie et la Syrie acceptent le cessez-le-feu proposé par les Nations unies. Un territoire quatre fois plus grand que celui de 1948 est maintenant occupé par les Israéliens. Ce qui reste de Gaza et de la Cisjordanie est à présent entre leurs mains. Israël a repris à la Jordanie l'ensemble de ses conquêtes de 1948.

Pour le monde arabe, la défaite s'est transformée en humiliation. Nasser annonce sa démission avant d'y renoncer devant l'ampleur de la réaction du peuple égyptien. Les dirigeants arabes sont sans illusion. « Juste après la guerre, raconte le roi Hussein, j'ai rencontré Nasser qui m'a dit : "Nous nous sommes battus, et nous avons perdu. Maintenant, nous allons devoir payer." »

Le 11 juin 1967, Dayan déclare sans ambages qu'il va recevoir un « coup de fil des Arabes » pour faire la paix. Il attendra deux ans.

Les rendez-vous manqués

Plus que dans n'importe quel autre conflit, les « occasions manquées » furent nombreuses au Proche-Orient, au point de devenir un cliché, une image d'Épinal tant l'expression a été usée jusqu'à la corde par les acteurs et les observateurs du conflit israélo-arabe.

Pourtant, et ce n'est pas un abus de langage, les semaines qui suivirent la guerre des Six Jours furent bien celles des occasions manquées. Certains dirigeants israéliens n'étaient pas encore enivrés par leur victoire militaire. « Nous avons connu un moment de lucidité, de réalisme et de pragmatisme », souligne Abba Eban.

Le gouvernement de Levi Eshkol, selon Abba Eban, a proposé d'une part « aux Égyptiens et aux Syriens un accord de paix fondé sur les frontières internationales », et au roi Hussein « de reprendre possession de quatre-vingts pour cent des territoires conquis. Notre proposition était un peu prématurée. On pensait que Hussein, qui avait été la plus grande victime de la guerre, serait le premier à comprendre la vanité de l'option militaire ».

Dans le plus grand secret, Abba Eban va rencontrer le roi Hussein à huit reprises au cours des années suivantes, la plupart du temps à Londres, mais aussi dans la région d'Akaba et à Eilat. « Abba Eban, confie le roi Hussein, avait accepté dès le début que nous gardions secrètes ces rencontres, loin des projecteurs de l'actualité. Parce que nous venions de deux pays ennemis et que tout nous opposait. Je devais le faire. J'étais responsable de la Cisjordanie et de Jérusalem, et je ne pouvais pas brader la terre palestinienne, ni les droits des Palestiniens. »

À Londres, les rencontres entre Hussein et Abba Eban se déroulent chez le médecin du roi, le Dr Herbert. Abba Eban raconte le scénario mis au point pour ces rendez-vous : « Hussein disait à ses gardes et à son chauffeur, qui étaient des agents de Scotland Yard : "Je ne me sens pas bien. Je dois voir un médecin. Mais ma maladie est de caractère très intime. Je préférerais que vous restiez dehors." Il entrait. Moi, j'étais là depuis une heure et demie. Nous discutions, puis nous quittions l'immeuble, séparément. Nous nous imaginions que les Britanniques ne saisissaient rien du tout. »

Cependant, le manège n'a pas échappé aux services secrets britanniques. Un jour, Harold Wilson, le Premier ministre de Sa Gracieuse Majesté, lance amusé à Abba Eban : « Tout le monde dit que vous avez rencontré Hussein. Vraiment, vous parlez d'une rumeur sans fondement. »

« Nous avons alors compris qu'ils étaient au courant de toute l'affaire. Hussein prenait un grand risque en me rencontrant, reconnaît Eban. Moi, je ne risquais rien. Il a tout de même eu le courage de le faire. »

Ces rencontres secrètes se déroulent parfois à Eilat, sur les bords de la mer Rouge, et donnent lieu à des scènes tout droit tirées d'une comédie : « C'était sur une île de corail, se souvient Eban. Les hommes du Shin Beth sont arrivés déguisés en serveurs. Ils n'étaient pas très doués en la matière. Nous nous sommes mis à table pour un repas en l'honneur du roi. Les serveurs sont arrivés avec un grand plat de viande qu'ils ont malencontreusement renversé. Les steaks ont atterri sur les honorables jambes de Sa Majesté. »

Malgré la complicité née de ces rencontres, elles ne débouchent sur aucun résultat politique. Hussein est trop isolé et trop faible. Il ne s'en cache pas à Eban :

« Il me prenait à témoin, explique Eban, et me disait :

"De toute façon, qui suis-je ? Je ne suis ni Damas ni Le Caire. Je ne suis qu'un minuscule pays arabe. Il m'est impossible d'être le premier à accepter un arrangement avec vous. Vous croyez sincèrement que je peux accepter un compromis sur les territoires, ou renoncer à notre idéologie, sans être immédiatement traité de traître ? Essayez donc d'abord d'obtenir le soutien de Nasser, des Saoudiens ou de quelqu'un d'autre. Je ne veux en aucun cas être le premier." »

Ce que confirme le roi Hussein : « Je ne pouvais pas briser le consensus qui nous liait au monde arabe, jamais. »

Mais ces rencontres pavent le chemin pour le futur. Les adversaires apprennent à se connaître, ils capitalisent pour l'avenir, comme le souligne le roi Hussein : « La logique voulait que l'on tente de savoir ce que pensait l'autre partie. Avec qui allons-nous négocier ? Et qu'allons-nous négocier ? Je trouvais qu'il n'y avait aucune honte à entrouvrir la porte et rechercher, étudier, toutes les possibilités. Je crois que tout ce qui a suivi n'aurait jamais pu se produire sans ces contacts directs. Les Israéliens ont pu enfin savoir qui j'étais, et moi comprendre qui ils étaient. »

Abba Eban, comme plus tard Shimon Peres, privilégie le rapprochement avec le roi Hussein qui, selon eux, détient les clés de la résolution du conflit. Mais dès 1967, certains sont déjà conscients que rien ne se fera sans les Palestiniens de Cisjordanie et de Gaza, placés désormais sous occupation israélienne. David Kimche, nommé représentant du Mossad dans les territoires occupés par Levi Eshkol, est favorable à un dialogue direct avec les Palestiniens :

« Nous aurions pu arriver sur place à un excellent accord avec les Palestiniens. Ils voulaient réunir à Jéricho quarante personnalités palestiniennes importantes qui auraient déclarer leur volonté de signer la paix avec Israël, à condition que nous acceptions la création d'une entité palestinienne. À l'époque, si une entité palestinienne avait été créée, elle aurait été forcément liée à l'État d'Israël. De plus, il n'y avait pas encore de colonies dans les territoires. Et les Palestiniens étaient encore sous le choc de la guerre. L'OLP était encore faible et très peu présente dans les territoires. Nous n'aurions absolument rien risqué. Golda Meir s'y est totalement et radicalement opposée. Je crois que nous avons perdu une occasion unique. »

C'est Golda Meir qui, selon Kimche, a fait pression sur Eshkol pour qu'il renonce à cette option : « Eshkol était très influencé par Golda. »

Ce que confirme Abba Eban : « Eshkol était disposé à prendre des initiatives. Il était prêt à rendre tout le Golan, tout le Sinaï et la majeure partie de la Cisjordanie. Le scepticisme de Golda vis-à-vis des intentions arabes était beaucoup plus enraciné. »

En réalité, les dirigeants israéliens sont divisés sur la suite à donner à leur victoire. Entre les partisans d'un État palestinien, ceux de la restitution de la Cisjordanie à Hussein moyennant quelques aménagements sécuritaires et les annexionnistes partisans du Grand Israël, aucun consensus ne se dégage. À l'exception du sort de Jérusalem. Après l'annexion de la partie Est (partie arabe comprenant la vieille ville), la ville réunifiée est déclarée « capitale éternelle d'Israël ».

En tout état de cause, les dirigeants arabes, après l'humiliation du mois de juin, n'étaient pas prêts à signer la paix avec Israël. Tous craignent pour leur vie. Aucun ne veut faire le premier pas. Chacun redoute de devenir un traître aux yeux d'un monde arabe pétrifié par sa défaite. Même Nasser. « On a fait plusieurs tentatives pour entrer en contact avec Nasser, raconte Peres. Il disait : "Si je vous rencontrais et que nous faisions la paix, je ne serais plus en vie une heure plus tard." Nasser disait qu'en même temps que la paix il signerait son arrêt de mort. »

Avant de faire la paix, il faudra reprendre le sentier de la guerre.

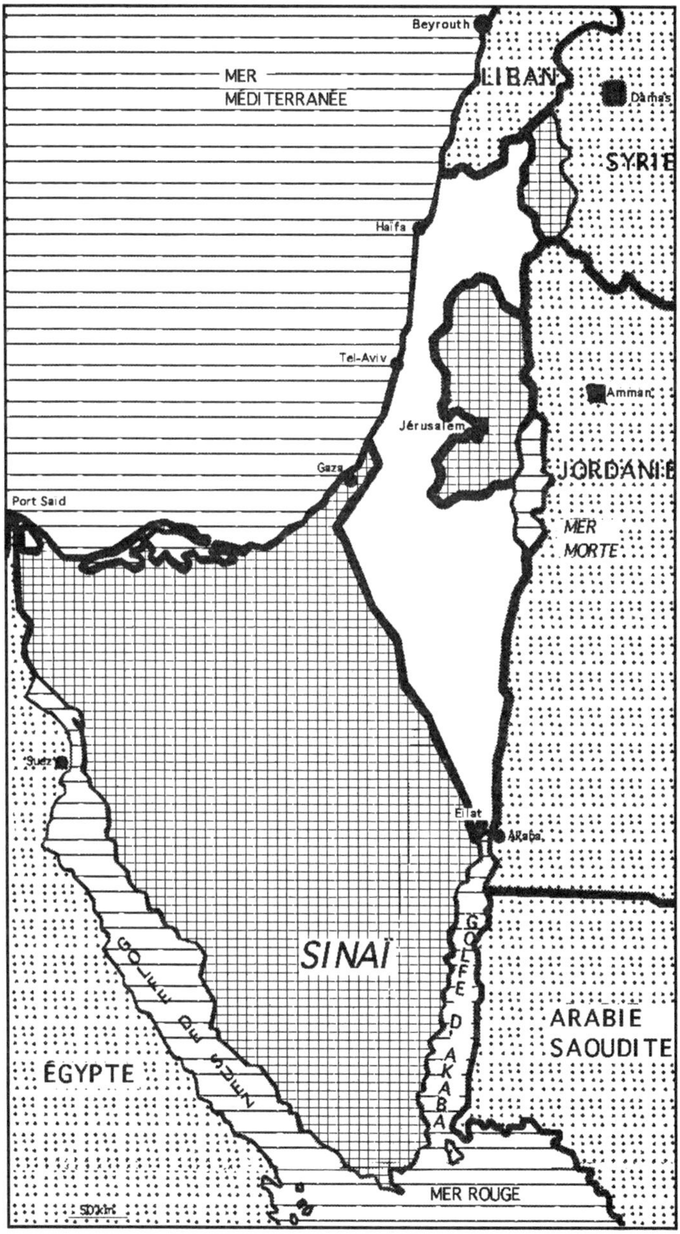

Territoires occupés

1967 : TERRITOIRES OCCUPÉS

3

LES REFUS

1967-1970

La déroute arabe de juin 1967 sera lourde de conséquences pour le Proche-Orient. Les dirigeants au pouvoir ont failli. Affaiblis, ils sont dans l'incapacité d'envisager une reconquête militaire des territoires perdus et dans l'impossibilité de faire la paix avec Israël.

Un sommet de la Ligue arabe réunit la quasi-totalité des chefs d'État du monde arabe à Khartoum le 29 août 1967. Au cours de cette conférence, les dirigeants défaits ne peuvent que repousser la perspective d'une revanche militaire. Entre ceux qui, comme Nasser ou Hussein, souhaitent faire appel aux États-Unis pour tenter la voie de la négociation et ceux qui prônent l'intransigeance, comme la Syrie et les Palestiniens, le seul consensus qui se dégage est celui des trois « non » à Israël : non à la reconnaissance, non à la paix, non à la négociation.

Mais cette unité n'est que de façade. Car les discussions ont été vives, comme en témoigne le roi Hussein : « Khartoum a été une tragédie. Nous aurions dû accepter de négocier. Je pense que ça a été une erreur totale, que j'ai combattue. Je me suis opposé autant que j'ai pu aux résolutions de Khartoum. Je ne crois pas que c'était la position logique et réaliste à prendre à ce moment-là.

C'est la première fois que j'ai vu la plupart de mes collègues du monde arabe attaquer l'Égypte et le président

Nasser. Je crois que cette résolution était aussi une tentative de l'embarrasser. J'ai été chargé de défendre la position arabe auprès des Nations unies et du reste du monde à un moment où il y avait une grande hostilité à l'égard du monde arabe en Europe et aux États-Unis. »

À l'instar du roi Hussein, certains dirigeants palestiniens, comme Haïdar Abdel Chafi, considèrent que les trois « non » de Khartoum « étaient une position largement improvisée et émotionnelle », même si pour d'autres comme Fayçal El Husseini « il n'y avait pas d'autre moyen, à l'époque, que de venir avec ces trois "non". C'était une défaite difficile, une défaite militaire, psychologique, éthique... à tous les niveaux, c'était une défaite. Par conséquent, nous n'avions pas les moyens de dire une nouvelle fois "oui" à toute chose avant de prouver que nous pouvions rivaliser militairement avec Israël ».

Ces trois « non » de Khartoum vont renforcer le camp de ceux qui, en Israël, privilégient la poursuite de l'occupation des territoires conquis à la recherche du compromis avec les Arabes. Selon Abba Eban : « Tout cela a eu comme conséquence, même si elle a été plutôt hâtive, la résignation israélienne quant à l'impossibilité de trouver une solution pacifique au problème. La suite des événements est connue. La réaction arabe était, après tout, compréhensible. Ils avaient été humiliés, vaincus, au point d'avoir perdu leur fierté. Or, la fierté est indispensable. Israël était alors trop sûre d'elle-même. Les trois "non" de Khartoum ont renforcé, il me semble avec raison, notre conviction qu'il n'y avait aucune chance de faire la paix avec les Arabes. »

Le réveil palestinien

Un acteur, oublié depuis 1948, va resurgir sur la scène proche-orientale : le peuple palestinien. Vingt ans après le partage avorté de 1947, 160 000 Palestiniens prennent à nouveau le chemin de l'exode.

La débâcle arabe et l'éclatante supériorité militaire israélienne vont provoquer un choc au sein de la jeune génération palestinienne, comme en témoigne Bassam Abou Charif : « Le 5 juin 1967, j'étais jeune diplômé de l'Université américaine de Beyrouth. Avec un groupe d'amis palestiniens, nous avions pris des autobus pour aller à Jérusalem. La guerre de juin 1967 avait été un tournant dans ma vie. Le choc avait été terrible. J'avais vu ces milliers de réfugiés, femmes et enfants, traverser le pont sur le Jourdain, et prendre à nouveau le chemin des camps de réfugiés. Le spectacle de tous ces chars détruits, ces soldats en débandade, nous avait mis en face d'une cruelle réalité : l'ampleur de la défaite. Les Israéliens nous interdisaient de retourner chez nous. J'ai alors commencé à réfléchir sur la manière de résister à cette occupation pour un éventuel retour. »

Yasser Arafat commence alors à prendre en main l'organisation de la résistance palestinienne : « Il n'y avait plus aucune solution pour le peuple palestinien. Toutes les résolutions des Nations unies étaient une à une transgressées, rejetées, bafouées par Israël. Nous avons alors estimé qu'il ne restait qu'une voie au peuple palestinien, celle de la lutte. »

« Si j'étais palestinien, je combattrais dans les rangs du *Fatah* », déclare alors David Ben Gourion.

La Jordanie va devenir la principale base arrière de la résistance palestinienne. Des commandos lancent des actions contre Israël depuis le royaume hachémite dont la souveraineté est mise à mal : « Après l'occupation de la rive occidentale, c'est-à-dire la Cisjordanie, souligne le roi Hussein, je pensais que les gens avaient le droit de résister à l'occupation et que cela pouvait et devait être fait ici, mais que l'organisation de cette résistance requérait de la discipline et devait être contrôlée. »

Cependant, les relations entre le roi Hussein et les organisations palestiniennes vont se détériorer jusqu'à rendre la situation intenable à la veille des événements de septembre 1970.

La résistance palestinienne dispose de faibles troupes (20 000 hommes tout au plus) et ne parvient pas à attirer massivement dans ses rangs les habitants des territoires soumis à l'occupation israélienne. Elle va chercher à compenser sa faiblesse militaire par des coups d'éclat à forte charge médiatique.

L'aile gauche et marxisante du mouvement palestinien s'engage dans une nouvelle forme d'action politico-militaire : le terrorisme aérien.

Une organisation s'illustre particulièrement dans ce type d'opération : le Front populaire pour la libération de la Palestine (FPLP) du docteur Georges Habache.

Bassam Abou Charif était alors le porte-parole du FPLP : « En 1967, la débâcle avait créé une atmosphère de défaitisme dans tout le monde arabe. L'opinion publique internationale se désintéressait de la cause palestinienne. Le Front populaire a donc été amené à adopter la tactique des opérations spéciales qui visait à attirer le regard du monde sur la réalité de la tragédie palestinienne. »

Leïla Khaled était une jeune institutrice installée au Koweït, lorsqu'en 1969 elle décide de rallier la résistance palestinienne. Elle adhère au FPLP, s'installe en Jordanie et s'engage dans la lutte armée et l'action terroriste : « Il devenait nécessaire de dire au monde entier que le peuple palestinien avait une cause politique à défendre, et que ce n'était pas seulement une question d'aide humanitaire. Le fondement de notre action était que les gens se posent enfin la question : Qui sont les Palestiniens ? Il fallait donc nous imposer, rectifier cette image, mais de façon violente. Et je dis de façon violente parce qu'il était évident que le monde n'était sensible à aucune autre forme d'action. Et de fait, il a suffi que nous détournions des avions pour que le monde se demande qui nous étions. »

En 1970, le FPLP décide d'affronter le roi Hussein car pour Habache, Waddi Hadad et leurs partisans, « la route de Tel-Aviv passe par Amman ». Il faut donc se débarrasser du petit roi. D'autant plus que celui-ci, tout comme

Nasser, a pris le chemin de la négociation, sous les auspices américains.

Le secrétaire d'État américain, William Rogers, a proposé un plan à Israël, l'Égypte et la Jordanie visant à instaurer un cessez-le-feu entre Le Caire et Tel-Aviv. Depuis un an, l'Égypte et Israël se livrent sur le long du canal de Suez une guerre larvée, baptisée la « guerre d'usure ». Le plan Rogers prévoit surtout qu'Israël, l'Égypte et la Jordanie acceptent la résolution 242 du Conseil de sécurité de l'ONU, votée en novembre 1967. Cette résolution, adoptée après de longues négociations entre les grandes puissances, stipule un retour aux frontières du 5 juin 1967 et une reconnaissance *de facto* d'Israël par les États arabes. Mais le problème palestinien reste posé en termes de réfugiés.

Septembre noir

Aux yeux des membres du FPLP, ce chemin est celui de la trahison. Ils veulent renverser le souverain hachémite et s'emparer du pouvoir à Amman. À l'insu du *Fatah* de Yasser Arafat, le FPLP monte une opération visant à éliminer Hussein.

Le 6 septembre 1970, les commandos du FPLP s'emparent de quatre avions au même moment. Un Boeing de la Pan AM, parti d'Amsterdam, est détourné vers Le Caire, où il sera détruit après l'évacuation des passagers. Un autre Boeing de la TWA, parti de Francfort, et un DC 8 de la compagnie Swissair au départ de Zurich sont envoyés à l'aéroport de Zarka en Jordanie, rebaptisé « Aéroport de la Révolution ». Un Boeing 707 de la compagnie israélienne El Al devait les y rejoindre, mais l'opération a échoué. Leïla Khaled, alors âgée de vingt-six ans, dirigeait ce commando : « Le Front avait pris pour slogan "Poursuivre l'ennemi, partout". Les avions ont été alors choisis parce qu'ils étaient un moyen de transport reliant Israël au reste

29 novembre 1947. Jérusalem
après le vote du partage à l'ONU

Le colonel Meïr Païl

1948. Arabes de Galilée quittant Israël

Motti Hod,
commandant de l'armée de l'air pendant la guerre des Six Jours

Gauche : 1966. Rafael Sivron,
ingénieur israélien chargé de l'opération « Focus »
Droite : 1966. Meïr Amit, numéro deux du Mossad

1967.
Réfugiés arabes
traversant
le pont Allenby
sur le Jourdain

Juin 1967.
Les généraux Narkis,
Dayan et Rabin
entrent à Jérusalem

Tel Aviv. Abba Eban et Henry Kissinger

New York,1970.
Yitzhak Rabin, Abba Eban et Golda Meir

1973. Guerre de Kippour.
Les généraux Bar Lev, Dayan et Ariel Sharon

1973. Guerre de Kippour

1973. Golan.
Moshe Dayan et Golda Meir

1973. Jérusalem.
Moshe Dayan présente sa démission à la Knesset

1977. Washington.
Le Président Jimmy Carter à la Camp David

1977. Jérusalem.
Première rencontre entre Anouar el-Sadate et Menahem Begin

1977. Jérusalem.
Ezer Weizmann, ministre
de la Défense

1978. Camp David.
Sadate et Begin arrivent à
Camp David

Gauche : 1978. Camp David. Le Président Anouar el-Sadate
Droite : 1978. Camp David. Ezer Weizmann
et Boutros Boutros-Ghali, ministre des Affaires étrangères

1979. Le Président Anouar el-Sadate et son épouse Jehane

1982. L'armée israélienne entre au Liban

Juin 1982. Ariel Sharon présente son opération « Paix en Galilée »

Jérusalem, 1982.
Menahem Begin annonce à la Knesset
l'opération « Paix en Galilée »

Washington, 1982.
Rencontre entre Alexander Haig et Menahem Begin

Juin 1982 - Metulla
Les forces israéliennes franchissent la frontière libanaise

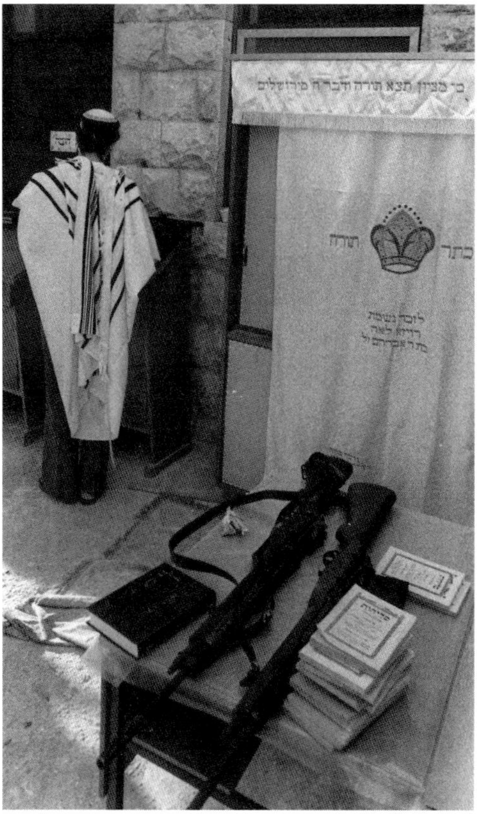

1985, Cisjordanie.
Colons israéliens à Maale Adoumim

1985, Cisjordanie.
Nouvelle colonie près de Naplouse

Avril 1988, Naplouse.
L'Intifada s'étend à la Cisjordanie

1987, Gaza.
Début de l'Intifada

Jérusalem. Fayçal el-Husseini

1991, Jérusalem.
Rencontre entre James Baker et Yitzhak Shamir

du monde. Plus important encore était l'objectif d'informer sur la cause palestinienne. C'était cela l'objectif principal et non pas le détournement d'avions. Poursuivre l'ennemi partout signifiait qu'il fallait frapper les intérêts de l'ennemi là où on pouvait l'atteindre. »

Dès le départ à Amsterdam, les plans du commando sont brouillés : « Nous aurions dû être quatre à bord ; c'est moi qui portais les grenades. Nous étions persuadés qu'ils seraient moins vigilants avec une femme. Mais deux d'entre nous ne purent jamais monter dans l'avion ; les Israéliens les en avaient empêchés. »

Au bout d'une demi-heure de vol, alors que l'appareil se trouve au-dessus de la Manche, le commando, qui ne comptait plus que Leïla Khaled et un sandiniste nicaraguayen Patrick Uruguello, décide de passer à l'action. Leïla Khaled dégoupille ses deux grenades : « J'ai montré à tout le monde que je l'avais fait en leur disant : "Regardez, que personne ne bouge !"

Comme je ne voulais pas qu'on me tire dans le dos, je me suis dirigée vers la cabine de pilotage avec mes grenadcs. Me voyant arriver, l'hôtesse s'est mise à frapper sur la porte de la cabine en criant à l'équipage : "Ouvrez ! elle a des grenades dégoupillées."

Mais ils n'ont pas répondu. »

S'ensuit alors un échange de coups de feu entre le commando et les agents de la sécurité israélienne : « Ils m'ont ceinturée afin que je ne puisse pas me servir des grenades. Ensuite, je me suis évanouie. »

L'appareil atterrit à Londres. Leïla Khaled est incarcérée dans la capitale britannique. Son compagnon a été tué au cours de la fusillade. Le lendemain, le 9 septembre, un autre avion britannique appartenant à la BOAC est détourné vers Zarka afin d'obtenir la libération de Leïla Khaled. Le FPLP détient désormais plus de quatre cents otages suisses, allemands, français, américains et israéliens. Les dirigeants du *Fatah* et Arafat apprennent, stupéfaits, que ce sont les dissidents du FPLP qui viennent de monter cette gigantesque opération de piraterie aérienne.

À l'arrivée à Zarka, les Palestiniens apposent des visas sur les passeports de leurs otages : « Lorsque vous allez dans un aéroport, explique Leïla Khaled, vous devez avoir un visa et votre passeport est tamponné pour certifier votre entrée. Cette marque reste pour la vie sur votre passeport. Nous avions donc institué des visas gratuits d'entrée à l'aéroport de la Révolution. »

Le 12 septembre, les Palestiniens libèrent la plupart des passagers : « Il n'était pas question pour nous de garder les gens en otage longtemps, souligne Leïla Khaled. Nous nous étions dit que le pays à qui on allait demander de relâcher nos prisonniers n'allait pas laisser indéfiniment ses ressortissants dans le désert. »

« Naturellement, ajoute Bassam Abou Charif, les passagers n'étaient pas engagés dans les batailles qui opposaient les Palestiniens aux Israéliens mais ce n'était là qu'un moyen d'attirer l'attention du monde. Et en effet, l'objectif médiatique de cette opération avait bien été atteint. Aucun passager n'avait été touché. Les avions avaient été détruits, naturellement, pour exprimer le refus du Front populaire face aux prises de position des États occidentaux vis-à-vis de la tragédie du peuple palestinien. »

Les commandos font exploser les trois avions stationnés sur l'aéroport de Zarka et gardent cinquante-six otages de nationalité israélienne qui seront finalement tous relâchés.

Le FPLP réclame la libération de Leïla Khaled – qu'il obtiendra – et celle de prisonniers palestiniens en Israël – qui lui sera refusée.

Le roi Hussein ne peut rester sans réagir face à cette spectaculaire opération qui constitue un défi à son autorité : « Le choix était clair, rappelle le roi Hussein, il n'y avait plus aucun avenir pour la Jordanie, sinon le chaos et l'anarchie. Et la Jordanie allait cesser d'exister. J'ai tenté de chercher un soutien au sein du monde arabe. Amman était devenu un cauchemar. Les enfants ne pouvaient plus aller à l'école. Plus personne n'était en sécurité. Les incidents étaient nombreux, et l'armée ne tenait plus en place. Nous perdions le contrôle sur ces forces étrangères stationnées en Jordanie. Finalement, j'ai dû former un gouvernement militaire pour tenter de résoudre le problème. Et tout a explosé ! »

L'armée jordanienne stigmatise de plus en plus Hussein qui a laissé les organisations palestiniennes développer un véritable État dans l'État. L'affrontement devient inévitable. Il va opposer toutes les organisations palestiniennes, et pas seulement le FPLP, à l'armée jordanienne. « Les États arabes avaient peur des Palestiniens, affirme Leïla Khaled. Une première tentative d'anéantissement avait déjà eu lieu ici, en Jordanie, en 1968, puis une deuxième en 1969 et enfin en 1970. Il y en avait une tous les ans. Mais celle de 1970 a été la pire. »

L'offensive jordanienne contre les camps palestiniens à Amman débute le 17 septembre.

Le roi Hussein a obtenu le soutien américain pour engager cette bataille contre les Palestiniens, comme le rappelle Henry Kissinger alors tout nouveau conseiller à la sécurité nationale de Richard Nixon : « Nous avions clairement indiqué au roi qu'il avait notre accord. Ce n'est pas nous qui le lui avions suggéré, mais lorsqu'il nous a dit qu'il allait pénétrer dans les camps de réfugiés, nous lui avons dit que nous n'y voyons aucune objection. Et ce dimanche-là, il a envahi les camps de réfugiés palestiniens. »

L'armée jordanienne bombarde Amman. Une pluie d'obus s'abat sur la capitale. Les forces palestiniennes sont écrasées par la Légion arabe qui n'hésite pas à raser les camps de réfugiés, tuant sans distinction civils et *fedayin*. Abandonnés à leur sort, les Palestiniens sont décimés. On comptera 7 000 morts dans les seuls camps de réfugiés.

Dès lors, la crise commence à s'étendre. Des chars syriens entrent en Jordanie le 20 septembre pour prêter main forte aux Palestiniens.

« J'ai rencontré l'ambassadeur soviétique, raconte le roi Hussein. La Syrie était très proche de l'URSS à cette époque. Il m'a assuré que les Syriens lui avaient affirmé que c'étaient des unités de l'Armée de libération de la Palestine et non des unités syriennes. Mais nous, nous savions parfaitement qu'il s'agissait d'une division armée du parti Baas syrien, appuyée par l'artillerie. Ç'a été un moment très difficile. À ce moment-là, toutes nos forces étaient concentrées à la frontière avec Israël. »

Le sauvetage de Hussein

Devant la dégradation de la situation, le roi Hussein se tourne vers les Américains qui décident de lui venir en aide, comme en témoigne Henry Kissinger : « Nous avons donc pris des mesures. La première a été d'envoyer des renforts au Moyen-Orient. Nous voulions créer une certaine agitation, des mouvements de troupes qui pouvaient être observés par les Soviétiques. »

Mais ces manœuvres s'avèrent insuffisantes pour garantir le sauvetage du souverain hachémite. Kissinger et Nixon en appellent alors à Israël.

Depuis la mort de Levi Eshkol en 1969, Golda Meir, dont Ben Gourion disait : « C'est le seul homme de mon gouvernement », est le Premier ministre d'Israël. À soixante-dix ans, elle est l'une des premières femmes à exercer le pouvoir.

Elle se trouve à New York pour un bal de charité à l'hôtel Hilton en compagnie d'Yitzhak Rabin et de Abba Eban. Aucune caméra n'a immortalisé cette scène surréaliste où l'on voit dans les sous-sols de l'hôtel, transformé en PC de guerre, un Premier ministre en robe du soir mettre au point avec ses généraux en smoking une stratégie pour sauver le roi d'un pays ennemi en danger de mort, et dont le sort se joue à des milliers de kilomètres de là.

« J'étais à l'hôtel Hilton, se souvient Eban, avec Golda et Rabin, lorsqu'on a reçu un appel téléphonique de Kissinger, qui se trouvait avec Nixon. Il nous a dit que les États-Unis soutiendraient toute action préventive de la part d'Israël pour forcer les Syriens à mettre fin à leur invasion de la Jordanie. »

Ce que confirme Henry Kissinger : « J'avais appelé Golda. Je ne sais plus si c'est elle que j'ai eue. Je crois plutôt avoir parlé à Rabin. Nous leur avons dit que nous souhaiterions qu'ils mobilisent leurs troupes... Et qu'au cas où une puissance étrangère, en l'occurrence l'Union soviétique, tenterait de les arrêter, nous serions aux cotés d'Israël. On a fait le tour du problème avec Rabin. Il en a parlé avec Golda, puis il nous a rappelés pour nous proposer une date précise. »

La demande américaine provoque un débat parmi les dirigeants israéliens qui, dans l'ensemble, sont plutôt enclins à soutenir le roi Hussein. Tant à Washington qu'à Tel-Aviv, chacun sait bien que le souverain hachémite est le meilleur partenaire possible, du moins le mieux disposé à l'égard de l'Occident et d'Israël. Ce qui ne serait certainement pas le cas de celui, quel qu'il soit, qui éventuellement lui succéderait.

Sharon, qui considère la Jordanie comme un État palestinien, aurait, selon certains, voulu aider les Palestiniens à renverser le roi Hussein ce dont il se défend : « Les États-Unis, explique Sharon, ont demandé à Israël de mobiliser ses troupes – et de les transférer au Golan et à d'autres secteurs limitrophes de la Syrie afin d'obliger les Syriens à se retirer et de permettre à Hussein de s'occuper des terroristes palestiniens. La discussion a été très intéressante. Mais je n'ai évidemment jamais proposé d'aider les terroristes. J'ai proposé de ne pas accepter la demande américaine et de rester en dehors du conflit. »

Depuis son arrivée au pouvoir, Nixon a fait montre d'un soutien sans réserve à l'État juif. « Nixon m'a dit un jour, rapporte Abba Eban : "Je saute de joie à chaque fois que vous portez un coup à Nasser."

J'ai ensuite senti que Joseph Sisco donnait des coups de

genou à Nixon sous la table. Puis il s'est tourné vers moi et a précisé : “Le président veut dire que vous pouvez bombarder ici ou là, mais avec modération.” »

Golda Meir peut difficilement repousser la demande d'un allié si fidèle.

Israël accepte de venir en aide au roi Hussein comme en témoigne le chef de l'aviation israélienne, Motti Hod : « Les blindés syriens ont pénétré en Jordanie. Nous avons reçu l'ordre de les arrêter. Nous les avons survolés. Ils ont rebroussé chemin. »

Toutefois, le roi Hussein est encore réticent à reconnaître qu'Israël a participé directement à son sauvetage : « On m'a poussé à faire appel à une aide extérieure. Des troupes irakiennes stationnaient déjà en Jordanie et je ne les contrôlais pas. Au même moment, les Israéliens rassemblaient leur armée au cas où la situation tournerait mal. Mais nous n'avons eu aucun soutien, en tout cas aucun soutien direct de la part des Israéliens. »

Pourtant, il semble bien qu'Israël ait sauvé la vie du roi Hussein, à en croire le témoignage de Motti Hod : « Nous avons reçu un message nous informant que l'aviation syrienne venait d'envoyer quatre Mig-21, avec pour mission d'abattre l'avion dans lequel se trouvait le roi Hussein. J'ai immédiatement appelé le chef d'état-major et le ministre de la Défense. Je leur ai dit : “Il nous reste deux minutes... Je viens de donner l'ordre à quatre Phantoms de décoller. À vous de décider ce que nous devons faire : essayer d'empêcher cela, nous contenter d'observer ou intervenir ?” On m'a donné l'ordre d'abattre les avions syriens, de ne pas les laisser faire. »

Bien des années plus tard, Motti Hod, devenu directeur des industries aéronautiques, rencontrera le fils du roi Hussein au Chili à l'occasion d'un salon aéronautique : « Il avait été commandant d'escadrille dans l'armée jordanienne. Il est arrivé en uniforme de l'aviation jordanienne. J'étais, bien sûr, en civil. L'ambassadeur jordanien au Chili n'a laissé personne s'approcher de lui. Il était entouré par des gardes du corps. J'ai alors demandé un service à mon ami, le chef de l'aviation chilienne. Je lui ai demandé d'attirer son attention. Il était heureux de collaborer. Il l'a pris de côté, soi-disant pour lui parler, et je me suis présenté :

“Je suis le général Hod, chef de l'aviation pendant la guerre des Six Jours. J'aurais aimé que vous transmettiez mes salutations à votre père. J'ai eu l'honneur de lui sauver la vie.”

Il a souri. Je lui ai donné ma carte de visite et je lui ai dit que j'espérais que son père la recevrait. Je lui ai serré la main. Le lendemain, nous nous sommes vus à l'exposition. C'était déjà un ami. »

Le 25 septembre, le roi parvient à rétablir la situation en sa faveur : « Nous avons retrouvé notre souveraineté. Et tout s'est terminé. »

À Damas, le général Hafez el-Assad, alors ministre de la Défense et chef de l'aviation, a refusé d'engager sa chasse pour soutenir les blindés syriens en Jordanie. Mais il s'agit plus d'un épisode de la lutte pour le pouvoir en Syrie que d'une solidarité particulière entre Hussein et Assad. Quelques semaines plus tard, Assad s'installe au pouvoir. Il y est toujours en dépit de bien des vicissitudes.

Est-ce le refus d'Assad ou l'intervention israélienne qui a sauvé Hussein ?

Abba Eban estime qu'Israël « a aidé Hussein à sauver son trône. Je pense que du point de vue moral Hussein méritait ce soutien. C'était la seule et unique fois où les États-Unis ont poussé Israël à prendre une initiative militaire ». Mais au sein de l'administration américaine, la décision de faire appel à Israël pour sauver le roi Hussein n'a pas fait l'unanimité, comme le fait remarquer Henry Kissinger : « Tout a explosé au département d'État. Leurs bureaucrates pensaient que nous avions pris trop de risques. Mais cela a marché. »

Mordechai Gazit, qui fut le secrétaire particulier de Golda Meir, ne pense pas que le rôle d'Israël ait été déterminant : « Il s'est avéré que les Jordaniens s'étaient débrouillés tout seuls, avec courage, et plutôt brillamment. Ils n'avaient plus besoin de notre soutien. Les Américains ainsi que les Jordaniens ont apprécié notre bonne volonté. Mais c'est le refus d'Assad qui a affaibli les Syriens. Cela a permis à l'armée jordanienne de faire subir de lourdes pertes aux blindés syriens. »

Le 27 septembre, le roi Hussein et Yasser Arafat arrivent au Caire pour signer un cessez-le-feu. Nasser a pesé de tout son poids pour parvenir à ce résultat. Le Raïs égyptien accueille Hussein à l'aéroport. « Nos relations, souligne Hussein, avaient connu des hauts et des bas. Ce n'était pas une question d'animosité personnelle mais de désaccords politiques. Or après la guerre de 1967, nous sommes devenus très proches. À mon arrivée au Caire, il m'a dit : "Vous allez voir et entendre des choses étranges, surprenantes, mais s'il vous plaît, restez calme et ne vous inquiétez pas.

– D'accord", lui ai-je répondu.

L'ambiance était très chargée et tendue pendant la réunion avec Arafat. »

Malgré des discussions houleuses, Hussein et Arafat signent le cessez-le-feu. Nasser raccompagne le roi à l'aéroport. « Je me souviens, rapporte le roi Hussein, qu'il m'a dit : "Prenez bien soin de vous, et que Dieu vous bénisse."

Il ne me l'avait jamais dit auparavant. Je lui ai dit au revoir et je suis parti. Et, malheureusement ce soir-là, j'apprenais qu'il venait de mourir. »

La mort du Raïs

La mort de Nasser provoque une immense émotion en Égypte et dans l'ensemble du monde arabe. « Pour moi, c'était une tragédie personnelle, souligne Yasser Arafat. Je venais de perdre en Nasser à la fois le combattant égyptien, mais aussi celui qui luttait aux côtés des Palestiniens.

Le leader arabe et international qui dirigeait les mouvements de lutte des nations arabes et du tiers monde. »

La disparition de Nasser plonge l'Égypte dans le désarroi. Des millions d'Égyptiens suivent l'enterrement du Raïs. « Je ne peux pas vous dire l'état de choc dans lequel nous nous trouvions tous, témoigne Jehane Sadate, l'épouse de Anouar el-Sadate. Abdel Nasser était un exemple pour nous. Beaucoup de gens pensent qu'il a fait des erreurs mais nous en faisons tous. Nasser a beaucoup fait pour l'Égypte et pour les Arabes. C'était donc un choc, un choc terrible pour Anouar. La première fois de ma vie où je le vis s'évanouir, ce fut lors des obsèques d'Abdel Nasser, tant il était triste et effondré. Anouar el-Sadate savait que le président Nasser était complètement brisé depuis le 5 juin 1967, depuis le jour de cette défaite. Il m'avait dit : "Nasser n'est pas mort aujourd'hui, mais le 5 juin 1967." Il le considérait comme mort depuis cette date. »

Mais, déjà, chacun s'interroge, sur la politique que vont suivre ses successeurs.

Pour les Palestiniens, les conséquences des événements de ce mois de septembre sont désastreuses. « Je crois, explique Fayçal el-Husseini, que les Palestiniens n'étaient pas suffisamment mûrs pour prendre la responsabilité de diriger un des États de la région. Nous avions commis des erreurs, et ces erreurs ont été utilisées contre nous. Nous avons vu ce que cela a donné en Jordanie. »

Privés de leurs bases en Jordanie, ils se replient vers le Liban dont le fragile équilibre social ne résistera pas au déplacement sur son territoire du conflit israélo-palestinien.

Certains Palestiniens préfèrent se réfugier en Cisjordanie sous occupation israélienne plutôt que subir la répression jordanienne. L'infernal cycle de la violence va s'intensifier.

4

L'AVEUGLEMENT

1970-1977

Un homme va marquer la décennie qui suit la mort de Nasser : Anouar el-Sadate. Pourtant, lorsqu'il arrive au pouvoir en 1970, personne ne le prend vraiment au sérieux. Ni dans son propre pays ni à l'étranger.

« Quand Nasser est mort, se souvient le roi Hussein, et que Sadate a pris sa place, la plupart des gens étaient surpris. À ce moment-là, je ne pouvais prévoir que Sadate serait celui qui allait réussir à entraîner toute l'Égypte derrière lui. »

Ses initiatives, ses défis vont modifier en profondeur l'équilibre au sein du monde arabe et les relations avec Israël.

Un héros d'opéra

L'administration américaine est elle aussi désorientée par le nouveau Raïs égyptien : « Je ne savais rien de Sadate quand il est arrivé au pouvoir, témoigne Henry Kissinger. Il faisait régulièrement des déclarations qui n'étaient jamais suivies d'effets, et je disais en plaisantant qu'il me faisait penser à un héros d'opéra, sorti tout droit de Aïda, mais certainement pas à un homme d'État. C'est seulement au moment de la guerre de 1973 que j'ai commencé à avoir de l'estime pour lui, à lui trouver l'envergure d'un chef d'État. »

William Quandt qui, plus tard, sera le principal architecte des négociations israélo-égyptiennes aux côtés de Jimmy Carter, ajoute que, pour Kissinger, « Sadate constituait une énigme. Il le considérait toujours comme un homme peu sérieux, qui réagissait de façon impulsive, et envoyait des messages dramatiques qui n'avaient jamais de suite. Je crois en fait qu'il pensait que Sadate était quelqu'un d'intellectuellement limité et manquant de subtilité. »

Cette perception du leader égyptien va conduire l'administration américaine à sous-estimer les potentialités d'un dialogue égypto-israélien qu'elle a elle-même initié dans le cadre du plan Rogers.

Le diplomate suédois Gunnar Jarring est le médiateur du secrétaire général de l'ONU au Proche-Orient. Depuis le vote de la résolution 242 du Conseil de sécurité de l'ONU en 1967, il tente de tisser des fils entre Israël et ses voisins. Les Américains se sont adressés à lui pour mettre en œuvre le plan Rogers. Au début de l'année 1971, une perspective semble s'ouvrir.

En février, quatre mois seulement après son accession au pouvoir, Sadate, par l'intermédiaire de Jarring, propose, en échange d'un retrait partiel israélien du Sinaï, la réouverture du canal de Suez et la garantie de la liberté de circulation ainsi que le déploiement de casques bleus et la définition de zones démilitarisées des deux côtés de la frontière israélo-égyptienne.

Le refus de Golda

Sadate déclare que l'Égypte serait prête à un accord de paix avec Israël, en contrepartie du retrait israélien du Sinaï et de la bande de Gaza et d'un règlement du problème des réfugiés palestiniens.

Cette initiative allongera la liste des occasions manquées. Israël ne croit pas à la proposition égyptienne. Selon

Abba Eban, « Sadate était prêt non pas à signer, mais à discuter. Le problème était son refus de négocier. Il voulait se limiter à une déclaration de sa part pour que, ensuite, nous quittions les terres conquises. J'ai dit alors à ses représentants : "Si je comprends bien, monsieur propose que nous mettions les territoires dans une enveloppe pour la glisser ensuite sous la porte."

Ils ont répondu que, effectivement, c'était ce qu'ils envisageaient et que, de toute façon, il n'y aurait pas de négociations. Il n'y aurait ni analyses, ni clarifications, ni explications. La position égyptienne souffrait également de deux faiblesses. Concernant la liberté de mouvement dans le canal et les détroits, ils proposaient la même formule qui avait été utilisée pour justifier le blocus. Plus important encore, leur plan prévoyait la démilitarisation du Sinaï de leur côté, alors que la nôtre était censée être appliquée à tout le territoire, pratiquement jusqu'en Irak. Ils insistaient sur cet équilibre dans la démilitarisation. »

En outre, souligne Shimon Peres, « Jarring nous a dit que nous devrions nous retirer de la Cisjordanie occupée et revenir aux frontières de 1967. Cette condition s'est ajoutée à l'exigence de notre retrait du Sinaï. Golda Meir ne l'a pas accepté. »

Selon Henry Kissinger, « Golda Meir n'arrivait pas à se convaincre que cette offre pouvait compenser ce qu'elle allait perdre en territoires. L'idée de rendre les territoires occupés lui était totalement étrangère. »

À Rabin, qui l'appelle pour la convaincre de dire oui à cette initiative révolutionnaire, Golda Meir répond qu'elle la trouve totalement inacceptable. Quelques jours plus tard, elle rejette la proposition de Anouar el-Sadate. Proposition qui aurait fait gagner six ans, et la vie de milliers de soldats. Mais, selon Abba Eban : « Golda Meir était le genre de personne qui ne supportait qu'on lui annonce une bonne nouvelle. »

Abba Eban reconnaît que la proposition de Sadate constituait une ouverture qu'il aurait fallu explorer. Il met en cause le manque de persévérance des négociateurs américains, le secrétaire d'État William Rogers et son adjoint Joseph Sisco : « La médiation de Rogers et Sisco n'était pas à la hauteur de celle de Henry Kissinger. La tactique de Kissinger était de faire fi des refus, de prétendre que tout le monde acceptait ses propositions. Rogers et Sisco ont avancé quelques propositions, mais ils ont tout de suite abandonné. La position américaine ne connaissait pas l'assiduité qu'elle aurait ultérieurement. Kissinger, plus tard, s'est rendu à Damas à trente-cinq reprises. Mais l'idée de persévérance n'existait pas à l'époque. Rogers et Sisco n'ont tenu compte que des refus, aussi bien ceux d'Israël que ceux de l'Égypte. Ils ont effectué leur mission par acquis de conscience, et c'est tout. Avec une approche différente de leur rôle de médiateur, on aurait pu profiter de cette opportunité. Cet échec fut surtout le leur. Je ne voudrais pas flatter excessivement mon ami Henry. Lui aussi dit aujourd'hui qu'il aurait considéré ce premier tâtonnement, en 1971, comme une réussite plutôt que comme un échec. »

En réalité, si Rogers et Sisco n'ont pas déployé autant d'efforts que Eban l'aurait souhaité, c'est en grande partie en raison des conflits qui traversaient l'administration Nixon sur ce dossier. Henry Kissinger était opposé au plan Rogers car il ne voulait pas engager des négociations avec une Égypte armée par l'URSS. « Kissinger, souligne Eban, a toujours considéré le Proche-Orient comme une arène où luttaient Américains et Soviétiques. C'était sa seule et unique perspective. »

La stratégie de Kissinger

Le secrétaire d'État américain s'est forgé une vision du Proche-Orient qui va lui servir de fil d'Ariane au cours des années suivantes.

« Ma stratégie, souligne Kissinger, était de faire comprendre aux Arabes qu'ils pouvaient faire la guerre avec des armes russes, mais qu'ils ne feraient la paix qu'avec la diplomatie américaine. Notre stratégie de base était donc de faire obstacle à toute tentative arabe qui s'appuierait sur le soutien soviétique. À mes yeux, le plan Rogers/Sisco était opposé à cette stratégie. Eh bien, vous savez, à cette époque, j'avais beaucoup d'influence sur toutes les sphères de la politique étrangère américaine, à l'exception du Moyen-Orient. Le président Nixon pensait que mes origines juives auraient été un handicap si j'étais impliqué dans les négociations au Moyen-Orient. Je n'ai donc pas suivi la mission Jarring avec la même intensité que d'autres. Elle aurait pu aboutir si elle avait été l'objet de la même énergie que celles qui ont suivi. Mais en février 1971, il y avait toujours 20 000 conseillers soviétiques aux bords du canal de Suez. J'étais probablement peu disposé à m'impliquer car je voulais le départ des troupes soviétiques avant une intervention de la diplomatie américaine. »

Selon William Quandt, Kissinger porte la responsabilité de l'échec de la médiation de 1971 : « Nous nous sentions frustrés car Kissinger semblait n'avoir aucun intérêt pour tout ce qui touchait au Proche-Orient, mais nous avions tout de même préparé une documentation volumineuse en espérant qu'un jour cela l'intéresserait. Et effectivement, il a commencé à lire tout cela. Kissinger était un homme remarquable, car il pouvait réellement lire une montagne de documents durant un vol vers le Connecticut. Il était donc bien informé, mais il ne s'était jamais vraiment occupé du Proche-Orient, ni des Arabes. Il se demandait pourquoi Sadate voulait faire cela maintenant. Les élections aux États-Unis approchaient, l'affaire du Vietnam n'était pas encore vraiment terminée, et il a demandé aux Égyptiens d'attendre.

Kissinger n'a pas réalisé le potentiel de cette offre. Je suis sûr qu'il y avait là une vraie opportunité. Je crois que Kissinger, mais il faudrait le psychanalyser pour en savoir plus, a saboté cette démarche uniquement parce qu'il n'en avait pas la responsabilité. Il n'y avait rien d'objectivement mauvais dans cette initiative. On peut croire aujourd'hui, que si l'initiative de 1971 avait abouti à un accord de désengagement, nous aurions évité la guerre de 1973. »

En 1972, une autre opportunité aurait pu, semble-t-il, être saisie. Selon Mordechaï Gazit, Golda Meir s'est rendue en Roumanie à l'invitation de Ceauşescu qui lui a proposé d'organiser une rencontre avec Sadate. La Roumanie est le seul des pays du bloc soviétique à ne pas avoir rompu des relations diplomatiques avec Israël après 1967. « Elle est partie avec son directeur de cabinet de l'époque, raconte Gazit. Elle a discuté pendant quatorze heures avec Ceauşescu. Il lui a dit : "Je crois que Sadate est prêt à vous rencontrer." Elle était très heureuse. Je crois qu'elle a même versé une larme. Ils ont défini les contacts nécessaires, pour ne pas passer par les ministères des Affaires étrangères. Ils voulaient éviter les fuites. Ils ont établi des délégations issues des bureaux des deux chefs d'État. Mais rien n'a été fait. Sadate n'était pas prêt. »

En tout état de cause, une nouvelle fois, les négociations s'enlisant, la guerre ne sera pas évitée. Elle avait été tant de fois annoncée que, en dépit de renseignements concordants ni les dirigeants israéliens ni l'administration américaine ne voudront croire à son déclenchement.

À partir de 1972, les nuages ne cessent de s'amonceler au-dessus du Proche-Orient.

La défaite palestinienne en Jordanie n'a pas apaisé la tentation terroriste. Au contraire, elle engendre une radicalisation y compris au sein du *Fatah* de Yasser Arafat. Une organisation, émanation de la branche militaire du *Fatah*, baptisée *Septembre noir*, s'illustre dans des actions spectaculaires et meurtrières. En septembre 1972, à Munich, où se déroulent les jeux Olympiques, un commando de *Septembre noir* prend en otage un groupe d'athlètes israéliens. La police allemande tente de les libérer, mais l'opération tourne au carnage. Dix otages sont tués par le commando.

Le symbole est trop fort : la cible (des athlètes), le lieu (l'Allemagne) et le cadre (les jeux Olympiques), autant d'éléments qui ne peuvent que susciter une immense réprobation. Le massacre de civils israéliens à l'endroit où Hitler avait débuté son ascension discrédite l'action terroriste comme moyen d'attirer l'attention de l'opinion publique internationale sur la cause palestinienne. Certains dirigeants palestiniens comme Bassam Abou Charif commencent à prendre conscience que le terrorisme les conduit dans une impasse : « En 1972, lorsque le PLP s'est rendu compte que cette stratégie commençait à avoir des effets négatifs, et que les côtés négatifs devenaient plus importants que les aspects positifs, nous avons pris la décision, au cours d'une réunion du comité central, d'arrêter les opérations terroristes. »

Le terrorisme est de plus en plus condamné par l'opinion publique internationale. Mais surtout, le gouvernement israélien a décidé d'engager une lutte sans merci. Golda Meir crée une unité spéciale chargée de poursuivre et d'éliminer les membres de *Septembre noir*.

Bien que n'appartenant pas à cette organisation, Bassam Abou Charif figure sur la liste du Mossad. Le 25 juillet 1972, il reçoit un colis piégé à Beyrouth où il réside : « Il ne s'agissait pas d'une lettre, mais d'un livre piégé contenant des explosifs. Je l'avais reçu par la poste. À l'époque, nous étions constamment sur nos gardes, parce que les services secrets israéliens, qui menaient une guerre contre les Palestiniens, avaient souvent utilisé cette méthode.

Nous avions un accord avec le gouvernement libanais. Notre courrier passait à travers un détecteur d'explosifs. Si le test était négatif, le ministère de la Poste libanaise tamponnait les enveloppes avec un cachet de contrôle. L'enveloppe qui contenait le livre, un énorme volume sur Che Guevara, aussi gros qu'un dictionnaire, était certifiée vide de tout explosif. Dès l'instant où j'ai ouvert le livre, il a explosé. Il contenait une grande quantité d'explosifs qui aurait dû me déchiqueter en mille morceaux. »

Cette épreuve marque une rupture chez le dirigeant palestinien : « J'ai survécu. À l'hôpital, les yeux bandés, ne sachant pas si j'allais voir à nouveau ou rester aveugle, puisque mes deux yeux étaient touchés, j'ai pris le temps de réfléchir à l'engrenage de la violence, aux rapports de force. À la question que je me posais : "Les *feddayin* palestiniens pourront-ils réussir un jour à libérer la Palestine avec l'armement léger qu'ils possèdent ?", je ne pouvais répondre que négativement. Mais cette réflexion n'a pas eu d'incidence immédiate sur mes positions politiques, parce qu'il était clair qu'il fallait passer par cette période de lutte armée pour aboutir à un résultat. »

Bassam Abou Charif résume bien le problème qui se pose aux Palestiniens : quel peut-être le substitut à la lutte armée et au terrorisme qui n'offrent aucune perspective ? Le chemin qui mènera au compromis sera encore long pour les Palestiniens, comme l'analyse Hanane Ashraoui, aujourd'hui ministre de l'Éducation de l'Autorité palestinienne : « La Révolution palestinienne a employé de nombreuses fois la violence contre les civils, ce qui est inacceptable. J'ai une explication. Lorsque qu'un homme est privé de tout, d'identité, du droit à l'existence, il ne lui reste plus que la violence pour attirer l'attention. Cela est totalement injustifié. Toutefois, c'était un contexte historique différent. Rien ne justifie l'utilisation des civils et des innocents comme cibles pour faire avancer une position politique. Mais cela a été fait. »

À l'abri de la ligne Bar Lev

L'année 1972 marque un autre tournant dans les relations israélo-arabes. Sadate décide d'expulser les 15 000 conseillers soviétiques présents en Égypte. Ce n'est pas encore la fin de la coopération soviéto-égyptienne inaugurée quinze ans plus tôt par Nasser et Khrouchtchev, mais c'est incontestablement un signe adressé à Washington.

« Durant toute cette période, rapporte Henry Kissinger, j'essayais de faire comprendre à Golda Meir que Sadate était différent, mais ce n'était pas une proposition facile à lui faire admettre. » Henry Kissinger écrira sur Golda Meir : « Elle se comportait avec moi comme une tante bienveillante envers son neveu préféré. De sorte que le plus petit désaccord entre nous était une attaque d'ordre familial, un outrage aux sentiments familiaux. »

Au Caire, la rue affiche sa satisfaction comme en témoigne Jehane Sadate, l'épouse du président égyptien : « J'ai vu la foule danser dans la rue. Les gens étaient ravis d'apprendre que les Russes avaient été renvoyés du pays. J'ai dit à mon mari que j'étais inquiète, mais que tous avaient l'air si heureux ! Il m'a répondu : "Je vais faire la guerre... Mais une guerre dans laquelle l'Égypte va enfin vraiment combattre." »

Sadate annonce à maintes reprises que la seule alternative aux négociations, ce sera la guerre. Personne n'y croit. « Les Égyptiens continuaient à nous dire ce qu'ils disaient depuis des années, souligne Henry Kissinger, que si ceci n'aboutissait pas, il y aurait la guerre. Mais ils ne nous ont pas donné d'avertissement précis. Même s'ils l'avaient fait, nous ne l'aurions probablement pas cru, car nous avions largement surestimé la capacité militaire d'Israël. Nous ne pensions pas, nos militaires en tout cas ne pensaient pas que les Égyptiens pouvaient traverser le canal. »

Même en Égypte, le doute plane sur les intentions réelles de Sadate, comme le rapporte son épouse : « Il l'avait dit tant de fois que c'était devenu un sujet de plaisanterie. Des dizaines d'histoires drôles circulaient, le prenant pour cible, affirmant qu'il n'allait jamais se battre, et que ce n'étaient là que des paroles creuses. »

En Israël, les prochaines élections sont fixées par les travaillistes au 30 octobre 1973 et leur affiche électorale proclame : « À l'abri de ligne Bar Lev, votre pays est protégé. » Les dirigeants israéliens sont convaincus que la ligne de fortifications qu'ils ont construite le long du canal de Suez est imprenable. La ligne Bar Lev sera une nouvelle ligne Maginot.

Pourtant, les informations concordantes commencent à s'amonceler sur les bureaux des dirigeants israéliens et américains. « Pendant l'été, rapporte William Quandt, Brejnev, en visite aux États-Unis, a laissé entendre que la guerre était imminente. Il était certain que les Arabes déclencheraient la guerre avant la fin de l'année et qu'il fallait tout faire pour convaincre les Israéliens d'écouter la voix de la raison et faire les concessions nécessaires pour éviter la guerre. Kissinger, qui était présent, a interprété cette mise en garde comme une forme de chantage. »

Au cours des semaines qui précèdent la guerre d'octobre 1973, les responsables israéliens et américains pratiquent le *wishful thinking*, comme le raconte Alexander Haig : « Le Premier ministre Golda Meir, lors de sa visite aux États-Unis à la veille de la guerre, a été rassuré par tous les hauts responsables américains, y compris Kissinger, qui lui ont affirmé qu'il n'y aurait pas d'attaque des Égyptiens. »

Ce que confirme l'ancien ministre israélien des Affaires étrangères, Abba Eban : « Nous étions prisonniers d'un refus total, aussi bien israélien qu'américain, de croire en la possibilité d'une guerre. Les Américains appellent cela une "erreur équilibrée". Leur jugement était tout aussi erroné que le nôtre. »

William Quandt met en garde contre toute reconstruction *a posteriori* : « C'est facile de dire "on aurait pu le deviner, les indices se trouvaient sous nos yeux". J'ai été suffisamment longtemps au gouvernement pour savoir que, chaque jour, on reçoit des centaines de messages, des fragments d'une réalité. On se dit : "Cela n'a pas d'intérêt" ou bien : "Ceci peut être digne de confiance", mais on ne peut jamais avoir de certitude. »

Le Mossad ne cesse de recevoir des informations sur la préparation de l'attaque égyptienne, y compris de la part du KGB ! David Kimche était alors numéro deux du service du renseignement israélien : « Il n'y avait pas de hauts responsables juifs à la tête du KGB. Celui-ci était pratiquement le seul. Il était juif, colonel, et à un poste clé. Il venait de tomber sur un message, dont l'authenticité et l'origine étaient incontestables, et qui confirmait avec certitude que la guerre allait éclater. Il a essayé désespérément, par tous les moyens, de nous faire parvenir cette information. Uniquement parce qu'il se sentait des attaches très profondes avec le peuple juif. Et quand il a finalement réussi à nous contacter, nos services ont jugé ces informations sans intérêt et n'y ont prêté aucune attention particulière. »

Un autre responsable, de premier plan, va avertir les dirigeants israéliens. Ils n'en tiendront pas compte malgré le caractère exceptionnel de la démarche.

Au mois de septembre, quelques jours avant le déclenchement des hostilités, le roi Hussein prend l'initiative de venir en Israël pour mettre en garde Golda Meir. Mordechaï Gazit, conseiller personnel de Golda Meir, est chargé d'accueillir le roi. « Une personnalité arabe très importante est venue nous prévenir, raconte Mordechaï Gazit. Je ne veux pas dire s'il s'agissait du roi Hussein ou de quelqu'un d'autre. Mais cet avertissement parlait d'une énorme concentration de troupes syriennes tout au long de la frontière nord. Cette armée était prête à attaquer et n'attendait plus qu'un ordre. Nous lui avons demandé quelle serait l'attitude de l'Égypte, et il a répondu : “Je ne sais pas.” Deux réunions ont eu lieu, présidées par David Elazar et Moshe Dayan. Toute l'affaire a été minutieusement rapportée, discutée, et on a estimé que l'Égypte refuserait de s'impliquer en cas de conflit. Nous avons donc reçu cette information à la fin du mois de septembre, dix jours avant le début de la guerre de Kippour, mais cela ne nous a pas inquiétés outre mesure. À mon grand regret, elle ne contenait rien de nouveau. »

Shimon Peres invoque ce même motif pour expliquer qu'Israël n'a pas tenu compte de l'avertissement du roi Hussein : « Nous avions reçu un avertissement semblable un mois auparavant. Et comme cette première information s'était révélée fausse, nous n'avons pas pris cette seconde mise en garde au sérieux. Nous avons jugé cet avertissement sans fondement. Aujourd'hui, nous savons que Sadate voulait déclencher la guerre un mois plus tôt. Il l'a repoussée pour des raisons personnelles. Le premier avertissement n'était donc pas totalement faux. »

Abba Eban avance une autre explication : « Tout cela a été fait de façon si clandestine. Très peu de gens étaient au courant. Je ne sais même plus si j'en ai été informé. Même Rabin n'en a rien su. Ils ont peut-être décidé que Hussein n'était pas un expert en ce qui concernait ses voisins arabes. Il n'avait jamais été considéré comme compétent dans le domaine. »

Le roi Hussein, quant à lui, refuse de reconnaître l'existence de cette rencontre secrète. Pourtant, remarque Jehane Sadate, « il était le seul qui avait des contacts avec les Israéliens, bien entendu, et nous le savions tous ».

Kissinger affirme ne pas avoir été informé de cette rencontre : « Pourquoi Golda ne nous a-t-elle rien dit ? C'est ça qui est surprenant. Je ne sais pas pourquoi le roi Hussein non plus ne nous a rien dit. De toute évidence, ni lui ni Golda ne nous ont tenus au courant. »

Début octobre, un autre signe important sera ignoré. Les familles des conseillers soviétiques sont évacuées de Damas et du Caire. « Ni Israël ni la CIA n'ont attiré mon attention sur cette information, se souvient Kissinger. J'étais à New York aux Nations unies et j'ai rencontré Eban ce jour-là. Personne ne prenait cela au sérieux. Personne n'a interprété cette évacuation comme une retraite soviétique. Ils ont tous dit : il doit s'agir d'une querelle interne. J'ai demandé : quelle genre de querelle peut-il y avoir au même moment en Égypte et en Syrie ?

Sincèrement, je pense que les Israéliens n'ont jamais réellement cru que la guerre allait éclater. Et la plus grande erreur des services de renseignements, aussi bien israéliens qu'américains, a été de n'avoir pas pris au sérieux l'évacuation des familles des conseillers russes du Caire et de Damas. Je suis sûr que c'était en fait un signal que les Soviétiques voulaient nous adresser, mais que personne n'a vu. Nous savions tout. Nous avions pris connaissance de tous les mouvements de troupes, mais, à mon avis, ça a été une défaillance surtout du côté israélien. »

L'armée israélienne, forte de son triomphe de 1967, est trop sûre de sa puissance.

Rien n'entame la confiance des généraux et des services secrets israéliens. Ils ont relâché leur attention au point d'en avoir oublié certaines règles élémentaires : « Le chef des armées égyptiennes m'a dit plus tard, ainsi qu'à Nixon, témoigne Alexander Haig, qu'ils avaient répété la traversée du canal dix-neuf fois sans éveiller le moindre soupçon de la part des services secrets israéliens et américains. »

Les dirigeants israéliens et américains témoignent alors d'une foi absolue à l'égard du Mossad, comme le souligne Abba Eban à qui Nixon lança après le conflit : « Que notre service des renseignements se soit trompé, cela ne me surprend pas. Mais que le vôtre, le meilleur au monde, fasse la même erreur ! »

Le 3 octobre, Golda Meir réunit donc ses généraux. Ils assurent que le dispositif en place peut permettre de faire face à toute éventualité et que la probabilité d'un conflit est faible. « On s'est demandé, note Mordechaï Gazit, pourquoi, Golda n'avait pas décidé de mobiliser l'armée une semaine auparavant, plutôt que de le faire le jour de Kippour. Une réunion avait eu lieu le 3 octobre. La réponse est très simple. Quelque mois auparavant, elle s'était rendue au Q.G. de l'armée. Le chef d'état-major lui a dit : "Ce sera difficile, mais nous réussirons à arrêter l'ennemi." C'était le point de vue des chefs militaires. Si ce 3 octobre, face à tous ces généraux, elle avait eu le réflexe, en grand-mère du pays, de dire : "C'est de la folie. Je n'y crois pas. Il n'y aura aucun avertissement. Comment pouvez-vous être sûrs que 450 blindés au nord et au sud suffiront ? Mettons

250 blindés de plus. Je ne suis pas convaincue, et j'exige 250 blindés supplémentaires." Un Premier ministre parle rarement sur ce ton devant trois ou quatre généraux quand la guerre est imminente. Et elle les a crus. »

Cependant, les divers services de renseignements israéliens ne partagent pas tous l'optimisme des militaires : « Au Mossad, affirme David Kimche, certains d'entre nous étaient convaincus que la guerre était imminente. Mais le département de recherches des renseignements militaires refusait de l'admettre. Et nos dirigeants, bien sûr, ont préféré croire les militaires. »

Le 6 octobre au matin, chacun comprend qu'il faut se préparer à la guerre. Golda Meir doit affronter cette épreuve malgré la maladie qui la ronge : « Peu de gens savaient à l'époque qu'elle subissait une chimiothérapie. Nous n'étions que quatre ou cinq à le savoir », souligne Mordechaï Gazit.

Les informations qui arrivent sur le bureau du Premier ministre sont sans ambiguïté. Cependant, un débat oppose le chef d'état-major David Elazar, surnommé Dado, et le ministre de la Défense Moshe Dayan sur les mesures à prendre. Dado réclame la mobilisation générale et une attaque aérienne préventive alors que Dayan veut s'en tenir à une mobilisation partielle. Golda Meir décrète la mobilisation générale mais refuse l'attaque préventive.

Ce 6 octobre à Washington, Henry Kissinger est réveillé par un coup de fil de Joseph Sisco, l'un de ses adjoints au département d'État : « À 6 heures du matin, il m'a réveillé en me disant qu'il y allait avoir une grosse crise au Moyen-Orient et que je ferais mieux de décrocher le téléphone et de voir ce que je pouvais faire pour l'éviter. »

Le choc

À 13 h 50, l'Égypte et la Syrie lancent leur attaque contre Israël. Le jour a été soigneusement choisi. Les Israéliens, comme tous les juifs de par le monde, fêtent le

Yom Kippour. La fête du Grand Pardon est synonyme de jeûne, de prière et est un jour férié. Les Égyptiens traversent le canal de Suez et les Syriens pénètrent sur le plateau du Golan. « Sadate avait tout essayé, explique Eban. L'ONU, la mission Jarring, d'autres tentatives. Il a vu que rien ne bougeait. Il est alors arrivé à la conclusion qu'il fallait secouer l'opinion internationale. Comment fait-on ce genre de choses ? En faisant la guerre, même si l'on n'a pas la moindre chance de la gagner. Et je ne crois pas qu'il ait pu un seul instant imaginer possible une défaite militaire d'Israël. »

Malgré la gravité de la situation, les responsables américains restent optimistes, à en croire le récit d'Henry Kissinger : « Après la traversée du canal par les Égyptiens, nous avons eu une réunion de crise dans la nuit de lundi. La CIA continuait à nous faire parvenir des informations selon lesquelles l'armée Égyptienne serait complètement écrasée en moins de quarante-huit heures et qu'Israël traverserait le canal à son tour. »

Pourtant, à Tel-Aviv, un vent de panique commence à souffler : « Le troisième jour, se souvient Abba Eban, a été terrible. Nous avons subi des pertes considérables, plus de cinquante chars et une cinquantaine d'avions. »

Le journaliste américain Seymour Hersh affirme qu'au soir de ce 8 octobre Moshe Dayan aurait proposé l'utilisation de l'arme nucléaire à Golda Meir. Ce que dément Abba Eban : « Je ne pense pas qu'il ait été capable d'en arriver à envisager l'utilisation de bombes atomiques. Je ne crois pas que le pouvoir de décision sur ce sujet lui ait appartenu. Je crois qu'il traversait, à cette époque, une terrible dépression. Peut-être a-t-il laissé échapper ce genre de propos. Mais notre situation militaire n'était pas à ce point catastrophique. » Shimon Peres partage aussi cet avis : « Nous avions un problème. Toutes nos forces étaient concentrées autour du canal. Si l'armée égyptienne avait continué à avancer, je ne crois pas qu'on aurait pu l'arrêter. Mais l'option nucléaire n'a jamais été proposée.

Les Égyptiens, qui la redoutaient, l'avaient envisagée... Pas nous. Quand Sadate est arrivé à Jérusalem, c'est Yigal Yadin qui me l'a raconté, il a dit que l'une des raisons qui l'ont poussé à faire la paix était la menace nucléaire israélienne. »

En réalité, Sadate n'a pas envisagé de mener une guerre de grande envergure contre Israël. « Anouar Sadate avait besoin de briser le mythe de la ligne Bar Lev, témoigne son épouse Jehane Sadate. Mais dès le début, il avait décidé de ne pas dépasser cet objectif. Il savait qu'il ne pouvait pas aller au-delà de l'autre rive du canal. Et nous avons détruit la ligne Bar Lev. Pour lui, la guerre ne devait servir qu'à reprendre le Sinaï. Il s'était entendu avec le président Assad, qui devait récupérer le Golan. Les territoires qu'Israël avait occupés, et rien d'autre. »

Au bout de quelques jours, les généraux israéliens se ressaisissent et lancent une contre-offensive. Dans le même temps, les États-Unis mettent en place un pont aérien pour fournir armes et munitions à l'État juif. Malgré le vote d'une résolution du Conseil de sécurité de l'ONU le 22 octobre appelant à un cessez-le-feu, Israël poursuit sa contre-offensive. Le 24 octobre, la IIIe armée égyptienne est encerclée près du canal de Suez. Ni les Américains ni les Soviétiques ne veulent assister à une nouvelle déroute égyptienne. Selon Abba Eban, « Kissinger pensait que l'encerclement de la IIIe armée achèverait Sadate et que, sans Sadate, le glas sonnerait sur les espoirs de paix. Il croyait sincèrement que le caractère modéré de la victoire israélienne était indispensable pour la paix ».

Moscou menace de prendre une initiative unilatérale au Proche-Orient, en clair d'intervenir si Israël ne stoppe pas son offensive. Le 25 octobre, les Américains ripostent par le déclenchement de l'alerte nucléaire. « Il y a des moyens plus agréables de passer une soirée que de déclencher une alerte nucléaire, s'exclame Henry Kissinger. Nous avions toutes les raisons de croire que l'Union soviétique allait intervenir. Nous avons donc réuni le Conseil de sécurité national à la Maison Blanche. Durant cette réunion, j'ai appelé l'ambassadeur Dobrynine à plusieurs reprises en lui demandant de ne rien faire jusqu'à ce qu'on lui communique le résultat de nos délibérations. Sa réponse normalement aurait été "bien sûr, nous attendrons une réponse, ce n'est pas un ultimatum. Ne soyez pas nerveux". Mais il continuait à me dire qu'il devait en parler avec Moscou. C'était une réponse menaçante. Après la deuxième ou troisième fois, on a décidé de mettre nos forces en état d'alerte pour voir quelle serait sa réaction. On doit bien comprendre ce que cela veut dire. Une alerte nucléaire était un bien grand mot. Il y a 5 niveaux d'alerte dans les forces militaires américaines. La plupart des forces sont normalement au niveau 4. Nous sommes passés du niveau 4 au niveau 3. Nos forces nucléaires n'ont pas été affectées car elles ne sont mises en alerte qu'au niveau 2. Il était donc faux de dire que l'alerte nucléaire avait été déclenchée. En revanche, au niveau 3, les troupes sont rappelées, les permissions annulées et les navires se mettent en mouvement. Tout cela provoque une agitation énorme destinée à attirer l'attention de la partie adverse et à lui faire passer un message. »

La manœuvre porte ses fruits. Israël accepte le cessez-le-feu et desserre l'étau autour de la IIIe armée. L'État hébreu est une nouvelle fois sorti vainqueur de la confrontation, mais le prix de la victoire est très élevé. Les pertes s'élèvent à 2 500 hommes. Israël, qui se croyait invincible, a senti passer le vent d'une possible défaite.

À l'heure des comptes

Tout le système politico-militaire a été ébranlé. Les responsables des défaillances de l'armée, des services de renseignements et du pouvoir politique vont devoir s'expliquer. L'heure des comptes a sonné.

Le parti travailliste gagne les élections législatives au

mois de décembre, mais Golda Meir doit affronter les feux croisés des critiques de l'aile gauche du parti travailliste, d'une partie de l'armée et de la droite nationale religieuse.

En avril 1974, la commission d'enquête judiciaire présidée par le juge Agranat, nommée par le gouvernement pour faire la lumière sur les événements d'octobre 1973, rend son verdict. Les responsables de l'armée ont failli à leur tâche. Ces conclusions entraînent des manifestations de rue auxquelles de nombreux militaires participent. Le 11 avril, Golda Meir démissionne. Selon Mordechaï Gazit, « Ce ne sont pas les manifestations qui ont conduit Golda Meir a démissionner. Elle a choisi de s'en aller quand elle s'est rendu compte que son propre parti la rejetait. Elle s'est dit : "Je n'en peux plus... Je suis une femme malade, que tout le monde critique... Les gens sont si ingrats..." Elle était sûre d'avoir fait ce qu'il fallait faire. Elle ne comprenait pas de quoi on l'accusait. »

Avec le départ de Golda Meir, le parti travailliste et l'État d'Israël tournent une page de leur histoire : celle des fondateurs. Une nouvelle génération arrive au pouvoir. Au cours des deux décennies suivantes, deux hommes vont se déchirer souvent et s'unir quelquefois mais en tenant toujours l'autre dans la suspicion : Yitzhak Rabin et Shimon Peres. Rabin devient Premier ministre et Peres, ministre de la Défense. Mais les relations entre les deux hommes ne sont pas bonnes, comme en témoigne Shimon Peres : « À vrai dire, le premier mandat de Rabin n'a pas été un succès. Il était trop soupçonneux, même envers moi. »

Pax americana

L'heure de *Dear Henry* est enfin arrivée. Kissinger juge que les conditions sont remplies pour qu'il puisse intervenir dans le dossier proche-oriental. Sadate s'est débarrassé des Soviétiques et l'issue de la guerre d'octobre permet aux États-Unis de réaliser leur vieux projet : établir une *pax americana* au Proche-Orient. Dès la fin des combats, Kissinger met en œuvre sa méthode : la diplomatie de la « navette » et des « petits pas ».

Il effectue des dizaines d'allers-retours entre Le Caire, Damas et Tel-Aviv à partir de la fin de l'année 1973. Au bout de quelques mois, il obtient un désengagement partiel des forces israéliennes dans le Sinaï et sur le plateau du Golan. « Bien que je puisse critiquer l'œuvre ultérieure de Kissinger, souligne William Quandt, le conseiller de Carter pour le Proche-Orient, je crois qu'entre janvier et mai, la période pendant laquelle il travaillait sur les fronts égyptien et syrien, il a compris que le premier pas se limiterait à l'aspect militaire : séparer les armées, créer des conditions qui permettraient de discuter des problèmes politiques, et ce, sans la crainte d'une reprise immédiate des hostilités. Il l'a fait aussi car c'était une façon de se mettre en avant. Il ne se prend pas pour n'importe qui, ce n'est un secret pour personne. Mais il voulait avant tout prouver aux deux adversaires qu'il était personnellement capable d'obtenir des résultats. C'est pour cette raison qu'il a tellement insisté pour garder le contrôle des négociations. Il ne voulait surtout pas que les Égyptiens et les Israéliens puissent se retirer et négocier seuls, en tête à tête. Je crois que l'on peut dire que ces premiers mois ont été bien exploités. »

Les Palestiniens sont les grands oubliés de la diplomatie de Dear Henry, mais cette année 1974 consacre la reconnaissance internationale de l'OLP. Elle est intronisée seul représentant légitime du peuple palestinien lors du sommet de la Ligue arabe à Rabat – au grand dam du roi Hussein – avant que Yasser Arafat ne prononce un discours du haut de la tribune de l'ONU à New York et que l'OLP y soit admise comme membre observateur – au grand dam des Israéliens.

Rapidement, les négociations menées par Kissinger piétinent. L'exécutif américain est pris dans la tempête du scandale du Watergate. Kissinger ne dispose plus de la même autorité pour imposer ses solutions : « Il était nécessaire pour Kissinger, souligne William Quandt, de savoir qu'un président fort le soutenait. Or, ce n'était pas le cas, bien entendu. Nixon s'apprêtait à donner sa démission. C'était extrêmement difficile pour un secrétaire d'État américain, dont le président s'apprêtait à démissionner, de proposer une conférence ambitieuse au Proche-Orient, qui se serait sans doute révélée très pénible. »

En août 1974, le président Richard Nixon doit démissionner. Il est remplacé par son vice-président Gerald Ford, Kissinger conserve son poste. Il obtient un deuxième redéploiement des forces israéliennes dans le Sinaï l'année suivante. Ce sera son dernier petit pas.

En Israël, il est de plus en plus souvent accueilli par les manifestations bruyantes et hostiles d'un parti extrémiste national-religieux, le *Goush Emounim* (le Bloc de la Foi). Ses militants se retrouvent sous les fenêtres de l'hôtel King David où réside Kissinger aux cris de « *Jewboy, go home !* » : « C'était très douloureux, confie Kissinger. Vous savez, quand vous avez perdu 13 membres de votre famille dans les camps de concentration, vous développez une certaine solidarité avec le destin d'Israël. D'un autre côté, j'étais secrétaire d'État des États-Unis, pas à la tête d'une organisation juive. Je devais exercer ma fonction sans états d'âme. De plus, je pensais que les accords que nous avions obtenus en 1973 et 1974 étaient largement en faveur d'Israël, et il n'y avait pas vraiment de conflit. Même en dépit de mes origines, je pensais réellement que c'était la voie à suivre. »

Après le deuxième accord de désengagement signé avec l'Égypte en 1975, Rabin ne donne plus suite aux propositions de Kissinger qui ne peut ou ne veut plus rien imposer. Les dirigeants israéliens sont à la recherche d'un contact direct avec Sadate. Rabin demande à Kissinger de faire parvenir une lettre à Sadate, mais l'ancien secrétaire d'État ne l'aurait pas transmise. Kissinger dément cette version : « Rabin avait écrit une lettre pleine d'égards à

Sadate, dans laquelle il lui avait indiqué qu'il était prêt à le rencontrer. J'ai remis cette lettre à Sadate qui lui a répondu avec beaucoup de sollicitude mais n'a pas relevé sa proposition. Sadate savait que j'étais prêt à l'épauler dès qu'il serait prêt à le faire. Il pensait qu'il aurait encore besoin de la solidarité arabe, aussi longtemps qu'Israël occuperait une aussi grande partie du territoire égyptien. Il n'a été en mesure de le faire qu'après le deuxième désengagement qui l'a vraiment lancé sur le chemin de la paix. Il a réalisé durant les élections américaines de 1976 que ce n'était pas le bon moment pour le faire. Mais il l'a fait très peu de temps après. »

Selon William Quandt, « Kissinger sentait bien, chez les hommes d'État du Proche-Orient, cette volonté de croire que tout pouvait se résoudre si seulement ils se rencontraient. Mais il avait des doutes à ce propos. Rabin et les Israéliens en général avaient tendance à insister sur des négociations directes. Mais elles n'ont rien de magique. Les hommes peuvent se rencontrer et ne pas s'entendre, comme lors de la première entrevue entre Begin et Sadate. »

La rencontre aura lieu, mais pas avec les mêmes hommes.

5

L'IMPROBABLE MIRACLE

1977-1981

Au bout de trente ans d'exercice du pouvoir ininterrompu, le parti travailliste est à bout de souffle. En 1977, une affaire banale va se transformer en scandale et précipiter sa chute.

Leah Rabin, l'épouse du Premier ministre, a enfreint la législation israélienne en conservant un compte bancaire aux États-Unis, ouvert à l'époque où son mari était ambassadeur à Washington. Déjà marqué par les scandales et les affaires de corruption qui entachent le parti travailliste, Rabin choisit de démissionner et de laisser sa place à son rival Shimon Peres qui doit mener la campagne électorale à sa grande surprise : « Je n'étais pas au courant de toute l'histoire. Je venais de rentrer chez moi, après une soirée chez Abba Eban. J'ai allumé mon téléviseur et, à ma grande surprise, c'est par la télévision que j'ai appris que Rabin avait décidé de démissionner à cause de cette histoire de dollars. J'ai été encore plus étonné d'apprendre, toujours par la télévision, qu'il m'avait désigné comme son successeur. Quand j'ai pris sa place, trois semaines avant les élections de 1977, tout était déjà perdu. Dans chaque meeting électoral, le public nous criait : "Voleurs ! Rendez l'argent !" C'était le sujet principal. La victoire de Begin n'a donc pas été une grande surprise. »

Le 17 mai 1977, le parti travailliste perd les élections.

Menahem Begin, l'homme qui fut longtemps considéré comme le paria de la politique israélienne, celui qui avait défié l'autorité de Ben Gourion en 1948, le partisan du Grand Israël, devient Premier ministre. Dès le lendemain de son élection, Begin déclare : « La Palestine tout entière appartient au peuple juif. » Il promet d'accélérer la construction du Grand Israël dans ce qu'on appelle désormais « la Judée et la Samarie ».

En réalité, depuis 1967, sous le gouvernement travailliste, une soixantaine de colonies ont déjà été créées dans les territoires occupés de Cisjordanie.

Mais Begin crée une première surprise en nommant Moshe Dayan, qui a conduit et perdu la campagne électorale adverse, ministre des Affaires étrangères.

« Quand Begin a proposé à Dayan de devenir chef de la diplomatie, rapporte Shimon Peres, Moshe ne m'a rien dit. Il ne m'a appelé qu'après avoir accepté. Il m'a dit : “Shimon, vous êtes sûrement en colère pour deux raisons. La première, c'est que j'ai accepté la proposition de Begin sans vous en parler. J'aimerais vous dire, ne serait-ce qu'un mot, à propos de la seconde raison. Si je vous avais demandé votre avis, vous m'auriez conseillé de ne pas le faire. Et vous auriez été furieux de me voir ne pas en tenir compte. J'ai donc décidé de ne pas vous en parler.” »

Côté américain, un nouveau président, totalement inconnu, issu du parti démocrate, est élu en novembre 1976 : Jimmy Carter.

À la recherche de la paix

Le nouveau gouvernement israélien se met en quête de canaux pour établir un contact direct avec Sadate, comme en témoigne William Quandt : « En réalité, c'est Begin qui le premier, dès l'été 1977, nous a demandé si nous étions en mesure d'arranger une rencontre entre lui et Sadate. Nous avons transmis le message à Sadate, avec une réelle bonne volonté, et sans l'ombre d'une hésitation. Nous lui avons dit que Begin cherchait, par différents moyens, à établir un contact direct avec lui. Mais Sadate n'a pas répondu. En tout cas, pas à ce moment-là. »

Le contact va être établi entre Moshe Dayan et Hassan Touhami, le vice-Premier ministre égyptien.

Un an auparavant, une première tentative d'organiser une rencontre entre Peres et Touhami, par l'intermédiaire du chancelier autrichien Bruno Kreisky, avait eu lieu, comme le rappelle Peres : « Kreisky a essayé de convaincre Touhami de la nécessité de signer un traité de paix. Touhami était un type bizarre, un peu religieux, un peu prophète, plutôt nerveux... Kreisky a proposé d'organiser une rencontre entre Touhami et moi en 1976. Mais ça n'a pas marché, pour différentes raisons. Yitzhak Rabin non plus n'y croyait pas. »

La rencontre entre Dayan et Touhami, organisée dans le plus grand secret, se déroule le 16 septembre 1977 à Rabat sous les auspices du roi du Maroc, Hassan II. Même les Américains n'ont pas été mis dans la confidence : « Dayan était censé arriver aux États-Unis, rapporte William Quandt, mais il a disparu en route et est arrivé au Maroc. Nous avons très vite appris qu'il s'y trouvait. Les Égyptiens et lui, presque simultanément, nous ont mis au courant de tout cela après coup. Ni les Marocains ni eux ne nous ont tenus au courant avant cette rencontre, mais ils l'ont fait immédiatement après, chacun défendant sa propre interprétation. Nous ne nous sentions pas du tout trahis. »

Les deux hommes évoquent la possibilité d'une rencontre au plus haut niveau entre Sadate et Begin. Elle va se produire bien plus tôt que quiconque ne pouvait l'imaginer et provoquer un véritable tremblement de terre.

Le 9 novembre 1977, Sadate déclare devant le parlement égyptien qu'il est prêt à aller au bout du monde, même à la Knesset, à Jérusalem, pour épargner, ne serait-ce que la vie d'un seul enfant égyptien. Quelques semaines auparavant, l'URSS et les États-Unis ont signé une déclaration commune appelant à une conférence internationale sur le Proche-Orient. Sadate craint plus que tout la perspective d'un retour des Soviétiques au Proche-Orient.

Tous ceux qui assistent à la scène sont stupéfaits. Jehane Sadate, l'épouse du président égyptien, est apostrophée par sa fille en rentrant à son domicile au Caire. « Elle m'a dit : "Maman ! Maman ! Tu as entendu papa à la télévision ?

– Non, je reviens d'une réunion, lui ai-je répondu.

– Papa va en Israël, a-t-elle poursuivi.

– Ce n'est pas possible ! Tu plaisantes ! Tu te moques de moi.

– Mais si, c'est vrai !"

Je suis alors montée voir Sadate et je l'ai trouvé assis, calme. La télévision retransmettait une nouvelle fois son discours dans lequel il disait qu'il était prêt à aller au bout du monde et qu'il était prêt à aller à la Knesset, le parlement israélien, pour faire la paix. »

Sur le moment, personne ne mesure vraiment la portée du discours de Sadate, comme le souligne Boutros Boutros-Ghali : « On a cru que c'était une façon de s'exprimer, qu'il était prêt à négocier, qu'il voudrait éviter une nouvelle confrontation. Arafat était assis au parlement et il a le premier applaudi à cette initiative, à ce discours mais sans savoir que ce discours annonçait une prochaine visite à Jérusalem. En fait, il voulait créer un choc électrique. Il était convaincu qu'en allant à Jérusalem tous les problèmes allait être résolus. »

Pour Yasser Arafat, le choc est rude. Selon Jehane Sadate : « Il avait été secoué. C'était une surprise. Il ne s'y attendait évidemment pas. Il a vu que tout le monde applaudissait, et il a applaudi. C'est après qu'il a quitté le parlement et que le désaccord entre lui et Anouar Sadate a eu lieu. »

Le désaccord est total entre les deux hommes. « Tout de suite après son discours, nous avions eu un entretien en tête à tête dans l'enceinte même du Parlement », se souvient le président de l'Autorité palestinienne.

Le 11 novembre, Sadate annonce qu'il va se rendre à Jérusalem une semaine plus tard. Ismaïl Fahmy et Mahamoud Ryad, deux de ses principaux ministres, démissionnent. Sadate fait appel à Boutros Boutros-Ghali – un chrétien (copte) marié à une juive – pour remplacer Fahmy au ministère des Affaires étrangères et préparer le discours que le président égyptien veut prononcer à la Knesset. Pour l'heureux élu « ce fut un double choc. Non seulement d'être nommé ministre d'État et d'avoir à préparer le discours du président Sadate à la Knesset, mais aussi de l'accompagner à Jérusalem. J'étais réticent ».

Mais qui n'est pas en état de choc à ce moment-là. Le président syrien Hafez el-Assad, à qui Sadate rend visite le 16 novembre, lui demande de renoncer à son projet. Le roi Hussein, qui, secrètement depuis des années, tisse des liens avec les dirigeants israéliens, est pris de court : « Il ne m'avait jamais parlé de son intention d'aller à Jérusalem. Ç'a été un choc terrible pour moi... J'étais plutôt en colère... La décision de Sadate allait à l'encontre de la position de Nasser, à savoir que jamais l'Égypte ne bougerait tant que la question palestinienne ne serait pas résolue. » Le roi Hussein vient surtout de perdre son titre d'interlocuteur privilégié d'Israël.

En Israël, jusqu'au dernier moment, plus d'un responsable reste sceptique. Sadate n'est-il pas en train de manœuvrer pour mieux masquer une offensive militaire ? « On a appris plus tard que les dirigeants israéliens se méfiaient de Sadate et ne lui faisaient pas confiance. Il a fallu des heures pour convaincre les Israéliens que nous étions sincères », souligne Boutros-Ghali.

Le 19 novembre 1977, l'avion de Sadate s'envole pour Jérusalem. Boutros-Ghali est aux côtés du président égyptien : « Dans l'avion, j'étais frappé par son calme. On avait l'impression que le président Sadate partait faire une promenade. J'ai surtout été frappé par la courte distance entre Le Caire et Tel-Aviv. Après des années de confrontations, on était persuadé qu'Israël se trouvait à des milliers de kilomètres de l'Égypte, à des années-lumière. Quarante-cinq minutes après le décollage, on atterrissait. L'impression d'atterrir sur une autre planète, un monde qui était totalement différent. Une heure plus tard, j'allais me retrouver dans une voiture assis à côté de Moshe Dayan. »

On a marché sur la Lune

À 20 heures, le Boeing égyptien se pose sur la piste de l'aéroport Ben Gourion à Tel-Aviv, devant les caméras du monde entier. Tous les dirigeants israéliens sont présents sauf un, Ezer Weizmann, l'actuel président de l'État d'Israël : « J'étais dans un lit, comme un idiot, alors que le plus important chef arabe arrivait en Israël. J'étais au lit. Tous mes amis étaient là-bas, souriants... J'ai dit aux médecins : "Je me fiche de tout. Demain, lors de son discours, je serai à la Knesset, dans un fauteuil roulant s'il le faut. Faites-moi toutes les piqûres, injectez-moi toutes les drogues que vous voulez. Je dois pouvoir rester debout." C'est ce qu'ils ont fait. J'ai donc rencontré Sadate non pas à l'aéroport, mais à la Knesset, le lendemain. »

Abba Eban, lui, était présent à l'aéroport : « C'était un moment unique, comparable aux premiers pas de l'homme sur la Lune. C'était un spectacle qu'aucun Israélien n'aurait imaginé voir un jour de ses propres yeux. » Tout comme Ariel Sharon, le général incontrôlable qui avait conduit ses troupes dans le Sinaï en 1973. À sa descente d'avion, Sadate lui lance : « J'ai essayé de vous capturer quand vous vous trouviez de l'autre côté du canal.

– Maintenant, vous avez l'occasion de vous faire un ami », répond Sharon.

Jehane Sadate, elle, est restée au Caire : « Je regardais son arrivée sur mon poste de télévision. Et à chaque seconde, je me disais que je le voyais pour la dernière fois. J'étais persuadée qu'il allait être assassiné quelques instants plus tard. »

Le lendemain, Sadate se rend au mémorial de l'Holocauste à Yad Vashem et à la mosquée Al Aqsa, troisième lieu saint de l'Islam. Boutros-Ghali accompagne le président égyptien : « Lors de la visite à la Mosquée, nous étions tous inquiets. Le grand-père du roi Hussein s'était fait tuer au même endroit parce qu'il avait voulu collaborer avec les Israéliens. Nous ne pensions qu'à cet attentat. Avant de quitter Le Caire, j'avais reçu des coups de téléphone d'amis qui m'avaient dit : "Tu vas te faire tuer." Pendant des années, toutes les instances palestiniennes ont juré de nous éliminer. Ce sont les risques du métier. »

Ensuite Anouar el-Sadate se rend à la Knesset, le parlement israélien. Il est assis entre l'ancien chef de l'Irgoun, Menahem Begin, et le chef du groupe Stern, Yitzhak Shamir, qui a refusé d'aller l'accueillir à l'aéroport.

Il y prononce son discours. Ce ne sera pas celui que lui a préparé Boutros-Ghali : « J'avais reçu un message de Moshe Dayan me demandant de transmettre au président de ne pas mentionner l'OLP. Sadate a parlé des droits des Palestiniens, pas de l'OLP. Dans l'avion, j'avais demandé à Sadate comment il trouvait mon discours et il m'avait répondu : excellent ! Il n'a pas gardé une idée, la moindre ligne de mon discours. Pas un mot. Il avait, je l'ai su plus tard, fait écrire son discours par trois personnes différentes pour n'en choisir qu'un. Ce ne fut pas le mien, mais celui de Sabri, le rédacteur en chef du quotidien *Al Akhbar*. »

Malgré l'émotion, les discours montrent que les points de vue restent éloignés. Sadate réclame un accord global, la restitution de tous les territoires arabes occupés depuis 1967 et la création d'un État palestinien. Begin répond que Jérusalem est réunifiée à jamais.

Ezer Weizmann qui, la veille, était cloué sur son lit d'hôpital, tient à avoir un entretien en tête à tête avec Sadate : « Avant d'avoir fait sa connaissance, je m'étais dit qu'un homme capable de faire un tel coup d'éclat, décider de venir quand même ici, alors que son ministre des Affaires étrangères démissionnait, et que le président syrien Hafez el-Assad, qu'il venait de rencontrer, l'avait traité de fou, ne pouvait être qu'un homme sincère, et au courage exceptionnel. Et c'est ce qu'il était. J'étais donc immédiatement intéressé par cette personnalité. En fait, ce qu'on appelle le "déclic" a eu lieu lors de notre rencontre à l'hôtel King David. »

Le dialogue entre les deux hommes ne manque pas de sel : « "Avant que l'on commence à se parler, j'ai quelque chose à vous dire depuis longtemps, lance Weizmann.

– Ah bon, quoi ? répond Sadate.

– Toutes mes félicitations pour l'attaque surprise de la guerre de Kippour.

– Cessons de parler de guerre."

Tout de suite après, je l'ai emmené à la fenêtre de l'hôtel King David et je lui ai dit : "Regardez... Voici Jérusalem. Regardez les travaux de construction tout autour. Vous ne pourrez pas diviser cette ville." J'ai ajouté : "Vous êtes le premier homme sur la Lune. Le premier homme à avoir marché sur la Lune est venu sur Terre !" »

Cette rencontre marque le début d'une prise de conscience chez Weizmann : « Le plus grand leader du monde arabe, qui était responsable de la guerre de Kippour, était venu pour parler de paix. J'ai commencé à me dire que ce n'est pas la taille de l'État d'Israël qui compte, mais son fondement, son essence. »

Les Palestiniens ne partagent évidemment pas l'euphorie de la visite de Sadate, comme en témoigne Fayçal el-Husseini : « Sa présence à Jérusalem a suscité de la stupeur et de l'étonnement plus que de la colère. »

La visite de Sadate à Jérusalem l'isole du monde arabe. La Syrie, l'Irak, la Libye rompent leurs relations avec l'Égypte. Sadate tente de persuader Arafat de participer à la première session de négociations qui, en décembre, se tient au Caire, à l'hôtel Mena House.

« Il a appelé Arafat, rapporte Jehane Sadate, et lui a dit : "Viens, Yasser et si leur discours ne te plaît pas, personne ne pourra te l'imposer. Si ce qui se dit ne te plaît pas, lève-toi et insulte-les." Mais Arafat n'est pas venu. »

Il est d'ailleurs hautement improbable que la délégation israélienne eût accepté la présence du chef de l'OLP.

Les premières séances de négociations sont difficiles. Ezer Weizmann y participe : « Je suis parti en Égypte en décembre pour la première fois, en secret. Sadate savait qu'il pouvait compter sur moi. Et que je pouvais compter sur lui. Je ne lui ai jamais menti. Il y avait bien sûr des choses que je ne pouvais pas lui dire. Nous nous sommes souvent engueulés. Tout n'était pas très simple. Nous nous sommes dit des choses très dures. »

Les négociations s'enlisent. Les espoirs nés de la visite de Sadate s'évanouissent. La paix n'est pas magique. Le fossé entre les positions est trop profond.

Huis clos à Camp David

Après six mois de négociations directes sans résultat tangible, un changement de méthode s'impose. Le président américain Jimmy Carter va proposer une formule inédite : « Après avoir parlé à Sadate et Begin, je me suis rendu compte qu'ils étaient totalement incompatibles l'un avec l'autre. Ils avaient des visions différentes de l'avenir du Proche-Orient. Psychologiquement, ils étaient trop différents. Leurs perspectives historiques étaient également différentes. J'étais persuadé qu'une conférence officielle, réunissant plusieurs dizaines de personnes afin de discuter des possibilités de paix, n'aurait donné aucun résultat. On avait déjà essayé, à plusieurs reprises, et cela n'a jamais marché. Il me semblait que le meilleur moyen pour tenter de briser le mur qui les séparait était de les inviter à venir passer trois ou quatre jours à la campagne. J'étais sûr que la seule chance de progresser était de nous débarrasser de tous les fonctionnaires et leurs adjoints, et de nous enfermer tous les trois à l'abri des médias. Je voulais avoir l'occasion d'utiliser au maximum mes pouvoirs de persuasion ainsi que l'influence et le prestige des États-Unis. »

Jimmy Carter invite le Premier ministre israélien et le président égyptien à une conférence à huis clos à Camp David, l'une des résidences des présidents américains. Carter leur impose une obligation de résultat. Sadate et Begin sont séquestrés pendant douze jours à Camp David.

« Sadate est arrivé avec un relatif optimisme. Begin était beaucoup plus sceptique. Carter, lui, croyait, assez naïvement, que tout serait réglé en deux jours, dès que l'ambiance se serait réchauffée et l'objectif à atteindre défini. Ils se trompaient, tous les trois », résume William Quandt et, ajoute-t-il, l'idée de Carter était que « les hommes qui étaient en mesure de prendre des décisions se trouvaient là, réunis pendant deux semaines. Ce genre de choses arrive très rarement dans le monde diplomatique. » « Trois mystiques réunis en conclave, comme au Vatican », dira l'un des participants.

Carter veut casser le protocole afin d'offrir de meilleures conditions de négociations. « Nous avions apporté à Camp David une caisse de documents pour nous préparer à toutes les éventualités, une véritable bibliothèque. C'est lors de notre arrivée que nous avons appris que les négociations seraient différentes. Pas autour d'une table, mais dans des petits bungalows séparés les uns des autres », témoigne Boutros-Ghali. Et Ezer Weizmann d'ajouter : « Il y avait un excellent cinéma, une grande piscine, des courts de tennis, on ne peut pas dire qu'on ait souffert. »

Au bout de trois jours de tête-à-tête entre Begin et Sadate, c'est l'impasse. Le président Carter est obligé d'intervenir pour éviter que son initiative ne se transforme en fiasco. Ce ne sera pas la dernière fois au cours de ces dix jours : « Au début, j'ai cru qu'ils finiraient par s'entendre si je les laissais seuls, tous les deux, dans la même pièce. C'est ce que j'ai essayé de faire les trois premiers jours. Cela n'a eu strictement aucun résultat. C'était même nuisible. Ils ne parlaient que du passé, de ce que les Égyptiens ont pu faire aux Israéliens et vice versa. J'ai donc décidé de leur interdire de se voir pendant les dix jours qu'ont duré les négociations. Chacun restait enfermé dans son propre pavillon. Je faisais tout pour qu'ils ne se rencontrent pas. Je les voyais séparément, allant de l'un à l'autre. »

Carter fait la navette entre les pavillons israélien et égyptien. À l'intérieur de chaque délégation, les méthodes de travail sont très différentes, comme le souligne Boutros-Ghali : « Les Américains ont alors décidé de négocier uniquement avec les deux chefs. Ils ne donnaient les documents qu'à Sadate et à Begin. Begin, lui, transmettait ces documents à son équipe et discutait avec eux. Le président Sadate le faisait parfois, mais pas toujours. J'étais parmi ceux qui étaient les derniers à savoir certaines choses qui se passaient à Camp David. Nous n'avions pas une information régulière. On ne savait pas qui négociait, qui faisait des concessions. Les Américains, qui jouaient le rôle d'arbitre, se rendaient bien compte qu'il y avait deux positions dans chaque camp. Begin, qui était extrêmement intransigeant, et son équipe, qui était en faveur d'une certaine souplesse. Du côté des Égyptiens, au contraire, l'équipe était extrêmement radicale et le président plutôt flexible. »

À en croire les récits des différents acteurs, la délégation israélienne était beaucoup plus difficile à manœuvrer pour les Américains : « J'utilisais, en général, la technique du "document unique", explique Carter. Je rédigeais un accord qui me semblait être équitable, et je le présentais à Sadate. Ce dernier l'approuvait, en général, après quelques minutes de réflexion. Je montrais alors le texte à Begin, qui passait des heures, voire des journées entières, à le passer au peigne fin, analysant chaque mot, chaque connotation, chaque virgule, pour ensuite proposer ses modifications personnelles, souvent volumineuses. Telle était notre méthode de travail. »

Malgré les navettes américaines, la tension reste forte entre les deux délégations. « Sadate ne s'entendait pas avec Menahem Begin, souligne Boutros-Ghali. Il y avait une certaine incompatibilité. Il me disait que Begin était un négociateur difficile, qu'il était obligé de le supporter. Il y avait aussi une incompatibilité entre le président Sadate et Moshe Dayan. Il n'y avait pas d'atomes crochus entre eux. Moshe Dayan est un grand timide et il essaye de cacher sa timidité sous une certaine arrogance. C'étaient deux militaires, et l'un avait gagné, l'autre avait perdu. Le seul pour qui il avait une véritable affection, c'était Weizmann. »

Weizmann, qui a noué une véritable amitié avec Sadate, joue les pompiers : « D'habitude, quand il voulait se plaindre, il me demandait de venir le voir. Je ne savais jamais où nous allions nous rencontrer. Peu à peu, mon rôle s'est résumé à éviter les affrontements entre lui et Begin. Sadate me demandait : "Pourquoi Monsieur Begin continue-t-il à m'insulter ?" Puis j'allais vers Begin qui me disait les pires horreurs sur Sadate. Et quand je les quittais, je me disais qu'avec deux caractériels de cette envergure, on n'était pas au bout de nos peines. Sadate adorait cabotiner, en faire trop. Quand on négociait, il lui arrivait de s'emporter, il faisait du cinéma. Je lui ai dit un jour : "Vous savez, lorsque Begin et vous avez décidé de vous consacrer à la politique, le monde du théâtre a perdu deux extraordinaires comédiens." »

Mais au-delà des incompatibilités d'humeur des uns et des autres, ce sont surtout les problèmes politiques qui font monter la température : « Le président Sadate voulait obtenir un accord total qui comprenait le retrait du Sinaï, mais aussi le retrait des territoires occupés, Gaza et la Cisjordanie, avec différentes étapes, selon un calendrier, un accord global. Mais dès le début, les Israéliens ne cherchaient qu'un accord bilatéral », résume Boutros-Ghali.

Selon Carter, le problème des colonies israéliennes dans le Sinaï était un obstacle infranchissable pour Begin : « Begin avait solennellement déclaré devant Dieu qu'il ne ferait jamais évacuer les colonies israéliennes. Or, une des conditions de Sadate était le démantèlement de toutes les colonies. »

Pour sortir de l'impasse, Weizmann propose une rencontre

entre Moshe Dayan et Sadate. Mais cet entretien va tourner à la catastrophe : « Sadate était une personne très isolée à Camp David, souligne William Quandt. Après avoir hésité, il a accepté de rencontrer Dayan. Cette rencontre a été très désagréable pour les Égyptiens. Dayan est arrivé en disant à Sadate que certaines de ses exigences étaient complètement irréalistes, qu'il n'y aurait aucun accord avec l'Égypte s'il persistait dans cette voie, qu'il était temps qu'il se ressaisisse et commence à voir la réalité en face. Il le réprimandait, comme un instituteur peut le faire avec un mauvais élève, mais brutalement, sans le moindre charme ni humour. Sadate s'est senti réellement humilié. Dès que Dayan est reparti, Sadate a rassemblé ses conseillers et leur a dit de commencer à faire leurs valises. »

Le président Carter n'a pas été informé de la démarche de Dayan : « Je n'étais même pas au courant de cette rencontre. C'est un conseiller de sécurité nationale qui m'a dit que Sadate exigeait un hélicoptère pour partir à Washington pour, ensuite, rejoindre l'Égypte. »

Cette fois, la rupture semble imminente. Sadate téléphone au roi Hussein : « Sadate m'a appelé pour me dire qu'il avait fait de son mieux, mais qu'il n'avait obtenu aucun résultat. La position israélienne était trop dure, et il était en train de faire ses valises pour rentrer en Égypte. Je lui ai dit : "Personne ne vous reprochera d'avoir tout essayé. Le chemin qui aurait pu conduire à la paix va s'arrêter là, mais le monde entier saura enfin qui est le vrai responsable." »

Comme le raconte Boutros-Ghali, la délégation égyptienne est à ce moment-là divisée sur l'attitude à adopter : « Nous étions partagés en deux groupes. Un groupe qui croyait qu'il allait effectivement partir, et l'autre qui pensait que cela faisait partie de la négociation, une façon de faire pression sur les Américains. Dans les négociations, il faut toujours éviter de s'en aller. Il faut encourager l'adversaire à le faire. Ce qui donne de lui une image négative. J'étais persuadé qu'il ne s'en irait pas, mais ce n'était pas l'opinion de mes collègues. Personnellement, j'ai toujours pensé que cela faisait partie du jeu de la négociation. On discutait entre nous. Quelqu'un disait : “Je pense que c'est définitif, il va partir, les négociations ont échoué. Comment allons-nous présenter cet échec à notre opinion publique ?” »

Comme chaque jour, Sadate appelle sa femme restée au Caire : « J'ai décidé de m'en aller... lance Sadate à femme.

– Anouar, un peu de patience. Tu as promis au président Carter de continuer, lui répond-elle.

– Je veux bien continuer, mais pas à ces conditions. Il n'était pas question d'accepter la moindre concession, pas même sur le moindre centimètre. Même le président Carter me conseille de ne pas faire de concessions. Il y a des situations où les concessions ne sont pas possibles. Comme sur les colonies de peuplement au Sinaï. C'est impossible ! Impossible ! Ça fait partie des choses fondamentales ; il ne faut pas y toucher. Ces négociations ne mèneront à rien. »

Une crise couve au sein de la délégation égyptienne. En désaccord avec les concessions consenties par Sadate, Mustapha Kamel, le ministre de la Défense, démissionne : « Il a demandé au président Sadate, raconte Boutros-Ghali, qu'il ne rende publique sa démission qu'à leur retour au Caire. Sadate l'a immédiatement annoncé en pleine négociation. C'était une façon de dire : “Il faut que vous fassiez quelques concessions, toute mon équipe est en train de me quitter. Je suis dans une position extrêmement difficile”. Il a souvent été tenter d'interrompre les négociations : “J'ai fait l'impossible... Vous voyez, ce sont des gens qui ne veulent pas la paix.” »

Personne ne sait vraiment si Sadate veut quitter Camp David ou s'il bluffe, mais chacun se précipite à sa porte pour le convaincre de rester, à commencer par Ezer Weizmann : « Je suis allé voir Sadate et je lui ai dit : “Vous avez fait quelque chose d'exceptionnel, pris le risque de rompre avec la totalité des pays arabes, et vous voulez que tout cela n'ait servi à rien ? Comment allez-vous pouvoir retourner en Égypte et déclarer : ‘Voilà, je rentre les mains vides.’ Tous vous diront : 'On vous avait prévenu. Pourquoi avez-vous tenu à faire ce voyage ?'" »

Le chantage de Carter

Devant la menace d'un échec, Carter décide de jeter tout son poids dans la balance : « J'ai prononcé une prière silencieuse, j'ai changé mon jean pour un costume plus formel, et je suis allé voir Sadate dans son chalet. Ses bagages étaient déjà alignés à l'entrée. J'étais en colère ; je suis entré dans la grande chambre et j'ai fermé la porte derrière moi. J'étais seul avec Sadate. Je lui ai dit : "Je vous ai toujours considéré comme mon ami, comme une personne honnête. Mais vous m'avez trahi. Vous avez rompu votre promesse. Je considère que vous m'avez offensé." »

Mais Carter ne va pas se contenter d'un chantage affectif, il va rappeler à Sadate qu'il est le président de la première superpuissance mondiale, comme le rapporte William Quandt : « Carter mentionne cet incident dans ses mémoires, mais il n'en raconte qu'une petite partie, uniquement le côté sympathique. Il faut savoir qu'il l'a également menacé. Il lui a dit : "Si vous partez, tout sera fini entre nous. Pas seulement entre vous et moi personnellement, mais également entre nos deux pays. Nos relations toucheraient à leur fin. Le peuple américain ne comprendrait pas pourquoi nous continuerions à avoir des relations avec quelqu'un qui se retire au milieu d'une tentative diplomatique prometteuse. Ce serait la fin de nos relations, et nous ne pourrions plus jamais les reprendre."

En politique, ce sont des arguments qu'en principe on n'utilise jamais. En tout cas, il n'a jamais parlé à Begin sur ce ton. Sadate lui a répondu : "Très bien... Puisque les choses se présentent de cette façon, que je n'ai plus le choix et que mon opinion personnelle sur les négociations ne compte plus vraiment, essayez d'obtenir pour moi le meilleur arrangement possible. Je reste, mais à partir d'aujourd'hui, je ne ferai plus rien. Vous connaissez ma position. Négociez vous-même avec Begin, moi je ne peux plus. ”

Sadate est la seule personne que Carter ait vraiment menacé à Camp David. Carter n’a jamais menacé Begin, pour qui il n’avait pas une grande affection. »

Sadate ne participera pas aux dernières heures de la négociation qui vont opposer les Américains aux Israéliens. Moshe Dayan était prêt lui aussi à faire ses valises. Weizmann, qui est son beau-frère, lui demande de rester : « Je lui ai dit : “ Alors, beau-frère. Qu’est-ce tu fais ? ” »

William Quandt prend part à cet ultime round : « Les dernières vingt-quatre heures ont été très désagréables, surtout entre les États-Unis et Israël. Il y a eu des affrontements avec les Israéliens, qui faisaient preuve de mauvaise foi à propos des implantations juives ; un problème qui n’a pas été résolu, ainsi que Jérusalem, un sujet qui n’a été évoqué qu’à la dernière heure. »

Begin se montre intransigeant sur le démantèlement des implantations israéliennes dans le Sinaï avant de céder. Il ajoute tout de même une condition : l’abandon des colonies dans le Sinaï devra être au préalable entériné par un vote de la Knesset. Entre-temps, le Premier ministre israélien a téléphoné à Ariel Sharon : « Je soutiendrai toutes vos décisions » lui a assuré le bouillant général.

Carter a aussi usé du chantage affectif avec Begin : « Begin m’a dit qu’il ne pourrait jamais accepter que les colonies israéliennes soient démantelées. Il refusait d’en parler. Nous nous apprêtions à quitter Camp David. Begin avait, me semble-t-il, huit petits-enfants. Nous avions pris, au début de Camp David, quelques très jolies photos de nous trois ensemble. Il me les a envoyées en me demandant de les dédicacer. Ma secrétaire a obtenu les noms de tous les petits-enfants de Begin. Il n’avait pas été mis au courant. J’ai donc écrit les noms des petits-enfants, et “Avec amour”, sur chaque photo. J’ai décidé de les lui apporter personnellement à son chalet. Il était très en colère contre moi. Quand je suis entré, il a été poli, comme d’habitude, mais irritable. Je lui ai dit : “Je vous apporte ces quelques photos.” Il les a prises. Quelques moments plus tard, il a commencé à lire les noms de ses petits-enfants à haute voix. Des larmes commençaient à couler le long de ses joues et le long des miennes, aussi. Il a dit : “Pour eux, il faut que l’on continue. Essayez donc une fois de plus.” Peut-être pensait-il à sa famille massacrée par les nazis. Je crois que je n’oublierai jamais ce moment. »

Une fois les négociations avec les Israéliens terminées, Carter retourne voir Sadate. Selon William Quandt, Carter a déclaré au président égyptien : « “J’ai fait tout ce qui était dans le domaine du possible auprès des Israéliens. Voilà ce que j’ai obtenu : le sort des implantations dans le Sinaï sera décidé par la Knesset, mais nous sommes certains que la décision finale correspondra à votre volonté. La question des frontières est réglée.”

Je crois qu’il lui a également dit, poursuit Quandt, que la question des implantations en Cisjordanie allait être résolue, ce qui n’a jamais été le cas, bien sûr. Le problème des frontières sera réglé. Il a parcouru toute la liste. Carter a dit plus tard : “J’avais presque peur de lui demander s’il était d’accord. Il avait l’air si déprimé pendant que je parcourais cette liste. Il était là, assis, effondré, le visage défait. À la fin, je ne lui ai même pas demandé s’il était d’accord. J’ai simplement attendu sa réaction. Il n’a pas dit non, et je l’ai interprété comme un consentement.” »

Carter a aussi donné quelques assurances à Sadate pour le convaincre, rappelle Boutros-Ghali : « Carter lui a fait toutes sortes de promesses : “Ce n’est qu’un premier pas. Je vous obtiendrai plus tard tout ce que vous demandez, mais dans l’immédiat, il faut que nous signons cet accord.” Il est évident que le départ du président Sadate aurait été un affront pour Carter. Il lui a dit : “Vous allez briser ma carrière politique. Vous allez compliquer ma réélection.”

Je pense que le président Carter avait besoin d’une victoire, et une défaite aurait influencé sa réélection. Les États-Unis étaient un médiateur qui non seulement avait les moyens de faire pression, mais aussi les moyens de nous offrir des compensations, une aide extrêmement importante. Ils disposent du bâton et de la carotte. Et dès 1977, l'Égypte a reçu une aide immédiate de trois milliards de dollars. Et à ce jour, l'Égypte a reçu une cinquantaine de milliards de dollars. »

La négociation s'achève le 17 septembre 1978. Sadate rappelle sa femme : « Jehane... Je veux que tu sois la première à apprendre la bonne nouvelle. Nous avons fini par nous entendre, et nous sommes en train de rédiger l'accord. »

Ensuite, Carter, Begin et Sadate se retrouvent à la Maison Blanche pour parapher les accords : « Sadate, souligne William Quandt, était suffisamment habile comme diplomate mais aussi comme acteur pour pouvoir, en l'espace de quelques heures, se métamorphoser en quelqu'un qui s'apprête à vivre un "moment historique", serrer des mains ou se taper familièrement dans le dos. »

Dans la délégation égyptienne, la déception est grande. « Ils étaient tous inquiets car ils pensaient que Sadate allait trop loin, qu'il faisait trop de concessions », selon Carter.

Pour Boutros-Ghali, « il était évident que la partie médiatrice a toujours penché du côté israélien. Elle a toujours penché du côté du plus fort. C'était une négociation assez inégale. En fin de compte, c'est la position américano-israélienne qui a prévalu. Le président Carter avait avec lui d'excellents négociateurs, de véritables spécialistes : Quandt, Vance, Brzezinsky. Ils étaient là pour compenser la naïveté de Carter. Ils voulaient la victoire des États-Unis, que cette victoire ait lieu aux dépens de A ou de B n'avait aucune importance. Sadate avait une idée fixe : l'opinion publique. Il voulait, devant l'obstination des Israéliens, faire changer le gouvernement américain et l'opinion publique américaine. Faire changer l'opinion mondiale, qui a toujours été en faveur d'Israël. On dit qu'à ce moment-là il était prêt à un accord coûte que coûte ».

Les accords de Camp David sont constitués de deux documents : un accord cadre sur la conclusion d'un traité de paix entre Israël et l'Égypte et un autre portant sur l'avenir de la Cisjordanie et de la bande de Gaza.

Le monde arabe rejette les accords de Camp David. Sadate tente de persuader le roi Hussein : « Le roi Hussein était ambigu, affirme Carter. J'ai essayé de le joindre, Sadate a essayé de le convaincre de soutenir les accords de Camp David. Mais sous la pression des autres pays arabes, Hussein a dit qu'il rejetait les accords de Camp David. »

Le souverain jordanien rétorque que « Sadate avait brusquement décidé d'aller dans une direction qui m'a surpris et choqué, parce qu'elle allait à l'encontre des positions de son prédécesseur et des siennes. La paix n'était pas le problème. La question était de savoir à quel prix et comment y parvenir collectivement ».

La paix saccagée

Les négociations pour la signature du traité de paix entre Israël et l'Égypte s'annoncent laborieuses. Les États-Unis insistent pour obtenir rapidement un résultat tangible. Cela devient d'autant plus urgent que de sombres perspectives se profilent pour la politique américaine au Moyen-Orient. En janvier 1979, le shah d'Iran, l'un de leurs meilleurs alliés dans la région, est renversé par une révolution islamique qui porte au pouvoir l'imam Khomeiny.

Carter est une nouvelle fois obligé d'intervenir pour tenter de débloquer la situation : « Il m'a fallu six mois, même plus, pour y arriver. Sadate était prêt à signer, alors que Begin semblait agir à contrecœur. J'ai décidé de me rendre au Caire, ce qui a été politiquement stupide car je risquais d'échouer. Mais Sadate m'avait promis qu'il me soutiendrait. Après Le Caire, je me suis rendu en Israël, où Begin a pratiquement refusé de me voir. Nous avons eu une dispute assez sérieuse. Le dernier jour, je m'apprêtais à partir à l'aéroport pour annoncer l'échec des négociations. Begin et sa femme sont alors arrivés à l'hôtel King David pour nous voir, et Roselyn et moi. Nous avons pu rédiger un texte définitif à ce moment-là. Begin était probablement la personne la plus intelligente que j'ai rencontrée. C'était un homme méticuleux et très honnête. C'est lui qui a dû sacrifier le plus à Camp David. L'œuvre de sa vie, le combat pour Eretz Israël, changeait. C'était un moment très difficile pour lui et pour ses ardents supporters. Quand Begin et moi avons fini de mettre au point les dernières modifications, nous sommes partis à l'aéroport pour annoncer la conclusion de l'accord que Sadate devait encore accepter. J'ai pris l'avion pour Le Caire. Sadate m'a accueilli à l'aéroport et a immédiatement accepté le texte que je lui ai présenté. Je suis sorti annoncer cela à la presse. Nous avions un traité de paix. Ce traité-là a été signé au printemps de 1979. »

Très exactement le 26 mars 1979 à la Maison Blanche. Cependant, l'autre volet des accords de Camp David, celui concernant l'avenir de la Cisjordanie et de la bande de Gaza, va rester lettre morte.

Ce second accord cadre prévoit d'accorder une autonomie aux populations de la Cisjordanie et de Gaza, pour une période transitoire de cinq ans, au terme de laquelle un statut définitif serait établi. Les négociations devaient être menées par l'Égypte, la Jordanie, Israël et des représentants du peuple palestinien. Comme on le voit, ce texte inspirera largement quinze ans plus tard les accords d'Oslo.

Pour l'heure, les Palestiniens rejettent les accords de Camp David qui ont été négociés sans leur participation : « Camp David a laissé de côté la question palestinienne, affirme Yasser Arafat. C'est le point majeur, la question qu'ils auraient dû examiner en premier. S'ils l'avaient fait, si le problème palestinien avait été mis à l'ordre du jour, nous aurions peut-être adopté une position différente. Cela dit, juste avant Camp David, Sadate m'avait transmis une proposition de la part de Begin. Begin me proposait de créer un État indépendant à Gaza. J'ai refusé. Je lui ai répondu que Gaza sans la Cisjordanie ne suffisait pas. J'ai gardé cette proposition secrète, jusqu'à aujourd'hui. C'est la première fois que j'en parle. »

Camp David était-il un meilleur accord pour les Palestiniens que celui d'Oslo ? « Sans aucun doute », répond Carter : « À Oslo, les Palestiniens ont obtenu moins que ce qu'ils auraient pu obtenir à Camp David. Les accords de Camp David leur accordaient l'autonomie intégrale et le droit d'élire leurs propres chefs. Israël s'engageait à se retirer, politiquement et militairement, de Gaza et de la Cisjordanie, exception faite de certains postes de sécurité. On s'était mis d'accord sur une coopération entre les Israéliens, les Palestiniens et les Jordaniens dans le domaine de la sécurité. Tout cela était merveilleux. Les accords d'Oslo n'en parlent pas. Oui, ils auraient pu obtenir beaucoup plus à Camp David. Ils n'ont pas obtenu l'autonomie intégrale. Ils ne contrôlent que certains petits territoires en Cisjordanie et à Gaza. Le contrôle de sécurité commun aux Israéliens, aux Palestiniens et aux Jordaniens n'existe pas. Les Israéliens avaient accepté, à Camp David, de se retirer, militairement et politiquement, de la Cisjordanie et de Gaza, ce qui n'a pas été fait. »

Le leader palestinien Fayçal el-Husseini partage aussi cette analyse, tout en ajoutant : « Nous avons obtenu aujourd'hui moins que ce que nous aurions pu avoir à Camp David, pour peu que le camp israélien eût été prêt à nous accorder ce qui nous avait été théoriquement proposé alors. »

Mais le gouvernement de Menahem Begin était-il véritablement disposé à concéder ? D'après William Quandt, Begin était convaincu qu'il pouvait interpréter comme bon lui semblait l'expression « droits légitimes du peuple palestinien » qui figure dans les accords de Camp David : « Begin choisissait ses mots avec grande prudence. C'est le texte anglais qui parle des “droits légitimes du peuple palestinien”. Begin a insisté sur une note en bas de page dans laquelle il disait de façon explicite que chaque apparition de cette phrase était équivalente à la phrase en hébreu "le peuple arabe d'Eretz Israël". À un moment à Camp David, Weizmann s'était tourné vers Begin et lui avait dit : "Comment avez-vous signé un document qui contient une phrase pareille ?" Et Begin de répondre : "Ce ne sont que des mots. Cela ne veut rien dire." Weizmann insistait : "Mais pourquoi donc avez-vous tant combattu cette formule ?" Et Begin lui a dit : "Nous pouvons l'interpréter comme bon nous semble." Il n'attachait aucune importance à cette phrase. »

À partir de 1979, avec la crise iranienne et la fin de la détente américano-soviétique, Carter peut difficilement reprendre son bâton de pèlerin et imposer des concessions à Begin, si tant est qu'il en ait eu la volonté. « Pour être honnête, avoue l'ancien président américain, il faut reconnaître qu'après Camp David les Israéliens n'ont accordé aucune forme d'autonomie aux Palestiniens. J'ai quitté ma fonction de président quelques années plus tard sans avoir eu la chance de voir la moindre application d'une autonomie aux Palestiniens. »

Lassé des atermoiements de Begin, Ezer Weizmann décide de démissionner de son poste de ministre de la Défense : « En 1980, j'ai compris que Begin ne poursuivrait pas le processus de paix. Je crois évidemment que j'ai eu raison, mais laissons l'histoire porter son jugement. Et je l'ai quitté. Je ne pouvais plus lui imposer quoi que ce soit. »

Après la signature du traité de paix israélo-égyptien, Carter doit entamer la campagne pour sa réélection qui est loin d'être assurée. En 1980, il sera battu par Ronald Reagan : « Malheureusement, souligne Alexender Haig, après Camp David, le président Carter a dû faire face aux exigences de la politique intérieure. Plus aucun risque ne pouvait être pris pour la continuation et l'application des accords de Camp David. Ce qui fait que lorsque le président Carter a perdu les élections et qu'une nouvelle administration a pris les commandes sous le président Reagan, les accords de Camp David étaient, déjà, fondamentalement, enterrés. »

Après la signature du traité de paix avec Israël, souligne Jimmy Carter, « l'ensemble du monde arabe a boycotté Sadate. Il y a eu plusieurs appels à une action terroriste contre Sadate, qui ont finalement conduit à son assassinat ».

Ce que tout le monde craignait depuis son voyage à Jérusalem allait arriver. Le 6 octobre 1981, lors du défilé militaire commémorant la guerre d'octobre 1973, Sadate est abattu par un commando islamiste. Jehane Sadate était à ses côtés à la tribune : « Ce jour-là, dès le début, je sentais que quelque chose d'anormal se passait. C'était la première fois. J'avais toujours assisté aux parades de la guerre d'Octobre. Il avait refusé, ce jour-là, de porter son gilet pare-balles. Il m'avait dit : "Et si une balle me touche à la tête ? Tu veux que je mette ce machin sur la tête ?" J'ai remarqué qu'il n'y avait pas, comme chaque année, de tireurs d'élite sur les toits. Il n'y avait même plus sa garde rapprochée, qui, d'habitude, se tenait devant lui. Plus personne n'était là. Mais bien plus grave que ces négligences, les autorités avaient reçu des renseignements concernant un éventuel attentat contre Sadate ce jour-là, au cours de la parade militaire. Un rapport avait été transmis au ministère de l'Intérieur, et tous le savaient. Mais ils ont bloqué l'information. »

Soudain, au milieu du défilé, des soldats ouvrent le feu vers la tribune. C'est l'affolement.

« Alors que nous étions tous en train de regarder les avions qui paradaient dans le ciel, se souvient Jehane Sadate, j'ai brusquement entendu des tirs d'armes automatiques. Je me suis penchée pour voir Anouar el-Sadate. Il était debout, essayant de reculer vers l'arrière. À un moment, il s'est retourné dans ma direction. J'étais à quelques pas derrière lui. C'est alors qu'il les a vus s'avancer vers lui. Chaque homme tenait une mitraillette ! Les balles se sont mises à pleuvoir sur nous de tous les côtés.

Dès que les tirs se sont arrêtés, je suis descendue de la tribune. J'ai appelé des gardes pour leur demander si, de là où ils étaient, ils avaient pu voir où se trouvait mon mari. Mais personne ne m'entendait. Je suis allée à l'endroit où se trouvait Anouar, mais il n'y était plus. Il y avait une montagne de chaises renversées. Toute la scène était difficilement soutenable. Pendant que j'essayais de retrouver mon mari, quelqu'un est venu me dire : "Dieu merci. N'ayez plus peur ! Le Raïs se porte bien ! Il est très légèrement blessé. On vient de le transporter à l'hôpital. Mais il se porte bien."

Je suis arrivée à l'hôpital. Devant la porte d'entrée, des gens couraient dans tous les sens, hébétés, quelques-uns hurlaient. J'ai poussé la porte de la salle d'opération et je suis entrée. Les chirurgiens semblaient affolés, des infirmières criaient. Et Anouar el-Sadate était là, allongé, dans son uniforme militaire, comme s'il était encore en vie. J'ai tout de suite réalisé la vérité. Un choc inouï, inouï... Je me suis retrouvée sur lui, en train de l'embrasser. Et je hurlais. J'étais effondrée, sur le point de perdre connaissance. Ensuite, je me suis reprise. Il fallait que je me reprenne. Il fallait que je reste un exemple pour les autres. Je ne devais pas faire ces crises comme cette femme à qui j'avais demandé de ne pas hurler. Je me suis donc redressée et je suis retournée à la chambre appeler les enfants et je leur ai dit : "Venez le saluer." »

Boutros-Ghali n'a pas assisté au défilé. Il se trouvait sur une plage à Alexandrie lorsque le drame a eu lieu : « J'étais extrêmement fatigué, et mon épouse m'avait convaincu de profiter de ce jour de repos pour aller nous reposer à Alexandrie. Je me suis dit que le président Sadate ne remarquerait pas mon absence. Je me trouvais sur la plage, quand une vieille dame est venue, un peu comme une sorcière de Shakespeare, me dire : "Vous êtes le ministre Boutros-Ghali ? Vous n'avez pas entendu les nouvelles ? Il s'est passé un incident très grave lors de la parade militaire, d'après radio Monte-Carlo."

Je lui ai dit : “N’écoutez pas les radios étrangères.” Elle repasse cinq minutes plus tard et elle me dit : “La BBC confirme la nouvelle.”

Elle est revenue une troisième fois. J’ai alors compris qu’il s’était passé quelque chose de grave. On m’a confirmé qu’il y avait eu une tentative d’assassinat, et que le président avait été transporté à l’hôpital. Pour des raisons de sécurité, on m’a demandé de ne pas retourner en voiture au Caire, mais de prendre le train. Et c’est dans le train que j’ai appris qu’il avait été tué sur le coup. Je l’admirais ; j’avais le sentiment que tout allait s’écrouler, qu’il fallait tout recommencer. Les Israéliens disaient tout le temps : “Sadate, ce n’est pas l’Égypte.”

J’ai tout recommencé, en repartant de la case départ, pour convaincre les Israéliens que rien n’allait changer. J’étais le même ministre, Moubarak allait continuer la même politique. »

De nombreuses personnalités politiques occidentales assistent aux obsèques de Sadate, y compris Menahem Begin mais aucun chef d’État arabe. Certains propos choquent la veuve d’Anouar el-Sadate : « C’était si dur d’entendre le président Arafat dire qu’il saluait la main qui a tué Anouar el-Sadate. J’ai trouvé cela de trop. »

« J’étais vraiment triste pour lui », dit aujourd’hui le président de l’Autorité palestinienne.

À Washington, un étrange chassé-croisé se déroule pour déterminer qui va représenter les États-Unis : « Un ballet plutôt amusant, témoigne Alexender Haig, s’est déroulé entre les conseillers du président Reagan, James Baker et Michael Deever, et moi-même. Je pensais que le président devait aller aux obsèques de Sadate et eux étaient d’un avis contraire. La crise a été résolue lorsque le président Nixon m’a appelé en disant qu’il irait coûte que coûte parce que nous avions une dette envers Sadate. J’en ai informé la Maison Blanche en leur disant qu’ils allaient être horriblement gênés. C’est alors qu’ils ont trouvé un compromis génial. Tous les anciens secrétaires d’État, tous les anciens présidents seraient invités à représenter les États-Unis, sans le président Reagan, bien sûr. J'ai eu la lourde charge de les rassembler dans l'avion présidentiel, qui n'a bien sûr qu'une première classe, et de les emmener aux funérailles de Sadate. Cela n'a pas été sans quelques moments assez drôles. »

Si les funérailles de Nasser donnèrent lieu à de déchirantes scènes de lamentations collectives, Sadate est enterré à la sauvette. Aucune émotion populaire n'est perceptible dans les rues du Caire.

« On avait reçu des menaces, explique Boutros-Ghali, disant que tous ceux qui allaient assister à cet enterrement risquaient de se faire tuer, et on avait vidé tous les immeubles où le cortège allait passer. »

En dépit de ces menaces, selon Alexender Haig, « il était évident que, dans le centre du Caire, la population, très peu présente, n'était ni sous le choc ni pressée de rendre hommage à leur leader visionnaire qui venait de disparaître. Dans les rues, tout le monde travaillait, comme pour un jour ordinaire. Les funérailles, sous haute surveillance, avaient lieu en dehors de la ville. Mais même là, les officiels égyptiens ne m'ont pas semblé particulièrement accablés ».

À peine Sadate est-il enterré que de nouveaux nuages assombrissent l'avenir de la paix au Proche-Orient. Une nouvelle guerre se prépare. Begin et Sharon veulent en finir avec l'OLP installée au Liban.

6

DESTINATION BEYROUTH

1981-1983

Le 30 juin 1981, la coalition dirigée par Mehahem Begin remporte les élections législatives israéliennes. Pourtant, jusque tard dans la nuit, Shimon Peres a cru à sa victoire avant d'être battu de 75 000 voix. Étrange destin que celui du leader du parti travailliste. Quinze ans plus tard, il revivra la même scène.

La victoire de Begin ouvre la route du pouvoir à Ariel Sharon qui devient ministre de la Défense. Sharon va pouvoir mettre en œuvre son projet : éliminer l'OLP du Liban et installer Béchir Gemayel, le chef du parti chrétien phalangiste, à Beyrouth, et ainsi réaliser une alliance entre Israël et le Liban chrétien.

Cette idée n'est pas neuve. Le rapprochement entre les dirigeants israéliens et les chrétiens libanais a été entamé au début de la guerre civile libanaise en 1975, comme en témoigne David Kimche, ancien numéro deux du Mossad : « Les chrétiens nous ont demandé de l'aide. Ils ont véritablement fait la queue dans nos ambassades – à Rome, à Paris, à Londres – pour demander notre assistance. Pour nous, c'était un phénomène nouveau. Un État voisin nous demandait de l'aide. Ils luttaient contre l'OLP, qui était notre ennemi. Tous les facteurs nous obligeaient à répondre à ces demandes. C'était dans notre intérêt, aussi bien militairement que politiquement. »

En 1975, Kimche se rend à Beyrouth où il va rencontrer celui qui va devenir l'allié privilégié d'Israël, Béchir Gemayel : « Ce n'était pas une chose simple que de partir à Beyrouth, explique Kimche. Les combats étaient très violents là-bas. J'ai dîné chez Camille Chamoun, l'ancien président libanais. J'ai également rendu visite aux phalangistes dans leur Q.G. On m'a présenté à un jeune avocat qui était alors connu sous le nom du Cheikh Béchir et qui était le conseiller juridique des phalangistes. Plus tard, l'homme allait devenir un météore. »

Dès 1977, les dirigeants israéliens, impressionnés par ce jeune chef de guerre charismatique, en font l'une des pièces maîtresses de leur politique libanaise.

Rafael Eytan, chef d'état-major israélien en 1982, devenu plus tard député d'un petit parti d'extrême droite, a participé aux premiers contacts avec Béchir Gemayel. « La première rencontre, rapporte Eytan, a eu lieu ici, en Israël. Il est arrivé en cachette. Nous nous sommes entretenus, sans rentrer dans les détails. Suite à cette rencontre, je suis parti voir les phalangistes à Beyrouth. Nous nous sommes peu à peu rapprochés. Nos hommes sont partis là-bas et les leurs sont arrivés ici, pour coordonner les opérations et pour subir des entraînements. Béchir Gemayel était un homme énergique, un patriote, mais certaines de ses idées étaient farfelues. Peut-être devrait-on se mettre à sa place. Pour nous, cela relevait du fantasme. Pour eux, c'était la réalité. »

Israël et les chrétiens phalangistes ont un ennemi commun : l'OLP. Depuis son expulsion de Jordanie en 1970, l'organisation présidée par Yasser Arafat a reconstitué son appareil politique et ses bases militaires au point de devenir un véritable État dans l'État libanais. Le Liban, déchiré par la guerre civile, est aussi devenu un champ de bataille du conflit israélo-palestinien.

En juillet 1981, Israéliens et Palestiniens s'affrontent violemment pendant plusieurs semaines. L'OLP lance des attaques à la roquette contre la Galilée. Israël bombarde le sud du Liban et Beyrouth où se trouve le quartier général de l'OLP. La crise n'est dénouée qu'à la suite d'une médiation conduite par l'émissaire américain Philip Habib. Le cessez-le-feu conclu sera respecté jusqu'en juin 1982.

Malgré cette accalmie entre Israël et l'OLP, une nouvelle fois, en cette année 1981, la tension ne cesse de croître au Proche-Orient. Plusieurs événements vont l'exacerber.

La montée des périls

Au mois de juin, l'aviation israélienne bombarde la centrale nucléaire irakienne Osirak, construite avec l'aide de la France. Selon Alexender Haig, le nouveau secrétaire d'État nommé au mois de janvier 1981, après l'élection de Ronald Reagan, l'administration américaine a été surprise par cette opération : « J'ai appris plus tard que la même discussion avait lieu sous l'administration Carter. Les conclusions de cette discussion n'avaient jamais été communiquées à l'administration Reagan. Donc, cela a été un choc et une surprise pour tout le monde. Certains ont été très déçus et voulaient punir Israël pour avoir entrepris une opération illégale. Je me souviens de la réunion du cabinet. Le président a fait un tour de table. J'étais assis à sa droite, je devais donc être le dernier à donner mon avis. Il n'y a eu qu'un membre du cabinet à se montrer compréhensif vis-à-vis d'Israël. C'est la première et unique fois où j'ai entendu George Bush prendre la parole durant toute l'époque où il a été vice-président. Il a dit que nous devions nous montrer intransigeant à l'égard d'Israël. Quand le président s'est tourné vers moi, je lui ai dit : "Quand tout ceci sera terminé, vous remercierez Dieu pour ce qu'Israël a fait." Ces quelques mots ont mis fin à la réunion du cabinet et d'une certaine manière à ma carrière à la Maison Blanche. »

En octobre, l'assassinat du président Sadate et en décembre l'annexion du plateau du Golan, votée par la Knesset à la demande du gouvernement de Menahem Begin, vont contribuer à la montée des périls.

Une provocation évidente

N'est-il pas symbolique, si l'on ose dire, que l'éventualité d'une opération militaire israélienne au Liban ait été évoquée précisément aux obsèques d'Anouar el-Sadate au cours d'un entretien entre Begin et le général Alexender Haig : « Nous nous sommes rencontrés dans un hôtel de la capitale. Je lui ai dit – tout en spécifiant que cela devait être approuvé par le président Reagan – que les États-Unis ne soutiendraient pas une attaque israélienne contre le Liban, sauf en cas de provocation flagrante de l'autre côté. Mais que, de toute façon, la réplique militaire d'Israël à une éventuelle provocation devait être proportionnée, limitée. J'ai cru que M. Begin m'avait compris et qu'il était d'accord. »

Haig ne précise pas à Begin ce qu'il entend par une « provocation évidente ». C'est Ariel Sharon qui, en mai 1982, lors d'une visite à Washington, va se charger de demander une explication de texte au secrétaire d'État américain. Sharon, qui n'est pas un adepte des formules diplomatiques, lance à Haig : « Que voulez-vous dire par *clear provocation* ? Est-ce que, par exemple, le meurtre d'un juif est une provocation évidente ? Ou faut-il attendre qu'il y ait deux morts, ou peut-être même cinq ? »

Sharon et Haig ont plusieurs discussions à propos du Liban. « L'une d'entre elles, raconte Haig, réunissait tout les experts du Moyen-Orient au département d'État afin qu'ils soient témoins de ce qui allait être présenté. Sharon nous a présenté trois alternatives : la première consistait en une pénétration profonde, la deuxième était plus limitée, et la troisième était la poursuite du *statu quo*. Je voulais que les experts du département d'État écoutent cet exposé. J'étais sûr que certains d'entre eux iraient parler à la presse immédiatement après la réunion. Pour être certain qu'il n'y aurait pas de malentendu, j'ai demandé à Sharon de venir dans mon bureau et je lui ai répété très clairement que la provocation devait être évidente pour justifier une opération militaire auprès des Américains et de l'opinion publique internationale. Et que la réponse devait être proportionnelle. C'était à lui de juger si l'assassinat d'un Israélien était une provocation évidente. »

Au mois de mai, les rumeurs autour d'une opération israélienne au Liban commencent à circuler. L'OLP, selon Bassam Abou Charif, aurait reçu un rapport en provenance de l'état-major de *Tsahal* sur les préparatifs en cours : « J'avais réussi à obtenir ce rapport. Il contenait une série de renseignements et une carte dessinée à la main qui donnait tous les détails de la future invasion israélienne. Celui qui m'avait fait parvenir le rapport était un ami libanais qui avait des liens avec les services de renseignements libanais. J'avais, à mon tour, transmis le rapport à la direction du FPLP, à celle du Fatah et à la direction syrienne. Certains n'y ont pas cru. Parmi eux, des membres du FPLP. Ils ne croyaient pas à l'éventualité d'une invasion. La fuite provenait du bon endroit. Je crois personnellement qu'elle provenait des Forces libanaises. »

La « provocation évidente » tant attendue par Sharon va se présenter le 3 juin 1982 sous la forme d'un attentat commis par le groupe Abou Nidal – une faction dissidente de l'OLP et opposée à Arafat – contre l'ambassadeur d'Israël à Londres, Shlomo Argov. Begin avait prévenu : « Tout attentat contre un Israélien, même à l'autre bout du monde, sera considéré comme une violation du cessez-le-feu. »

Sharon se trouve alors en Roumanie : « J'étais en visite secrète en Roumanie. J'ai appelé le Premier ministre vendredi matin et je lui ai proposé de mobiliser les réserves. Sa réponse a été laconique : "C'est déjà fait." »

Au conseil des ministres, un officier des renseignements explique que l'attentat n'est pas l'œuvre d'Arafat mais de son ennemi, Abou Nidal. C'est du pareil au même, réplique le général Raphaël Eytan : « Je ne me souviens pas exactement de ce que j'ai pu dire il y a quinze ou seize ans. Mais puisque l'on avait tenté de tuer notre ambassadeur, les distinctions entre les personnes n'avaient pas d'importance. »

La guerre de Sharon

Le 4 juin, à 3 heures de l'après-midi, l'aviation israélienne largue ses premières bombes sur l'immeuble du quartier général d'Arafat à Beyrouth.

L'OLP riposte en reprenant les tirs de roquettes contre la Galilée. L'engrenage est enclenché. C'est la guerre.

Le gouvernement Begin se réunit le 5 juin. Ariel Sharon vient tout juste de rentrer de Roumanie : « Le soir, à 21 heures, une réunion a eu lieu chez Begin. Les plans de l'opération « Paix en Galilée » y ont été présentés. » Le ministre de la Défense assure que tout sera réglé en vingt-quatre heures. La guerre du Liban sera avant tout la guerre de Sharon.

Le général Rafael Eytan, chef d'état-major, expose les objectifs de l'intervention : « J'ai présenté quelques cartes et le gouvernement a accepté mon plan d'action. Ce plan parlait déjà de la route Beyrouth-Damas. Il ne s'agissait pas de conquérir la ville de Beyrouth, mais on envisageait d'arriver à ses portes. L'opération a été définie comme suit : "*Tsahal* détruira des bases et des QG d'organisations terroristes au Liban. Notre armée évitera une confrontation avec les Syriens, mais si les Syriens attaquent, nous agirons en conséquence." Un des ministres a demandé à Begin : "Et Beyrouth, alors ?" Le Premier ministre a répondu : "Beyrouth fera l'objet d'une décision gouvernementale extraordinaire." »

Officiellement, l'objectif de l'opération « Paix en Galilée » est de permettre à Israël de s'assurer le contrôle d'une bande de 40 kilomètres au sud du Liban afin de repousser la menace que font peser les Palestiniens sur le nord d'Israël. C'est dans ces termes que, selon Shimon Peres, Begin lui a présenté l'opération : « Begin a invité les chefs de l'opposition, il a dit que l'opération s'arrêterait à 40 kilomètres de la frontière et ne durerait pas plus de trois ou quatre jours. Il a promis que nos forces nettoieraient le terrain et rentreraient très rapidement. Je ne pense pas qu'il nous ait menti. Je pense qu'il le croyait vraiment. C'est pour cette raison qu'il a soutenu ses généraux. »

Le 6 juin au matin, l'armée israélienne démarre son offensive. Quatre ans après une première incursion, *Tsahal* envahit le Liban. Sous le règne d'un Begin vieillissant, Israël se lance dans sa première guerre israélo-palestinienne. Une aventure qui va tourner au désastre.

La bande de 40 kilomètres est rapidement dépassée. Le conflit s'étend. Des violents combats aériens opposent Israël à la Syrie. Mais cet affrontement tourne à la déroute pour Damas qui perd près d'une trentaine de chasseurs Mig. En moins de dix jours, *Tsahal* est aux portes de Beyrouth. Dans le sud du Liban, l'armée israélienne a même été accueillie avec bienveillance par des populations chiites exaspérées par la présence palestinienne. Cet « enthousiasme » sera de courte durée. La région deviendra un noyau dur de la résistance islamiste anti-israélienne.

Alexender Haig se défend d'avoir approuvé l'intervention israélienne au Liban : « Après les événements, on m'a accusé continuellement d'avoir donné le feu vert. Ce qui est complètement faux. À mes yeux, tout acte terroriste pouvait justifier une pénétration superficielle. Est-ce que cela justifiait de remonter la vallée de la Bekaa et de s'approcher des faubourgs de Beyrouth ? Ma réponse est non. Cela a été une erreur, un mauvais calcul, qui a eu des répercussions terribles pour Israël, pour les États-Unis et pour moi personnellement. » Et Ariel Sharon d'affirmer : « Haig n'a jamais soutenu l'opération. »

Mais il ne l'a pas non plus interdite, pas plus qu'il n'a explicité ce que signifiait une provocation évidente. Shamir résume l'état d'esprit du cabinet Begin : « Nous n'avons pas pensé que le gouvernement américain s'opposerait à une action israélienne sur ce front. »

Selon Haig, c'est William Casey, le directeur de la CIA, qui aurait donné son blanc-seing aux Israéliens : « Cela n'aurait pas été la première fois. William Casey était très pro-israélien. C'était aussi quelqu'un de très indépendant. Que ce soit au Nicaragua ou ailleurs, j'étais constamment choqué et surpris par les choses qu'il faisait sans l'accord des départements concernés. »

La tournure prise par les événements commence à inquiéter sérieusement l'administration américaine. Dès le troisième jour, l'offensive israélienne se porte sur le front syrien, pour détruire les bases de missiles soviétiques. C'est l'escalade. La riposte est à présent jugée hors de proportion par les Américains qui craignent plus que tout une implication soviétique. Ronald Reagan envoie son émissaire Philip Habib.

Washington commence à faire pression sur le gouvernement de Menahem Begin pour établir un cessez-le-feu.

Mais Rafael Eytan veut conforter ses positions : « Le Premier ministre m'a appelé et m'a expliqué que les Américains exigeaient un cessez-le-feu. Il m'a demandé comment les choses se déroulaient. Je lui ai dit qu'il me fallait encore deux heures pour achever la destruction d'une division syrienne. Il m'a dit : "D'accord. Vous avez deux heures. Dans deux heures, je déclare un cessez-le-feu." »

Le 11 juin, un premier cessez-le-feu est proclamé. Il ne sera pas respecté.

Jusqu'à Beyrouth

Le 12 juin, le médiateur américain Philip Habib accourt chez Begin pour lui demander des explications sur la présence de l'armée israélienne aux portes de Beyrouth. Le Premier ministre israélien n'est même pas au courant. Begin demande confirmation à Sharon, qui est présent. Sharon maintient sa version : « Nous sommes loin de la capitale libanaise. » Philip Habib insiste : « Notre ambassadeur à Beyrouth nous dit le contraire. » Begin téléphone alors à Raphaël Eytan, en précisant à Habib : « Lui au moins ne me mentira pas. » C'est ainsi qu'il reçoit de la bouche même d'Eytan confirmation des affirmations américaines.

Quelques jours plus tard, un déluge de feu s'abat sur la capitale libanaise. « Quand les bombardements de Beyrouth ont commencé, témoigne Shimon Peres, j'ai appelé Begin et je lui ai dit : "Mais qu'est-ce que vous faites ? Vous êtes devenu fou ?" Il ne savait pas que Beyrouth était bombardée. »

Mais Ariel Sharon dément : « Begin n'a jamais été surpris. Il était au courant de la moindre étape de la guerre. » Et Rafael Eytan d'ajouter : « Le Premier ministre était au courant de tout. » Qui croire ? Il est dans l'intérêt de Sharon et de Eytan de soutenir que Begin avait approuvé toutes leurs décisions.

Les chars israéliens poursuivent leur progression vers Beyrouth. Le siège de la ville commence. Il devait durer quelques jours. Il va se prolonger pendant près de trois mois.

À la mi-juin, Begin se rend à Washington où l'inquiétude ne cesse de grandir. Isolé et accusé d'avoir donné son accord à cette opération, Alexander Haig est obligé de démissionner le 26 juin 1982. Avant cela, il aurait déclaré à Ariel Sharon : « Nous étions contre cette guerre, mais puisque vous l'avez commencée, finissez-en le plus vite possible. »

Aujourd'hui, Haig met en cause l'attitude des conseillers de Reagan qui l'auraient empêché d'agir : « Les gens autour du président Reagan, Baker surtout, avaient des ambitions présidentielles. Baker voyait bien George Bush devenir président. Je crois qu'ils ont vu en moi une menace. Cela était clair pour moi dès ma nomination. Je crois que la plus grande erreur faite par l'administration Reagan a été de m'empêcher d'aller en Israël peu de temps après que l'invasion a commencé, afin de m'asseoir avec Begin et lui offrir une opportunité de mettre fin à l'opération. Les conseillers de Reagan, notamment William Clarke, Casper Weinberger et James Baker, ne voulaient pas, pour plusieurs raisons, que je sois le héros de cette crise. Je le comprends. Mais je n'en avais pas l'intention. Quelqu'un aurait dû aller en Israël. Reagan n'était pas très au fait des problèmes internationaux. Il a écouté ses conseillers. Je pense que nous étions dans une situation que le président n'était pas en mesure de maîtriser. Il avait une équipe à la Maison Blanche qui avait un autre objectif : l'avenir de la présidence. »

Bye-bye, OLP !

En bombardant Beyrouth, Sharon a un objectif : chasser l'OLP et éliminer Arafat. « Tous les gouvernements israéliens, affirme Sharon, ont essayé, pendant des années et pas seulement pendant la guerre du Liban, d'éliminer Arafat. Arafat est un criminel de guerre selon n'importe quel critère. »

Ehud Barak, l'actuel leader du parti travailliste, a longtemps voulu, lui aussi, se débarrasser d'Arafat : « Je me souviens très bien de l'époque où nous, les jeunes des commandos, nous le considérions comme une cible, l'homme à abattre. Nous nous en occupions. Je dois admettre que, dans notre camp, il y avait des visionnaires qui, dès le début des années 70, n'étaient pas de notre avis. Le commandant des services de renseignements de l'armée, Eli Zeira, à qui nous avions proposé un plan pour assassiner Arafat, nous a dit : "Arafat est un homme politique. Pas l'objectif d'une opération militaire." Cette façon de voir les choses a évolué au fil du temps. Et au milieu des années 80, on était à nouveau d'avis qu'Arafat pouvait faire l'objet d'une opération spéciale. »

Arafat, qui se trouve à Beyrouth, se déplace sans cesse pour échapper aux bombardements israéliens et, avec un certain sens de la provocation, il n'hésite pas à donner des interviews à la presse internationale : « Les Israéliens étaient persuadés que tout serait réglé en très peu de temps, qu'il ne leur faudrait que quelques heures pour en finir avec les combattants palestiniens, qu'ils allaient tous nous faire prisonniers. Sharon avait même dit qu'il avait apporté les filets dans lesquels il allait nous capturer. »

L'historien israélien Tom Segev ironise sur l'obsession de Sharon et Begin : « On a du mal à prendre au sérieux la lettre envoyée par Begin à Reagan, dans laquelle il disait : "J'envoie l'armée israélienne pour capturer Adolf Hitler dans son bunker." Il faisait référence à Arafat. Le génocide devient ici une argumentation, un motif. Les chefs arabes ont pratiquement tous été comparés à Hitler à un moment donné. Sadate aussi. Arafat, évidemment. Nous avons donc fait la paix avec Hitler à deux reprises. »

Mais Begin refusera de donner l'autorisation de tuer Arafat, comme en témoigne Rafael Eytan : « Nous avions réussi à savoir où il se trouvait, à quel endroit il habitait. Mais si nous avions bombardé cet immeuble, de nombreux civils auraient été tués. Nous avons préféré ne pas le faire. » Ce que confirme Yitzhak Shamir qui, à l'époque, était ministre des Affaires étrangères : « Menahem Begin était encore tout de même le Premier ministre. C'est lui qui déterminait la marche à suivre. Il était impossible d'aller à l'encontre de l'opinion mondiale... »

Sharon ne pourra pas éliminer physiquement Arafat mais intensifie sa pression afin que le chef de l'OLP et ses troupes quittent Beyrouth. Le 12 août, Beyrouth est bombardée sans discontinuer pendant toute la journée. Reagan est obligé d'intervenir à deux reprises auprès de Begin pour faire cesser les raids de l'aviation israélienne. Le gouvernement israélien interdit à Sharon de faire usage de l'aviation sans l'autorisation préalable du Premier ministre. Mais Sharon obtient ce qu'il voulait : le 18 août, Arafat accepte de partir sous la protection de l'armée française. Il quittera Beyrouth le 1er septembre. Une page est tournée. Elle aura duré douze ans, de 1970 à 1982, durant lesquels le Liban était devenu le sanctuaire de l'OLP chassé de Jordanie : « Je suis parti en accord avec mes alliés libanais, affirme Arafat. C'est un point important. C'est ce qui m'a fait quitter Beyrouth, autrement personne n'aurait pu m'en faire sortir autrement que comme martyr. Ce sont des moments que l'on n'oublie jamais. »

À ce moment-là, tout le monde prédit la mort de l'OLP. Éclatée, divisée, loin du champ de bataille et du peuple palestinien, l'OLP est plus affaiblie que jamais. Personne n'imagine que, dix ans plus tard, Arafat serrera la main de Rabin sur la pelouse de la Maison Blanche.

Pour Bassam Abou Charif, « 1982, c'est la bataille décisive. Si l'OLP avait réussi à survivre, à ne pas disparaître, l'issue ne pouvait être qu'un État palestinien, j'en étais sûr. Et cette conviction, je la partageais avec Arafat. Nous étions encore dans notre quartier général souterrain, essayant de résister aux bombes de Sharon qui tombaient sur nous. Arafat disait : "Cette bataille est celle qui déterminera si le peuple palestinien aura ou non un État." Et lorsque quelqu'un a dit à Arafat : "Bye-bye, OLP !", il a répondu : "Mais je vais en Palestine. D'ici, je vais en Palestine." »

Débarrassé d'Arafat, Sharon peut envisager de réaliser son deuxième objectif : installer Béchir Gemayel au pouvoir à Beyrouth. Le 23 août, le jeune chef chrétien est élu président de la République par le Parlement libanais réuni sous la protection de l'armée israélienne. La victoire de Sharon sera de courte durée. Béchir Gemayel se révèle moins docile que prévu et, surtout, il meurt le 14 septembre 1982, victime d'un attentat – probablement commandité par les services secrets syriens – qui détruit le siège du parti phalangiste à Beyrouth.

La mort à ciel ouvert

Le lendemain, l'armée israélienne investit Beyrouth-Ouest, la partie musulmane de la ville, en compagnie des troupes phalangistes, les Forces libanaises : « Plus tard, pendant l'assaut sur Beyrouth, témoigne Rafael Eytan, le Premier ministre exigeait des phalangistes une participation active aux combats. Il me demandait tout le temps : "Mais qu'est-ce qu'ils font de toutes les armes qu'on leur a données?" Ils ont donc mis en place une unité qui devait attaquer avec nous. L'opération était coordonnée, et nous sommes entrés ensemble à Beyrouth. Les phalangistes avançaient à nos côtés. Je leur ai demandé de se comporter comme nous nous comportions, c'est-à-dire comme une armée digne de ce nom. Je ne savais pas quels étaient leurs objectifs. Je les entendais parler de camps de réfugiés. C'est tout. Les Arabes resteront toujours des Arabes. Et ils ont fait ce qu'ils ont fait. »

L'objectif des Forces libanaises, dont Eytan prétend ne pas avoir eu connaissance, ce sont les camps de réfugiés palestiniens. Pour venger la mort de Béchir Gemayel, les phalangistes veulent « nettoyer » ces camps afin d'y déloger les « terroristes » encore présents. Le « nettoyage » auquel ils se livrent va tourner à la boucherie, au massacre.

Le 16 septembre, les troupes phalangistes pénètrent dans les camps de Sabra et Chatila. Le bain de sang va durer deux jours. Ni les femmes, ni les enfants, ni les vieillards ne sont épargnés. L'armée israélienne n'intervient pas pour faire cesser la rage sanguinaire des phalangistes. Aucun bilan précis n'a pu être établi, le nombre des victimes varie de 1 000 à 5 000 morts selon les sources. « Dès que j'ai appris la nouvelle, raconte Eytan, je me suis immédiatement rendu sur place, pour voir ce qui s'était passé. J'ai convoqué nos commandants pour les interroger. Ils sont arrivés et m'ont dit que les phalangistes avaient tué des Palestiniens. Ils n'avaient aucune idée du nombre de personnes tuées, ni de l'endroit où la tuerie avait eu lieu. Je ne connaissais pas encore l'ampleur du massacre. Je me suis très vite rendu compte qu'il avait été très largement exagéré par les médias dans le monde, et la gauche en Israël. »

Pourtant, c'est Eytan lui-même qui, au soir du 18 septembre, dira à Sharon : « Les Phalangistes ont un peu exagéré », comme le confirme celui qui était alors ministre de la Défense : « Eytan m'a appelé la veille du jour de l'an juif. Il venait de rentrer du Liban. Je lui ai demandé quelles instructions il avait laissées derrière lui. Il m'a précisé qu'il leur avait ordonné de quitter les quartiers des terroristes avant l'aube. »

Même au sein du gouvernement israélien, reconnaît Shamir, personne n'a été surpris par le comportement des phalangistes : « On s'attendait à des choses de ce type, puisque nous connaissions les rapports entre les chrétiens et les musulmans. » Mais rien n'a été fait pour l'éviter.

Les événements de Sabra et Chatila provoquent une immense réprobation internationale. Mais c'est en Israël que la secousse est la plus forte. « Je crois qu'il y a eu beaucoup d'exagération lorsque les événements ont été décrits, estime Shamir. Beaucoup de personnes ici en ont profité pour gonfler l'importance de cette histoire, et la présenter comme ayant été beaucoup plus horrible qu'elle n'a été en réalité. En fin de compte, ce n'était pas des Juifs qui étaient morts. »

Shimon Peres déclare devant la Knesset : « Notre Premier ministre nous a gratifiés d'une des pensées dont il a le secret : Des Non-Juifs tuent des Non-Juifs, et on veut pendre des Juifs à leur place. Vous devriez mourir de honte ! Celui qui a pris la décision de laisser les Phalangistes entrer dans les camps de réfugiés doit immédiatement remettre sa démission. »

Pour la première fois, c'est l'intégrité morale de l'armée israélienne, même indirectement, qui est mise en cause. Certes, depuis le début de l'opération « Paix en Galilée », le mécontentement ne cesse de croître, non seulement au sein de l'opinion publique mais aussi chez certains officiers.

Le mouvement « La paix maintenant », les partis de gauche décident d'organiser une grande manifestation à Tel-Aviv. Le 25 septembre 1982, 400 000 personnes sont rassemblées sur la place des Rois d'Israël à Tel-Aviv. Selon Shimon Peres, « cela a peut-être été la plus grande manifestation qu'Israël ait connue, afin de faire disparaître cette horrible tache de la conscience du pays. Au début, on croyait que nos propres soldats avaient également participé au massacre ».

Le gouvernement est surpris par la réaction de son opinion publique, comme le reconnaît Shamir : « Elle a dépassé tout ce que j'avais pu envisager. Begin a pris tout ça très au sérieux. C'était devenu une tragédie. Tout cela l'a plongé dans une sorte de dépression, une profonde détresse. »

Malgré l'ampleur de la manifestation, la querelle sur des chiffres se poursuit encore aujourd'hui : « Begin était affolé par le nombre de manifestants, raconte Eytan. Je lui ai dit : "Même la police affirme qu'il n'y avait pas plus de 40 000 personnes." C'était de la propagande. Moins de 30 000 ou 40 000 personnes étaient venues à cette manifestation. C'est tout. Mais 400 000, c'était de la propagande, une tactique de bolcheviques. Ça ne m'a pas impressionné puisque je savais que ce n'était pas vrai. Mais Begin, lui, était effondré. 400 000 personnes... Presque un demi-million. »

« Il n'y avait pas eu de manifestations de cette envergure auparavant, rétorque Shulamit Aloni, député du parti de gauche Meretz. C'était un sentiment de puissance. Débattre pour savoir s'il y a eu 400 000 ou 300 000, ou 200 000 personnes n'a aucun intérêt. C'était l'expression d'une immense colère. »

Quoi qu'en pense le général Eytan, la réaction de la rue est suffisamment puissante pour que le gouvernement soit obligé d'en tenir compte. Comme le réclamait l'opposition, le gouvernement décide de créer une commission d'enquête, présidée par le président de la Cour suprême, Yitzhak Kahane.

En février 1983, après plusieurs mois d'enquête, la commission Kahane conclut à la responsabilité des chefs militaires, de Sharon et de Eytan qui ne sont pas intervenus pour faire cesser les massacres de Sabra et Chatila. Sharon doit démissionner du ministère de la Défense et Eytan perd son poste de chef d'état-major. Encore aujourd'hui, Sharon n'admet pas d'avoir été obligé de se retirer : « On a clairement essayé de faire chuter un gouvernement démocratiquement élu. L'affaire de Sabra et Chatila a certainement été très dure. Mais ni nos hommes politiques ni nos militaires n'y ont participé. On a dit que j'aurais dû le prévoir. Quarante experts du Mossad et de l'armée ont reconnu qu'ils ne l'avaient pas prévu. Cela a servi de base à l'enquête de la commission, qui s'est sans doute laissé influencer par l'opinion publique de l'époque. On a cyniquement et grossièrement profité d'une tragédie, dans laquelle nous n'avions eu aucun rôle, dans le seul but de faire chuter le gouvernement. »

Le fiasco de l'opération « Paix en Galilée » affecte Menahem Begin. Épuisé, déprimé, malade du Liban, Begin cède son fauteuil à Yitzhak Shamir en septembre 1983.

« Je ne sais pas comment expliquer cette décision, note Shamir, je n'ai pas de réponse. J'ai essayé d'en parler avec Begin, à plusieurs reprises. Je lui ai demandé de me donner les raisons de ce choix terrible. De me dire pourquoi il avait pris la décision de nous quitter. Il a refusé de répondre, d'ajouter ne serait-ce qu'un mot de plus à la seule phrase qu'il ait prononcée : "Je n'en peux plus." »

Begin ne donnera plus aucune explication à sa démission. Il s'efface totalement de la vie publique jusqu'à sa mort en avril 1992. « La santé de Begin, souligne Ezer Weizmann, s'est détériorée non seulement en raison de la guerre du Liban, qui l'a certes détruit, mais aussi parce qu'il avait compris qu'avec la signature de Camp David son rêve du Grand Israël était sérieusement remis en question. »

Malgré l'échec de la guerre entamée en juin 1982, il faudra attendre encore deux ans pour qu'Israël retire son armée du pays du Cèdre. C'est Shimon Peres, qui dirige un gouvernement d'union nationale à partir de 1984, qui va sortir Tsahal du bourbier libanais. Israël ne gardera le contrôle que d'une zone tampon de 850 kilomètres carrés au sud du pays, avec l'appui de l'armée du Liban Sud, une milice chrétienne entraînée et financée par Israël.

Le bilan de la guerre menée au Liban n'est guère brillant pour ses promoteurs. Certes l'OLP a été chassée de Beyrouth, mais aucun problème n'a été résolu. Pas même celui pour lequel cette guerre avait été officiellement déclenchée : la sécurité de la Galilée. Au sud du Liban, les milices chiites du *Hezbollah* ont remplacé les combattants palestiniens. La Galilée reste la cible de leurs roquettes.

Après 1982, le Liban s'enfonce dans la violence, le terrorisme, achevant la décomposition d'un État fantôme. Ce n'est que huit ans plus tard que le Liban retrouvera une paix fragile au prix élevé. Depuis 1990, l'ordre syrien règne à Beyrouth.

Pour l'administration américaine, les résultats ne sont pas non plus très probants. En 1984, elle devra évacuer sans gloire les *marines* qui faisaient partie de la Force multinationale d'interposition – composée de contingents américain, italien et français – déployée à Beyrouth en août 1982 pour assurer le départ de l'OLP.

Alexander Haig met en cause le caractère parfois irrationnel des relations israélo-américaines, notamment sous la présidence de Ronald Reagan : « Le président Reagan était très pro-israélien. C'était le résultat de son expérience au sein de la communauté juive américaine à Hollywood, où il avait noué de fortes amitiés. Son attitude pro-israélienne était viscérale mais pas intellectuelle. C'était un problème, car il avait un rapport trop affectif à Israël. J'ai toujours pensé que notre relation avec Israël aurait dû être plus rationnelle, sur la base sûre de nos intérêts communs. Cela vous donne peut-être plus de résistance quand vous semblez être déçu par votre partenaire. Simplement, je crois que de temps à autre, Israël aurait dû assujettir son indépendance à l'attitude de son protecteur américain. Après tout, les États-Unis soutenaient Israël depuis des années. »

James Baker reconnaît lui aussi que l'administration américaine a commis des erreurs pendant cette guerre au Liban : « Je crois que nous avons été trop indulgents lors des massacres et des tueries pendant la guerre du Liban en 1982. C'était une erreur. »

Mais, surtout, la guerre du Liban a opéré un basculement de l'image d'Israël. L'armée israélienne est durement affectée par cette opération et par les massacres de Sabra et Chatila qu'elle n'a pas empêchés. Sur la scène internationale, l'image d'Israël s'est considérablement dégradée.

L'État hébreu n'est plus perçu comme une nation combattante face à des ennemis qui veulent détruire les rescapés de la Shoah. Seul Saddam Hussein et ses menaces d'attaque chimique pourront, l'espace de la guerre du Golfe, ressusciter cette image.

Mais entre-temps, d'autres images, celles des soldats israéliens réprimant la révolte des pierres – l'Intifada – menée par les adolescents palestiniens, auront montré que la poursuite du *statu quo* en Cisjordanie et à Gaza n'est plus possible.

7

L'INTIFADA

1984-1990

Faute d'avoir été départagés par les urnes, le parti travailliste et le Likoud – la coalition de droite – décident, en septembre 1984, de former un gouvernement d'union nationale. Mais cette cohabitation à l'israélienne est d'un genre particulier. Un système d'alternance, la *Rotatzia*, est institué. Peres sera Premier ministre pendant deux ans puis il cédera sa place pour les deux années suivantes à Yitzhak Shamir. Rabin, quant à lui, est nommé ministre de la Défense.

Un climat de suspicion permanent présidera aux relations entre Peres et Shamir tout au long de cette période : « Ce n'était pas facile de maintenir un gouvernement d'union nationale, affirme Shamir. Nous avions conclu un accord, que nous avons plus ou moins respecté. Il y a eu des affrontements entre nous, et surtout quelques intrigues contre moi, pendant la période où je dirigeais le gouvernement. De mon côté, je n'ai jamais comploté contre Peres, mais le contraire s'est souvent produit. »

La solution jordanienne

Devenu Premier ministre, Peres remet sur le métier la vieille lune du parti travailliste : trouver un terrain d'entente avec le roi Hussein qui permettra de régler le problème palestinien. Peres et son équipe de jeunes conseillers veulent obtenir l'accord de Hussein pour mettre en œuvre leur projet : réunir une grande conférence internationale où les Palestiniens seraient représentés dans le cadre d'une délégation commune jordano-palestinienne avant l'ouverture de négociations directes. Cette idée a les faveurs de Moscou – qui, avec l'arrivée de Gorbatchev au pouvoir, cherche à se réinsérer dans le jeu proche-oriental – et de Washington, mais pas celles de Shamir comme le souligne ce dernier : « Peres souhaitait arriver, contre mon gré, à une solution politique, qui aurait pris la forme d'une conférence internationale avec les Arabes. Je m'y suis opposé. Nous avions décidé que ce gouvernement ne prendrait aucune décision ayant trait aux frontières de l'État d'Israël, sauf en cas d'unanimité. J'étais attaché à ce principe. Il était impossible de réunir une conférence internationale et de modifier nos frontières, car nous étions opposés aux nouvelles frontières israéliennes telles qu'elles avaient été définies par l'ONU à l'issue de la guerre des Six Jours. »

Shimon Peres ne parviendra pas à faire aboutir son projet pendant la période où il est Premier ministre. Après avoir cédé sa place à Shamir en 1986, il devient ministre des Affaires étrangères. À ce poste, il tente de relancer le dialogue avec Hussein de Jordanie qu'il a déjà rencontré plusieurs fois depuis 1974 : « Je crois que nous nous sommes rencontrés pour la première fois en 1974. Nous nous sommes vus au bord de la mer Rouge, me semble-t-il, au sud d'Eilat. Yitzhak Rabin, qui était Premier ministre, et Yigal Alon, le chef de la diplomatie, étaient présents. Et moi-même, en tant que ministre de la Défense. Hussein est venu avec Zaïd el-Rifaï, qui était son Premier ministre, un homme à l'esprit très vif. Ils sont arrivés en bateau jusqu'à la plage. Nos discussions étaient longues, et souvent laborieuses. »

Le 11 avril 1987, Peres et Hussein se retrouvent secrètement à Londres avec l'accord de Shamir : « Peres m'a parlé de son voyage à Londres, mais il ne m'a pas tout dit. Il a dit qu'il avait rencontré Hussein une ou deux fois pour parler de coopération. Il n'était pas encore question d'un accord de paix et encore moins d'une modification des frontières du pays. »

Depuis le début des années 70, la capitale britannique abrite ces rendez-vous clandestins entre le roi Hussein et les dirigeants israéliens. « Nous nous sommes rencontrés chez lord Victor Mishcon, raconte Peres, un avocat très connu à Londres. Un homme honnête et exceptionnellement discret. C'est lui qui a maintenu mes liens avec Hussein. Je l'appelais "notre ambassadeur en Jordanie". Son épouse, lady Mishcon, chez qui avait été organisé ce tête-à-tête, avait donné congé à ses employés pour éviter toute indiscrétion. C'est elle qui avait cuisiné, préparé le dîner, mis la table. C'était une authentique lady, et elle était là, c'est elle qui servait à table. À la fin du repas, le roi Hussein m'a murmuré : "Venez... On va faire la vaisselle..." Nous avons passé dix heures ensemble, à discuter, à essayer de faire le tour de la situation. Je n'étais pas venu avec des propositions précises. C'est au cours de ces discussions que notre plan a pris forme. J'ai alors compris qu'il voulait vraiment arriver à un accord, et nous y sommes parvenus. »

Les deux hommes s'entendent sur l'organisation d'une conférence internationale et sur la procédure à suivre pour rendre l'accord public comme l'explique le roi Hussein : « À la fin, nous sommes arrivés à un accord acceptable pour tous les deux. Peres, à ce moment-là, a pris le texte de notre accord, et il m'a promis que, dans les vingt-quatre heures, il le remettrait au secrétaire d'État George Schultz, et que cet accord nous reviendrait, mais comme s'il s'agissait d'une proposition faite par les Américains, que nous aurions alors acceptée, tous les deux. Peres a envoyé le texte de l'accord à Shamir. C'est ce que j'ai appris plus tard, mais d'autres en ont donné des versions différentes. Shamir a rejeté cet accord, et tout s'est effondré. »

À son retour en Israël, Peres présente l'accord à Shamir, qui le récuse : « Il ne m'a pas montré le document, affirme Shamir. Il me l'a présenté de manière superficielle, mais ne m'a pas laissé le texte pour que je puisse le consulter. Le conflit entre nous était alors connu de tous, bien entendu. Son principal objectif était à l'époque d'obtenir le soutien des États-Unis. J'ai fait comprendre aux autorités américaines que nous y étions opposés. J'ai conseillé au secrétaire d'État Schultz de ne pas venir en Israël tant que le conflit entre Peres et moi ne serait pas résolu. »

Yossi Beilin, le conseiller de Peres, conteste cette version des faits exposée par Shamir : « Un représentant de Shamir était présent à Londres pendant les négociations. Il était là tout au long des discussions. Rien n'a été caché. Présenter les accords de Londres comme quelque chose qui aurait été fait pour piéger Shamir, ou le tromper, est franchement ridicule. Je crois tout simplement que Shamir ne voulait pas négocier. Et qu'en tout cas il ne voulait surtout pas d'un accord obtenu par Shimon Peres. »

Quoi qu'il en soit, sur le fond, Shamir est en désaccord complet avec l'accord signé par Peres et Hussein : « À mon avis, tout était inacceptable dans cet accord. Il était question de revenir aux frontières d'avant la guerre des Six Jours. Cela m'a suffi », explique Shamir.

D'après Peres, Shamir a rejeté l'accord de Londres parce qu'il considérait que « les problèmes avec la Jordanie s'arrêtaient sur la rive est du Jourdain. Les accords de Londres parlaient également des territoires à l'ouest du Jourdain, la Judée, la Samarie et Gaza. Shamir ne l'a pas accepté. De plus, Shamir était obsédé par la conférence internationale. Il croyait que c'était la fin du monde, bien que finalement il y ait participé, à Madrid ».

L'échec de cette tentative d'accord avec le roi Hussein va définitivement enterrer l'option jordanienne chère aux travaillistes : « Nous étions sur le point d'arriver à un compromis. L'accord de 1987 aurait pu nous épargner l'Intifada, la violence, les morts. Shamir a en fait torpillé cet accord. Hussein était très en colère et il a dit qu'il se désintéressait totalement de la question palestinienne. Pendant nos conversations, Hussein m'a demandé plusieurs fois de reconnaître l'OLP. Il a dit que cela entraînerait une crise au sein de l'OLP, ce qui pourrait faciliter les négociations. Mais après l'accord de Londres, Hussein a abandonné tout espoir et a déclaré qu'il ne s'occuperait plus de la question des territoires occupés. »

La solution jordanienne écartée, l'OLP impuissante, il ne reste qu'une solution aux Palestiniens : prendre leur destin en main. Un banal accident de la circulation va replacer au cœur du conflit ceux qui en sont les acteurs centraux mais qui, depuis vingt ans, sont tenus pour quantité négligeable, quand ils ne sont pas carrément ignorés, par tous les autres protagonistes : les Palestiniens dits de « l'intérieur », c'est-à-dire les habitants de la Cisjordanie et de la bande de Gaza. La révolte va être portée par une nouvelle génération qui n'a connu que l'occupation israélienne.

La guerre des pierres

Le 8 décembre 1987, un accident de la circulation dans la bande de Gaza entre un camion israélien et un taxi palestinien fait quatre morts. Une fausse rumeur va embraser les territoires occupés. Le chauffeur israélien aurait agi délibérément pour venger son frère poignardé deux jours plus tôt à Gaza. Les obsèques des quatre Palestiniens tournent à l'émeute, qui s'étend à l'ensemble de la Cisjordanie et de la bande de Gaza en quelques jours. L'Intifada vient de démarrer.

Elle surprend tout le monde, comme le reconnaît Sari Nusseibeh, professeur à l'université de Bir Zeit, qui était l'un des principaux dirigeants des Palestiniens de l'intérieur : « Je dois dire que, personnellement, je ne m'attendais pas du tout à ce que l'Intifada se déclenche aussi brusquement. Ça a été une explosion. Je crois que personne ne l'avait prévue. En tout cas pas à ce moment précis. »

Seul Yasser Arafat affirme avoir tout prévu : « Bien sûr que nous la préparions. Et nous en sommes fiers. Un événement pareil n'arrive jamais par hasard. Rien ne s'est produit par hasard tout au long de la révolte palestinienne. »

Au moment où l'Intifada se déclenche, Fayçal el-Husseini effectue l'un de ses nombreux séjours dans les prisons israéliennes : « J'étais incarcéré à la prison de Ramallah. Le policier qui m'avait remis à l'officier chargé de m'interroger lui avait dit : "Je vous présente Feyçal el-Husseini. N'oubliez pas qu'il est fort possible que dans quelques années il soit assis en face de nous à la table des négociations."

On a appris la nouvelle par la radio. Je me souviens que lorsque tout a commencé, on a réussi à me faire parvenir un message qui disait : "Nous venons de déclencher la phase numéro un et nous voudrions savoir si nous accentuons l'offensive, si nous laissons la situation telle qu'elle est, ou si nous calmons le jeu." J'ai répondu : "Il faut intensifier le mouvement." »

Yitzhak Shamir affirme n'avoir pas été surpris par cette révolte des pierres : « Il est possible que l'Intifada ait spontanément éclaté et que l'OLP l'ait soutenue par la suite. C'est possible. Je ne peux pas dire que j'ai compris tout de suite l'importance de ce qui se passait. Sincèrement, je dois vous avouer que j'ai surtout été étonné que l'explosion ne se soit pas produite avant. Mais je ne dis pas que j'avais anticipé les proportions que le problème allait atteindre par la suite. »

Pour Shimon Peres, une révolte des Palestiniens devait inévitablement finir par se produire : « Je ne crois pas que l'Intifada ait été véritablement planifiée. Mais cela n'a aucune importance. Ç'a été l'explosion soudaine d'une colère retenue, qui couvait depuis longtemps, mais d'une violence inhabituelle. Une révolte, un brasier qu'il serait très difficile à éteindre. »

Si le déclenchement de l'Intifada a été spontané, la recherche d'une nouvelle forme de résistance et d'opposition à l'occupation israélienne était au cœur des réflexions menées par les dirigeants palestiniens depuis plusieurs années. L'éloignement de l'OLP du champ de bataille depuis son départ de Beyrouth, l'inefficacité, si ce n'est la contre-productivité de la stratégie militaire et terroriste, ont amené les Palestiniens à définir une autre forme d'action politique. « Après le départ de Beyrouth en 1982, explique Mohamed Dahlan, aujourd'hui chef de la police palestinienne à Gaza, nous avons décidé de déplacer le théâtre des opérations à l'intérieur des territoires occupés. »

Abou Jihad, alors numéro deux de l'OLP, a été l'inspirateur de cette nouvelle stratégie comme en témoigne Fayçal el-Husseini : « Il nous a contactés ici, et nous a demandé de commencer à planifier un nouveau type d'action. L'idée de passer de la résistance armée à une autre forme de lutte populaire existait bien. Nous y avons travaillé. Des cadres y avaient été spécialement affectés. Pour autant, je ne peux pas affirmer que ce sont eux qui ont dirigé l'Intifada. »

La révolte palestinienne est d'un type nouveau. Le quotidien israélien *Davar* écrit : « Ce n'est ni du terrorisme ni des émeutes. C'est un peuple qui se soulève. Il faut être aveugle pour ne pas le voir. »

Face à l'armée israélienne, les manifestants, souvent très jeunes, utilisent des pierres et non des armes à feu. Un mouvement de désobéissance civile, de grèves générales à répétition se développe. Selon Sari Nusseibeh, « l'appel à la désobéissance civile qui a été lancé était une nouvelle étape sur le chemin de l'indépendance ».

Cette révolte prend de court les dirigeants israéliens et les chefs militaires, comme le souligne le général Dan Shomron, qui était chef d'état-major de *Tsahal* : « Nous ne savions pas non plus s'il s'agissait d'un mouvement organisé ou d'une émeute comme toutes les autres. On ne pouvait pas savoir si cela allait durer ou pas, ou prendre une autre forme. Il nous a fallu effectivement deux semaines pour comprendre que, cette fois-ci, cela allait durer plus longtemps que d'habitude. Des émeutes avaient eu lieu bien avant. Des émeutes locales, ou de plus grande envergure. »

Rabin, ministre de la Défense dans le gouvernement d'union nationale, ne prend pas immédiatement conscience de l'ampleur de la révolte. Il laisse entendre qu'il en viendra à bout en quelques jours : « Rabin a dit, se souvient Yasser Arafat, juste après l'explosion de l'Intifada : "Dès mon retour en Israël, je mettrais fin à cette Intifada. Il ne me faudra pas plus de deux jours pour en finir avec eux."

Je lui ai répondu : "Et si, au lieu de deux jours, je vous laissais deux semaines ou deux mois ou peut-être deux ans. Je ne sais pas pourquoi, mais j'ai l'impression que vous et nous allons nous faire face pendant longtemps."

Et l'Intifada allait durer sept ans. »

Les os brisés

Yitzhak Rabin se trouvait à Washington chez Henry Kissinger au moment où l'Intifada a démarré : « C'était un samedi, dans ma maison de campagne, rapporte Henry Kissinger. Ce n'était pas une rencontre politique, nous ne faisions que bavarder entre amis. Ce qu'on a plus tard appelé l'Intifada venait de commencer. Et Rabin m'a dit : "Je vais leur briser tous les os du corps." »

Cette phrase, il la répétera publiquement : « Je ne crois pas qu'il le pensait, affirme Dan Shomron. C'était une expression, une image. Il voulait sûrement dire qu'il fallait réprimer cette révolte avec plus de vigueur. »

Que Rabin y ait cru ou non, nombre de soldats appliqueront au pied de la lettre la formule de leur chef et devant les caméras de télévision du monde entier. L'effet est désastreux pour l'image d'Israël. « Pour la première fois, souligne Dan Shomron, on voyait des soldats israéliens qui frappaient et, parfois, tiraient sur des civils. Cela nous a causé des dommages considérables. Certains disaient que nous étions trop brutaux, d'autres que nous étions trop indulgents. L'Intifada était différente d'une émeute ordinaire, pas seulement à cause de son extrême violence, mais surtout parce qu'elle s'étendait sur la totalité du territoire. Une révolte populaire ne peut que paralyser l'armée. Dans une guerre classique, on a tendance à employer toute sa puissance militaire afin d'obtenir une victoire le plus rapidement possible. Là, c'est le contraire. On essaye de ne pas utiliser toutes ses forces. On ne veut pas se battre contre des civils. Ce n'est pas une vraie guerre. On ne veut pas tuer l'adversaire. »

La diffusion quotidienne sur toutes les chaînes de télévision d'images de la révolte palestinienne réprimée par l'armée israélienne a joué en faveur des Palestiniens, comme le reconnaît Sari Nusseibeh : « Avec la télévision, les Occidentaux découvraient une autre image du Palestinien. C'était la révolte de tout un peuple, les enfants, les mères, les grand-mères, qui sortaient des camps misérables où ils croupissaient depuis des années. Pour la première fois, on a vu les soldats israéliens tirer sur des Palestiniens. »

Et Leïla Khaled d'ajouter : « Personne n'avait prévu un tel scénario. On n'avait encore jamais vu un peuple résister avec des pierres face à des militaires armés de fusils. Les scènes de ces femmes et ces enfants lançant les pierres restent incrustées dans ma mémoire. »

Au bout d'un an, le bilan de la répression israélienne est lourd : 400 morts, plusieurs milliers de blessés et d'arrestations. Rien ne semble devoir stopper le feu de la révolte. Les dirigeants israéliens décident alors d'éliminer celui qui, depuis Tunis, dirige l'Intifada : Abou Jihad. La décision a été prise en mars 1988 à la suite d'une opération menée par un commando palestinien venu d'Égypte.

Le commando, intercepté par l'armée israélienne, a pris en otage un bus d'employés de la centrale nucléaire de Dimona. Il sera finalement maîtrisé, mais le gouvernement israélien ne veut pas laisser impunie cette action contre le symbole de sa puissance.

Oum Jihad affirme que la décision d'éliminer son mari « émanait du sein même du cabinet restreint israélien de l'époque, des responsables de la sécurité dans ce cabinet. Des fuites indiquaient même que certains membres du cabinet s'étaient opposés à ce plan, parmi lesquels l'actuel président israélien Ezer Weizmann. Nous avions aussi appris qu'Yizhak Navon avait officiellement déclaré que le gouvernement israélien était en effet derrière l'assassinat d'Abou Jihad. Peres, non plus, n'était pas d'accord. »

Les dirigeants israéliens se réfugient dans le mutisme : « Je ne veux pas en parler », déclare Shimon Peres, tout comme Ehud Barak : « Je préfère ne pas parler des circonstances de la mort d'Abou Jihad. » Quant à Shamir, interrogé sur le sujet, il donne une réponse digne d'un élève des Jésuites qu'il n'a pourtant jamais été : « Je ne le confirme pas. Et je ne le nie pas. Quoi qu'il en soit, ce n'était pas une source de désaccords. »

Interrogé par la radio israélienne, Ezer Weizmann décrivit la réunion où fut décidée l'élimination d'Abou Jihad avec son indéfectible sens de l'humour : « Non seulement cette réunion n'a jamais eu lieu, mais en plus j'ai voté contre. »

Mahmoud Dahlan explique l'objectif de cette opération qui a coûté la vie à Abou Jihad : « Durant l'Intifada, nous étions en situation de guerre contre Israël. C'est pourquoi nous avons planifié toute action susceptible d'aider le peuple palestinien à atteindre ses objectifs. "Dimona" entrait dans ce cadre-là. "Dimona" était une opération à cent pour cent militaire, et non une opération visant des civils. Abou Jihad l'a menée, ou plutôt conçue, à une époque où nous tentions de faire franchir à l'Intifada un pas supplémentaire, une phase plus violente dirigée contre l'armée israélienne. L'assassinat d'Abou Jihad a modifié certains aspects de l'Intifada, mais ne l'a pas fait échouer. Il est possible que "Dimona" soit une des raisons de l'assassinat d'Abou Jihad, mais je ne pense pas que ceux qui ont décidé de le supprimer puissent donner une réponse définitive sur ce qui les a motivés. »

Abou Jihad est assassiné le 16 avril 1988 dans sa résidence à Tunis par un commando israélien, en présence de ses enfants et de sa femme Oum Jihad qui a assisté à toute la scène : « Nous avions, je crois, reçu un avertissement du côté français. Abou Jihad avait, à son tour, prévenu les membres de la direction palestinienne. La nuit même où il fut assassiné, il se préparait à partir le lendemain pour Bagdad.

Vers 1 h 30 du matin, j'ai entendu le bruit de portes qu'on défonçait, accompagné de hurlements. J'ai entendu Abou Jihad se lever pour prendre son pistolet dans l'armoire et je lui ai demandé ce qui se passait. Abou Jihad ne me répondit pas. Revolver au poing, il sortit de la chambre. J'étais juste derrière lui. Arrivés devant la porte d'entrée, nous aperçûmes quatre personnes masquées qui s'avançaient vers nous. Abou Jihad tira dans leur direction, en m'écartant de son autre main. À ce moment, un des agresseurs s'avança vers Abou Jihad et vida son chargeur sur lui, de haut en bas. Je courais vers lui pour le soutenir. C'est alors que son assassin me planta son fusil-mitrailleur dans le dos et me fit signe de reculer, puis de tourner ma tête face au mur. Je pensais qu'il allait m'achever. Je commençais à pleurer pendant qu'un autre homme s'avançait vers Abou Jihad pour lui tirer à nouveau dessus. Puis un autre fit de même, puis un quatrième encore.

Ensuite, les quatre entrèrent dans la chambre à coucher où dormait notre fils Nidal, qui était âgé de deux ans. J'ai alors entendu un coup de feu dans la chambre, puis j'ai entendu mon fils qui pleurait de peur. Je commençais à tituber, quand l'un des hommes armés revint à nouveau vers Abou Jihad et vida encore une fois son chargeur sur lui.

J'ai hurlé : "Ça suffit !" À ce moment, j'ai entendu une femme leur crier du bas de l'escalier de l'immeuble : "Allez, allez, vite !", en français. Je me suis renseignée plus tard sur ce que cela signifiait et on m'a dit que quelqu'un leur disait qu'il était temps de partir. Ils filèrent alors en vitesse. Ma fille Hanane, alors âgée de 16 ans, dormait profondément dans sa chambre et n'avait pas entendu les coups de feu, à cause des silencieux. Elle finit par se réveiller et courut dans le couloir. Elle se heurta alors à l'un des hommes masqués à qui elle demanda ce qui se passait. Il la poussa et lui cria d'aller voir sa mère... Elle vint alors vers moi et vit son père dans une mare de sang. Voyant mon affolement, elle se mit à hurler. Je la pressais alors contre moi, puis je courus vers la terrasse d'où je vis plusieurs hommes armés courir dans tous les sens. Notre maison se trouvait à seulement deux cents mètres du palais présidentiel à Carthage ! Je me mis à appeler de toutes mes forces la police, quelqu'un qui pourrait nous aider, mais en vain. Personne ne m'entendait. Le médecin légiste m'apprit le lendemain que plus de soixante-quinze balles s'étaient logées dans son corps, dont huit en plein cœur. »

Malgré l'intensification de la répression, la révolte palestinienne ne faiblit pas. Des deux côtés, certains dirigeants commencent à prendre conscience qu'il va falloir trouver un débouché politique à l'Intifada.

Même si, comme l'affirme Ehud Barak, l'actuel chef du parti travailliste, côté israélien « personne ne pensait que le problème pouvait être résolu par la force armée », nombreux étaient ceux qui étaient réticents à l'idée d'une issue politique. « On s'est déchaîné contre moi, raconte Dan Shomron, quand j'ai déclaré que nos soldats étaient capables de faire face à l'Intifada, mais qu'il fallait prévoir le plus rapidement possible une solution politique au conflit. J'ai même ajouté qu'il serait impossible d'y mettre fin, même en engageant dans la bataille toutes nos unités. Une armée peut mettre fin à un conflit militaire, mais elle est totalement impuissante contre une insurrection populaire. » Cette analyse est partagée par Ehud Barak : « Ceux qui essayent de prétendre qu'avec plus de force, en tirant dans les foules qui manifestaient, nous aurions pu calmer l'Intifada plus rapidement ne comprennent rien à ce qu'ils disent. Nous aurions commis des crimes de guerre, nous aurions tué des innocents sans raison. »

Après quelques mois d'Intifada, sous la pression des dirigeants palestiniens de l'intérieur, l'OLP prend conscience qu'il faut offrir une perspective politique à cette révolte. « Le déclenchement était, bien sûr, spontané, explique Sari Nusseibeh, mais par la suite, l'OLP devait se fixer un objectif politique. Quel était ce message ? Nous devions avoir comme perspective d'entamer les négociations avec Israël. »

Ce qui signifie que la centrale palestinienne doit se préparer à réunir les conditions pour de telles négociations. Cela devient d'autant plus urgent qu'en juillet 1988 le roi Hussein rompt tous les liens administratifs entre son royaume et la Cisjordanie. L'OLP doit désormais prendre en charge la population palestinienne.

La première de ces conditions est l'ouverture d'un dialogue officiel entre l'OLP et les États-Unis.

Or les États-Unis posent trois préalables. L'OLP doit reconnaître le droit à l'existence dans la sécurité de l'État d'Israël, renoncer au terrorisme et accepter la résolution 242 du Conseil de sécurité de l'ONU, ce qui signifie que l'OLP renonce à revendiquer toute partie du territoire israélien à l'intérieur des frontières de 1967 de l'État juif.

Bassam Abou Charif fut l'un de ceux qui contribua à la formulation du nouveau programme politique de l'OLP : « Cette Intifada, il fallait maintenant qu'elle atteigne le but qu'elle s'était fixé : déboucher sur une victoire politique. C'est dans la perspective de cette victoire que j'ai commencé à faire une synthèse de toutes les éventualités que nous avions envisagées depuis des années. C'était à nous de prendre l'initiative d'une négociation avec les Israéliens, reconnaître l'État d'Israël, accepter la création d'un État palestinien sur les seuls territoires occupés en 1967. C'est ce programme qui a servi de base aux déclarations d'Arafat. »

Caduque

À partir de la fin de l'année 1988, Yasser Arafat multiplie les initiatives et les rencontres avec des représentants de la communauté juive américaine. Le Conseil national palestinien, réuni à Alger en novembre 1988, proclame symboliquement l'État de Palestine et accepte le plan de partage de la Palestine voté en 1947 et les résolutions 242 et 338 du Conseil de sécurité de l'ONU.

Arafat déclare « caduque » – il employa le terme français – la charte de l'OLP qui appelait à la destruction de « l'entité sioniste » et annonce que l'OLP renonce officiellement au terrorisme. « Sur cette base, le dialogue américano-palestinien a été entamé », souligne Yasser Arafat. Le nouveau programme de l'OLP propose « l'établissement de l'Autorité nationale palestinienne sur toute parcelle de la terre palestinienne qui aura été libérée, ou de laquelle les Israéliens se seraient retirés ».

Les négociations ont lieu à Tunis avec l'ambassadeur des États-Unis Robert Pelletrau. En Israël, à l'exception d'une partie de la gauche, la réaction à ce rapprochement américano-palestinien est très largement négative. Au sein du parti travailliste, même si la jeune garde de Peres se déclare satisfaite, la direction du parti reste hostile à cette reconnaissance de l'OLP, comme en témoigne Yossi Beilin : « Le jour où les Américains ont pris la décision de reconnaître l'OLP et de négocier avec eux, j'ai dit à la radio que c'était un moment important, qui ne pouvait que nous réjouir. Peres, au contraire, a déclaré que c'était un jour particulièrement triste. J'avais toujours été persuadé que Peres, lorsqu'il avait été Premier ministre, aurait dû rencontrer Arafat, le plus tôt possible. Un Premier ministre dispose de certaines prérogatives, et c'en était une. Peres a étudié mes propositions, mais il n'a pas hésité longtemps. Une telle initiative n'aurait pas été approuvée par le gouvernement de l'époque. C'était une initiative encore trop audacieuse. À mon avis, Peres a estimé que, bien que le dialogue avec l'OLP ait été la chose à faire, le public israélien ne l'aurait jamais accepté. »

Yossi Beilin a tout de même commencé, dans la discrétion, à prendre langue avec l'OLP, comme en témoigne Bassam Abou Charif : « Il y avait des réunions secrètes, par exemple avec Yossi Beilin, qui est devenu ministre par la suite... Bien sûr, en public, ils avaient peur de rencontrer des Palestiniens. Les choses se faisaient donc en secret. De telles rencontres étaient très peu nombreuses en raison de cette loi israélienne qui les interdisait. Celui qui discutait avec l'OLP était jugé et emprisonné. »

Les négociations vont rapidement se heurter à l'intransigeance israélienne. Shamir ne veut pas entendre parler de l'OLP, ni d'un État palestinien en Cisjordanie et à Gaza. Il propose d'organiser des élections dans les territoires occupés pour élire les représentants palestiniens, qui participeront aux négociations avec Israël en vue de l'instauration d'un autogouvernement palestinien au cours d'une période transitoire au terme de laquelle un statut définitif des territoires occupés serait négocié.

En novembre 1988, George Bush est élu président des États-Unis. Il nomme James Baker à la tête du département d'État. Les deux hommes veulent obtenir un progrès du processus de paix au Proche-Orient. Beaucoup moins pro-israéliens que Reagan, moins dépendants du lobby juif américain que le parti démocrate, ils sont prêts à exercer une certaine pression sur le gouvernement israélien pour parvenir à leurs fins.

James Baker décide de prendre Shamir au mot. Il propose le plan du Premier ministre israélien à l'Égypte qui l'accepte en le modifiant légèrement. En octobre 1989, Baker fait une synthèse des plans israélien et égyptien, et soumet son plan en cinq points. Mais la négociation va achopper sur la composition de la délégation palestinienne. Pourtant, Baker a indiqué que la liste des Palestiniens invités à la négociation devra être satisfaisante pour Israël. Shamir ne veut pas de Palestiniens résidant à Jérusalem. Pour la première fois depuis longtemps, un conflit d'intérêt surgit entre Israël et les États-Unis, comme le raconte James Baker : « Conformément à la proposition de Rabin, qui était alors ministre de la Défense, nous avons suggéré que la délégation comprenne un Palestinien ayant une double résidence, à Jérusalem et dans les territoires. Shamir a refusé. Je crois que n'importe qui à ma place serait arrivé à la même conclusion : que les Israéliens ne tenaient pas vraiment à cette unique initiative de paix. Il était donc clair pour moi que les Israéliens n'étaient pas sérieux. En même temps, ils souhaitaient toujours voir les États-Unis à leurs côtés. Ils croient parfois que notre soutien est inconditionnel. »

Les standardistes de la Maison Blanche

James Baker va employer une méthode directe, brutale disent certains, qui est parfois la sienne. En avril 1990, lors d'un discours prononcé devant le Congrès, Baker déclare : « Les États-Unis ne peuvent pas faire de miracles. Les dirigeants israéliens devraient savoir que, s'ils restent sur leurs positions, il n'y aura jamais de dialogue, et il n'y aura jamais de paix. Notre numéro de téléphone est le 1. 202.456.14.14. Le jour où vous voudrez parler sérieusement de paix, appelez-nous. »

C'est la première fois qu'un secrétaire d'État américain tance publiquement les dirigeants israéliens.

« Ce n'était pas le bon numéro, se souvient Baker. Je leur ai donné le numéro de la Maison Blanche. C'était le seul dont je me souvenais. J'y avais vécu pendant quatre ans. Et je ne connaissais pas le numéro du département d'État par cœur. J'ai dû envoyer des bouquets de roses aux standardistes de la Maison Blanche. Le nombre d'appel était étonnant. Des gens appelaient des quatre coins des États-Unis pour dire qu'ils attendaient ce moment depuis longtemps. Sincèrement, je ne regrette pas du tout d'avoir prononcé cette phrase. Je voulais leur faire comprendre, ainsi qu'au monde entier, que nous avions autre chose à faire. Si nous investissons autant de temps, d'efforts et de patience dans le processus de paix, en espérant le faire avancer, nous nous attendons à ce que d'autres fassent de même. »

Bush et Baker, explique William Quandt, « ont compris qu'avec Shamir au pouvoir le processus de paix n'avait aucune chance. Ils étaient très ennuyés par son comportement au début de 1990. Ils avaient l'impression, à tort ou à raison, qu'en 1989 ils avaient joué le jeu tel que l'avait voulu Shamir. Ils étaient allés le voir en premier en lui disant : "Il faut faire quelque chose. Faites-nous une proposition et nous verrons si c'est possible de la vendre aux Arabes."

C'est Shamir qui a proposé l'idée d'organiser des élections. Baker l'a très légèrement modifiée et l'a transmise aux Arabes, qui l'ont acceptée. Et quand il est revenu avec leur accord, Shamir lui a dit : "Allez vous faire foutre ! Je ne peux pas l'accepter." C'est plus ou moins le ton qu'il a employé. "C'était ma proposition, mais vous l'avez tellement transformée qu'elle ne me convient plus."

C'est à ce moment-là que Baker s'est rendu compte que Shamir avait changé les règles du jeu : "Merde... C'était sa propre proposition... Nous nous sommes battus pour convaincre les Arabes de l'accepter, ce qu'ils ont fait, sans enthousiasme, et maintenant, c'est lui qui n'en veut plus. Très bien... Il faut se débarrasser de Shamir." »

Après l'échec du plan Baker, les États-Unis détournent pour un temps leur attention du Proche-Orient. Depuis la chute du mur de Berlin en novembre 1989, l'Europe centrale et orientale constituent la priorité de leur diplomatie.

Au printemps 1990, force est de constater que les perspectives ouvertes par le nouveau programme politique de l'OLP et la médiation américaine n'ont débouché sur aucun résultat substantiel. « Nous avions tellement attendu ce moment, note Abba Eban. Arafat venait enfin de prononcer les mots que nous n'espérions plus : L'OLP reconnaissait Israël et son droit à vivre en paix. Et quatre ou cinq années se sont écoulées, sans la moindre réaction du côté israélien. Même mes amis du parti travailliste, Rabin et Peres, n'ont attaché aucune importance aux propositions, pourtant conciliantes, des Palestiniens. Je pense qu'on a perdu quatre ou cinq ans, qui ont vu continuer l'Intifada, et d'autres drames. »

L'Intifada commence à prendre un tour plus violent et radical. À la « guerre des pierres » succède la « guerre des couteaux ». Les cibles ne sont plus seulement les soldats de *Tsahal*, mais aussi des civils israéliens qui, à l'intérieur même d'Israël, sont attaqués au couteau par des Palestiniens venus des territoires. Quantitativement, le nombre d'actions de ce type est faible, mais elles ont une forte charge symbolique en montrant que le conflit peut changer de nature, qu'aucun Israélien n'est à l'abri.

L'audience de plus en plus importante dans les territoires occupés du mouvement islamiste *Hamas* – héritier des Frères musulmans – est à l'origine de cette radicalisation. Depuis le début des années 80, Israël a laissé se développer cette organisation pensant qu'elle pourrait concurrencer et affaiblir l'OLP.

L'incapacité de l'OLP à obtenir des résultats, malgré les concessions faites en 1988 et le durcissement de la répression israélienne, renforce le *Hamas* qui prône une stratégie de lutte armée. « L'utilisation d'armes à feu, explique Mahmoud al-Zahar, un des dirigeants du *Hamas*, était une évolution naturelle de l'Intifada. Israël a procédé à une escalade en répondant aux pierres avec des balles. Il était donc inévitable d'essayer de prendre les armes à quelques soldats israéliens pour les utiliser à notre tour dans des actions précises. Au *Hamas*, il est permis d'utiliser tous les moyens légitimes qui permettent de préserver les droits du peuple palestinien, et de le défendre contre l'occupation. Dans la mesure où les Israéliens utilisaient la totalité de leurs forces contre la population avec chaque jour un peu plus de violence, d'arrestations, de morts, de blessés et d'os brisés, le *Hamas* a décidé lui aussi de franchir un pas supplémentaire, et d'infliger le plus de pertes possible à Israël. »

Au sein du camp palestinien, l'inquiétude grandit face à un autre phénomène : l'élimination physique d'un nombre croissant d'individus accusés de collaboration avec l'occupant israélien.

En mai 1990, après avoir sermonné le gouvernement israélien, les États-Unis vont suspendre le dialogue avec l'OLP à la suite d'une opération menée par un commando du FLP d'Aboul Abbas. Ce dernier est le responsable du détournement du navire *Achille Lauro* en 1985 au cours duquel un citoyen américain avait été tué.

Le commando du FLP a été arrêté par l'armée israélienne alors qu'il tentait de débarquer sur une plage de Tel-Aviv. Les États-Unis demandent à l'OLP d'exclure Aboul Abbas, ce qu'Arafat refuse. Les États-Unis ne renoueront le dialogue avec l'OLP qu'après la crise du Golfe.

Car, pour la énième fois depuis 1945, la guerre se profile à nouveau à l'horizon du Proche-Orient. Le 2 août 1990, Saddam Hussein décide d'envahir le Koweït. Le processus de paix israélo-palestinien est repoussé à des jours meilleurs.

8

LE CHEMIN DE MADRID

1990-1992

L'invasion du Koweït par l'armée irakienne le 2 août 1990 ramène le Proche-Orient au cœur des préoccupations internationales. Chacun craignait l'explosion de la région devant l'enlisement des négociations israélo-américano-palestiniennes, mais personne n'avait prévu que Saddam Hussein allumerait la mèche.

Depuis des années, Saddam Hussein, le nationaliste laïque tourné vers la modernité industrielle, est l'enfant chéri de l'Occident. Armé et financé par Paris, Moscou et Washington, son régime est aux yeux de tous le meilleur rempart contre l'islamisme messianique et révolutionnaire que Téhéran veut partout exporter. Malgré la cruauté du régime irakien, les Occidentaux préfère Saddam Hussein aux ayatollahs au pouvoir en Iran. Mais le dictateur irakien va se retourner contre ses bailleurs de fonds.

Pour les États-Unis, l'invasion du Koweït est un *casus belli*. Saddam Hussein vient de faire main basse sur l'une des plus importantes réserves mondiales de pétrole et menace l'Arabie Saoudite du même sort. En quelques mois, sous le parapluie de l'ONU, ils organisent la plus formidable coalition militaire jamais réunie : vingt-six pays y participent et plus de 700 000 soldats, dont 500 000 marines, sont stationnés dans le désert saoudien.

Parée d'un mandat de l'ONU, la coalition, placée sous le

commandement du général américain Norman Schwarzkopf, lance l'opération « Tempête du désert » le 17 janvier 1991. L'Irak est bombardé sans relâche pendant des semaines. Saddam Hussein réplique en envoyant des missiles Scud sur Israël. Un an plus tôt, le dictateur avait menacé l'État juif : « Notre feu dévorera la moitié d'Israël s'il essaie de faire la guerre à l'Irak. » Les dirigeants israéliens y ont vu la menace d'une attaque chimique, voire nucléaire.

La retenue de Shamir

Depuis sa création, Israël n'est jamais resté sans riposter à une attaque. Mais la coalition anti-irakienne, composée d'un grand nombre de pays arabes, ne peut être maintenue qu'au prix de la non-intervention d'Israël dans le conflit avec l'Irak. Bush et Baker vont tout faire pour convaincre Shamir de renoncer à entrer dans le conflit, comme l'explique l'ancien secrétaire d'État : « Je crois que nous avons surtout réussi à convaincre Shamir que si Israël s'impliquait dans ce conflit, qui opposait la communauté internationale à l'Irak, cela aurait permis à Saddam Hussein de transformer cet affrontement en un conflit israélo-arabe. »

Mais, surtout, les États-Unis refusent de livrer les codes secrets de l'aviation américaine aux Israéliens, comme le reconnaît James Baker : « Notre plus grand atout fut notre refus de donner aux Israéliens les codes secrets qui auraient permis à leur aviation de décoller et contre-attaquer. Ils ont insisté pour que nous leur communiquions les codes, mais nous avons refusé. Nous leur avons dit : "On ne vous les donnera pas. Si vous décidez quand même de riposter, il y a de fortes chances que vous vous trouviez en train de vous battre contre des avions américains, ce qui serait un désastre pour nos deux pays." On a fait l'impossible pour qu'Israël reste en dehors du conflit. La plupart des Israéliens pensaient qu'une riposte s'imposait, qu'Israël devait rendre coup pour coup. Mais je crois que Shamir a pu très vite se faire une idée de la situation dans son ensemble, voir ce qui était primordial. Il a été le seul dirigeant israélien capable de dépasser ses propres angoisses, de surmonter son désir de riposter. Il avait correctement analysé la situation globale. »

L'attitude d'Israël face à la menace irakienne a fait l'objet de discussions au sein de la coalition : « Nous savions tous que si un certain seuil était franchi par les Irakiens, Israël ne pourrait plus rester sans réagir, raconte Denis Ross, chargé du dossier proche-oriental au département d'État. Avant même le début des combats, nous avions clairement dit aux pays arabes membres de la coalition qu'Israël avait le droit légitime de riposter s'il était attaqué. Personnellement, je crois toujours que cela a été, pour Shamir, une décision très difficile, et qu'il l'a prise car il savait que d'autres intérêts se trouvaient en jeu. Il savait que tout l'effort de guerre était concentré contre l'Irak, pour l'empêcher d'atteindre ses objectifs et forcer le retrait de ses troupes. C'était aussi l'intérêt de l'État d'Israël. »

Shamir a effectivement compris qu'il n'était pas en mesure de s'opposer à la volonté américaine : « Si les États-Unis avaient accepté de collaborer avec nous, j'aurais décidé d'entrer en guerre. J'étais convaincu, comme je le suis aujourd'hui, que nous aurions pu raccourcir la durée de la guerre et, peut-être, en diminuer les dégâts. Puisque Bush refusait de collaborer avec nous, nous n'aurions pas pu prendre le risque de nous retrouver en situation de conflit armé avec nos Alliés, les Américains ainsi que les autres pays de la coalition. De plus, je pensais qu'il n'y avait pas de doute quant aux vainqueurs. Il était évident que les États-Unis et la coalition allaient gagner la guerre. On savait également que la guerre serait courte, et que les éventuels dégâts que subirait Israël seraient minimes. On devait choisir entre cela et les risques qu'entraînerait notre participation à la guerre. C'était la première et unique fois dans notre existence où nous avons pris une telle décision. Saddam Hussein avait clairement laissé entendre qu'il souhaitait détruire l'État d'Israël, le lancement des missiles Scud étant la première étape, et nous n'avons pas répliqué. »

Shamir a tout de même confié à Ehud Barak, alors adjoint au chef d'état-major de *Tsahal*, l'élaboration d'une riposte militaire : « J'étais chargé de la préparer au cas où nous en aurions besoin. Il y a eu un moment particulièrement dramatique lors d'une réunion du cabinet à Tel-Aviv le deuxième samedi après la première attaque de missiles. Certains ministres exigeaient vigoureusement une riposte immédiate. Les avions étaient techniquement prêts à décoller. Je me souviens d'une réunion que j'ai eue avec Shamir juste avant la session du cabinet. Shamir était là avec le ministre de la Défense et Dan Shomron ; on a dit à Shamir : "Nous allons vous proposer un plan d'attaque. À vous de prendre la décision finale."

Et j'ai ajouté : "Yitzhak, le choix est complètement entre tes mains. En tant qu'adjoint au chef d'état-major, mais aussi en tant qu'ancien chef des renseignements militaires, je crois que le mieux serait de s'abstenir et de ne pas s'impliquer dans cette guerre à ce stade."

Je n'étais pas favorable à une riposte militaire. »

Pour prévenir toute complication, Shamir a même rencontré le roi Hussein : « Nous avons demandé à la Jordanie de ne pas laisser l'armée irakienne passer sur son territoire. De son côté, le roi Hussein nous a demandé de ne pas survoler ou de faire un usage militaire du territoire jordanien. Nous étions tous les deux d'accord. »

Mais les dirigeants israéliens ont fixé une limite à cette non-intervention. « Nous avions très clairement précisé aux Américains, explique Shamir, qui ne s'y sont jamais opposés, que si nous étions attaqués par des armes non conventionnelles, nous riposterions. Et ils l'ont parfaitement admis. Il est vrai aussi que nous ne leur avons pas dit de quelle façon nous comptions riposter, avec quels moyens, ni surtout quel type d'armement nous utiliserions à cette occasion.

Je ne suis pas sûr que les Américains aient fait de leur mieux pour détruire les lanceurs des Scud afin de minimiser les dégâts en Israël. Je ne peux pas savoir s'ils ne voulaient pas ou ne pouvaient pas le faire. »

D'après Dennis Ross, l'administration américaine « savait pertinemment que si un certain seuil était franchi Israël ne pourrait plus s'abstenir. Lors des premières attaques, des rumeurs circulaient sur la présence de composants chimiques dans les missiles Scud, ce qui était complètement faux. Si l'Irak avait attaqué Israël avec des armes chimiques, il aurait été sans doute impossible d'éviter une riposte de leur part. Je crois que le point de non-retour a failli être franchi à deux reprises, au cours desquelles les membres du gouvernement israélien étaient d'avis qu'une riposte s'imposait. C'est Shamir qui les a retenus ».

Dan Shomron, le chef d'état-major de Tsahal, assure que toutes les hypothèses ont été envisagées : « J'ai rencontré le Premier ministre, en tête à tête et je lui ai dit : "Notre véritable problème concerne les armes non conventionnelles que l'Irak possède. »

C'est Shamir qui devait donner l'ordre d'attaquer ou non. Nos avions étaient en alerte permanente. Je ne savais pas quelle serait sa décision. Notre principale crainte était que Saddam Hussein fasse une deuxième erreur de jugement, semblable à celle qu'il avait commise en envahissant le Koweït. Qu'il décide, et nous étions sûrs qu'il en était capable, de nous attaquer pour se suicider." »

La décision de Shamir de ne pas riposter n'a pas fait l'unanimité parmi les dirigeants israéliens. Certains regrettent qu'Israël soit resté l'arme au pied, comme l'actuel président Ezer Weizmann : « En aucun cas, Israël n'aurait dû s'abstenir de riposter. On aurait dû prendre nos meilleurs pilotes, l'élite de nos forces, et attaquer. Et nous savions tous parfaitement quelle cible en particulier. Il fallait montrer au monde entier qu'on ne peut pas impunément envoyer des missiles sur nos têtes. Même si les États-Unis étaient contre. La décision qu'on a prise nous coûtera un jour très cher. »

Une quarantaine de missiles Scud irakiens s'abattront sur Israël au cours de la guerre du Golfe, mais ils feront peu de victimes et beaucoup de dégâts matériels. Les missiles antimissiles *Patriot* de l'armée américaine s'avéreront largement inefficaces. Israël aurait envisagé de lancer une attaque contre le désert oriental irakien au moyen d'une bombe à neutrons. Selon le journal l'*Observer*, l'opération était programmée pour le 28 février, le jour où... George Bush a ordonné le cessez-le-feu.

James Baker affirme ne pas avoir eu vent de cette opération : « J'ai du mal à croire que les Israéliens l'auraient fait. Cela aurait eu un énorme retentissement sur l'opinion publique mondiale. Bien que les Scud aient été quelque chose de terrible, ayant causé des destructions et des morts, ils n'ont jamais mis en danger l'existence même de l'État d'Israël. Les dirigeants israéliens le savaient. Je crois qu'un pays qui possède l'arme nucléaire ne l'utilisera qu'en cas de menace vitale pour sa sécurité." »

L'OLP dans un piège

La guerre du Golfe va plonger l'OLP dans une crise profonde. Près de 400 000 Palestiniens vivaient au Koweït au moment de l'invasion irakienne. L'émirat est aussi un bailleur de fonds important de la centrale palestinienne. Arafat y a même fondé son mouvement, le *Fatah*, en 1959.

Mais Saddam Hussein est populaire dans les territoires occupés. Ennemi déclaré de l'État d'Israël, son défi à l'Occident trouve un écho favorable chez les Palestiniens qui ne voient aucune perspective de règlement du conflit qui les oppose à l'État juif. Saddam Hussein offre de nombreuses facilités à une OLP privée de bases solides depuis son départ du Liban en 1982. Mais dans le même temps, il soutient le groupe Abou Nidal, opposant irréductible d'Arafat.

Le leader de l'OLP va se laisser enfermer dans un piège

qui a failli balayer l'OLP. Arafat refuse de condamner Saddam Hussein, espérant que le bras de fer engagé entre l'Irak et les États-Unis profitera à la cause palestinienne. « Quand j'ai appris que l'OLP et Arafat s'étaient ralliés à Saddam Hussein, rapporte James Baker, j'ai tout de suite pensé que c'était une grave erreur. Je le crois toujours et je pense que, ayant pris les décisions qu'ils viennent de prendre, eux-mêmes considèrent ce ralliement comme une erreur. »

L'OLP et les Palestiniens paieront très cher le soutien d'Arafat à l'Irak. Après la guerre, les pays du Golfe mettront fin à leur énorme contribution financière à l'OLP, entraînant ainsi les Palestiniens des territoires occupés dans une grave crise économique.

Yasser Arafat met en cause l'attitude des États arabes aux premiers jours de la crise, alors que, selon lui, l'OLP avait proposé d'entreprendre une médiation : « Nous n'avons fait que proposer nos bons offices afin d'obtenir le retrait des forces irakiennes du Koweït. Avant de rendre public notre soutien à l'Irak, nous étions en contact avec certains leaders arabes. Je ne veux pas les nommer pour ne pas les mettre dans l'embarras. Ils avaient approuvé notre initiative lorsque nous l'avons rendue publique. Mais personne n'y a prêté attention. »

Mais au fil des semaines, le soutien d'Arafat à Saddam Hussein sera de moins en moins nuancé, et l'OLP de plus en plus isolée. De nombreux dirigeants palestiniens reconnaissent que l'OLP n'a pas adopté la bonne position pendant cette guerre. « Dès le départ, affirme Bassam Abou Charif, j'étais contre l'invasion du Koweït. Alors que nous disions à l'Occident qu'il était nécessaire de mettre fin à l'occupation israélienne, de respecter notre droit à l'autodétermination, il devenait difficile à quiconque de défendre l'occupation d'un État par un autre. Dans mon esprit, le scénario était clair : après avoir frappé l'Irak, Bush se présenterait triomphant devant le Congrès et lancerait une initiative de paix au Moyen-Orient. Il nous incombait de protéger les intérêts de notre peuple afin que nous ne soyons pas écartés de ce qui se mijotait. Et, effectivement, c'est ce qui s'est produit. »

Deux poids, deux mesures. Les défenseurs de l'Irak ont accusé la communauté internationale d'avoir deux attitudes contradictoires : une attitude bienveillante à l'égard d'Israël qui occupe des territoires qui ne lui appartiennent pas et une attitude de fermeté vis-à-vis de l'Irak. En soutenant Saddam Hussein, Arafat pratique aussi cette politique duale mais à fronts renversés : résistance à l'occupation israélienne et bienveillance à l'égard de l'occupation irakienne.

Fayçal el-Husseini reconnaît que cette position était incohérente : « Nous sommes tombés dans un piège. Je crois qu'une position saine aurait été de dire, compte tenu de notre situation, qu'une occupation est une occupation. Il ne fallait pas sortir de cette logique. Je persiste à croire que l'erreur que nous avons commise est d'avoir parfois passé sous silence cet aspect du problème. »

Même ceux qui pensent que l'OLP ne devait pas soutenir la coalition anti-irakienne reconnaissent qu'une condamnation de l'occupation du Koweït s'imposait. Leïla Khaled fait partie de ceux-là : « Les Palestiniens auraient pu jouer un rôle de conseiller auprès de Saddam Hussein, l'empêchant, éventuellement, d'occuper le Koweït afin d'éviter à l'Irak tous les malheurs qui en ont découlé. C'est ce qu'a fait la Jordanie : soutenir l'Irak tout en condamnant l'occupation du Koweït. Mais entre soutenir les États-Unis et leurs Alliés, ou l'Irak, nous avons choisi de soutenir l'Irak. Ce sera toujours le cas. »

Certains dirigeants palestiniens estiment, en revanche, que l'OLP aurait dû appuyer l'action de la communauté internationale contre l'Irak, comme l'affirme Sari Nusseibeh : « En raisonnant froidement, il aurait fallu non seulement adopter une position de neutralité, mais aussi soutenir les Alliés contre l'Irak, afin de servir nos intérêts. Nous aurions dû nous aligner sur les pays du Golfe et le Koweït.

C'est un fait. Nous en avons souffert et continuons d'en souffrir en tant que Palestiniens et en tant qu'Arabes. »

Les tournées de James Baker

Après la guerre du Golfe, l'OLP est mise à l'écart du processus de négociations au Proche-Orient, qui s'engage sous la houlette de James Baker. La fin de la guerre du Golfe et la décomposition de l'Empire soviétique ouvre de nouvelles perspectives, une fenêtre d'opportunité pour l'instauration de ce que l'on appelle alors un « nouvel ordre mondial ». « Le président Bush et moi-même, explique Baker, avons considéré que nous étions en mesure de faire progresser le processus de paix au Proche-Orient. La guerre du Golfe représentait la défaite du radicalisme arabe dans la région. Avec la fin de la guerre froide et l'effondrement du communisme, la dynamique géopolitique changeait. On ressentait une réelle volonté de paix de la part de plusieurs pays arabes. Les États-Unis ont vu leur crédibilité croître auprès de nombreux gouvernements arabes. »

Baker renoue avec la « diplomatie de la navette » inaugurée presque vingt ans auparavant par son prédécesseur Henry Kissinger. Le secrétaire d'État américain effectue pas moins de huit tournées au Proche-Orient en huit mois pour mettre sur pied la conférence de Madrid. Baker est entouré d'une équipe de hauts fonctionnaires du département d'État, les « Baker's Boys », qui vont l'assister tout au long de son périple proche-oriental. Parmi eux, un homme, Dennis Ross, sera le véritable architecte de ce processus de paix. Baker ne tarit pas d'éloges sur celui qui fut la tête pensante de sa politique : « C'est un homme remarquable qui m'a énormément aidé. C'est un "accro" du processus de paix, c'est sa drogue. Tant que ce processus existera, il continuera à y être impliqué. »

Tout de suite après la fin de la guerre du Golfe, James Baker entame sa première tournée au Proche-Orient au cours de laquelle les grandes lignes de la conférence de Madrid vont être définies. C'est lors d'un dîner chez des amis israéliens que Dennis Ross dessine les contours du processus de paix : « J'y suis allé, pendant que Baker dînait en privé avec le Premier ministre Shamir. Nous avons parlé des transformations qu'avait subies la région suite à la guerre, ainsi que des possibilités nouvellement offertes. Nous avons effectivement parlé, dans les grandes lignes, de ce que nous voulions accomplir. Je crois que les objectifs à atteindre, dans leurs grands traits, ont été définis ce soir-là autour de la table. »

Les obstacles à franchir avant de pouvoir réunir la conférence de Madrid sont nombreux : la conférence doit-elle être régionale, comme le veulent les Israéliens, ou internationale, comme le veulent les pays arabes ? Quel doit être le rôle de l'ONU ? De l'Europe ? Comment composer la délégation palestinienne ? Que se passera-t-il après la conférence ? Autant de questions qui peuvent faire échouer le processus à tout moment.

Le génie de Baker et de son équipe va être de proposer une formule où chacun pourra y trouver son compte : « Les Arabes voulaient une conférence internationale, explique James Baker. Israël disait qu'il ne l'accepterait jamais. Mais Israël avait, dans le passé, donné son accord à une conférence de paix régionale. Nous pensions donc que si nous pouvions réunir une conférence de type régional, nous pourrions vendre l'idée aux Arabes en tant que conférence internationale et laisser les Israéliens la considérer comme une simple conférence régionale, qui évoluerait immédiatement vers des négociations directes et bilatérales. Telle était notre position. Il y en avait un peu pour tout le monde. »

Docteur No

Le Premier ministre israélien Yitzhak Shamir, que James Baker a surnommé « Docteur No », va être l'un des plus difficiles à convaincre. Mais, insiste Dennis Ross, « il fallait aussi convaincre tous les autres et pas seulement Shamir ». En particulier le président syrien Hafez el-Assad avec lequel les négociateurs américains devront parfois discuter plus d'une dizaine d'heures sans interruption. Le Bismarck du Proche-Orient, comme certains l'ont surnommé, aime à se livrer à de longues digressions historiques.

« Il fallait trouver une formule, souligne Dennis Ross, qui soit adaptée aux besoins de tous les participants. Je crois que la tâche a été facilitée à la mi-juillet lorsque les Syriens ont accepté une formule de compromis, que nous avons proposée dans le but de résoudre deux problèmes clés en matière de procédure. Le premier était le problème du consensus. Nous avons proposé qu'une nouvelle réunion ait lieu seulement si l'on arrivait à un consensus. Le second problème concernait le rôle de l'ONU : nous avons proposé qu'elle soit présente en tant qu'observateur, sans le droit à la parole. Les Syriens se sont opposés à ces propositions. Mais quand les Syriens ont enfin donné leur accord, Shamir a donné le sien. »

Selon James Baker, l'accord syrien a bien été la clé du déblocage du processus : « Lorsque le président Assad a accepté de venir à Madrid, de discuter avec Israël et, ce faisant, d'abandonner les anciennes positions arabes, il est devenu impossible pour Shamir de dire non. Nous lui avons vraiment fait une offre qu'il ne pouvait pas refuser. Je ne suis pas certain qu'il ait voulu venir à Madrid. En fait, je crois qu'il aurait préféré ne pas s'y rendre. »

Les Américains ont mis Shamir au pied du mur. « Shamir était obligé d'accepter, affirme Peres. De toute façon, il devait faire un pas en avant, pour montrer qu'il s'intéressait à la paix. Mais il avait en face de lui la détermination de James Baker, qui n'était pas exactement le genre d'homme qui se contente de réponses évasives. »

Shamir acceptera de se rendre à Madrid, mais auparavant il restait une question à régler : la composition de la délégation palestinienne. Le Premier ministre israélien ne veut pas être assis en face d'une délégation de l'OLP. Pas plus qu'il n'entend que les Palestiniens aient une représentation propre. La délégation sera jordano-palestinienne ou ne sera pas. Autrement dit la quadrature du cercle, comme l'explique Dennis Ross : « Nous ne pouvions pas nous permettre de nous retrouver dans la position où les Israéliens choisiraient les personnes qui seraient incluses dans la liste. Dans ce cas, aucun Palestinien ne serait venu. Cependant, les Israéliens avaient besoin de savoir si les personnalités qui allaient constituer la délégation étaient acceptables pour eux. Nous avons défini des critères que la délégation palestinienne devait accepter, c'est-à-dire s'engager dans des négociations, refuser la violence, etc. Nous avons fixé cela assez tôt. Il restait un problème. Comment satisfaire les exigences israéliennes sans que les Palestiniens aient l'impression qu'Israël faisait la loi ? Finalement, nous avons décidé que les Palestiniens nous donneraient une liste de personnes, que nous l'approuverions, et que nous la transmettrions aux Israéliens. Ce sont les Palestiniens qui ont établi la liste. Mais ils ont évité d'y inclure une personne qui pourrait constituer un problème pour les Israéliens. Le Premier ministre Shamir était prêt à accepter cette démarche. »

La lettre dans le classeur

Dès sa première tournée au Proche-Orient au mois de mars 1991, James Baker rencontre une délégation palestinienne au consulat américain à Jérusalem, composée, entre autres, de Fayçal el-Husseini, Hanane Ashraoui, Haïdar Abdel Chafi et Saeb Erekat. Officiellement, aucun n'est membre de l'OLP, mais au début de chaque rencontre ils déclarent agir avec l'autorisation d'Arafat. Une manière de ne pas se soumettre au *diktat* de Shamir, qui ne veut en aucun cas discuter avec l'OLP. « Dès notre première rencontre avec Baker, raconte Saeb Erekat, nous lui avons dit que nous étions des délégués de l'OLP, que nous étions là, en face de lui, parce que l'OLP nous l'avait demandé, et que, si nous parlions au nom du peuple palestinien, c'était avec l'accord de l'OLP. Shamir était beaucoup plus concerné par les apparences et la forme que par le fond. Notre objectif était d'utiliser ce processus comme un moyen de donner une légitimité à l'OLP et de l'introduire dans le processus de paix. »

Mais le secrétaire d'État américain fera mine d'ignorer le blanc-seing d'Arafat : « Au début de chaque rencontre, ils me remettaient une lettre certifiant qu'Arafat les autorisait à me rencontrer. Je la prenais et la glissais dans un classeur. »

Les négociations entre Baker et les Palestiniens sont souvent tendues. « La première rencontre s'est très mal passée », se souvient James Baker. Le contentieux de la guerre du Golfe pèse sur les entretiens. Les Américains ne pardonnent pas à Arafat le soutien qu'il a apporté à Saddam Hussein. Ce qui donne lieu à quelques passes d'armes, comme le raconte Saeb Erekat : « Lors de la première réunion, Baker est entré avec l'intention de nous faire porter la responsabilité de tous les problèmes de la région. Comme si c'était nous qui avions envahi le Koweït ! Il m'a dit : "Vous avez parié sur le mauvais cheval."

J'ai alors sorti un papier de ma poche en lui disant : "Si cette lettre ne nous avait pas été adressée par Arafat, nous ne vous aurions jamais reçus." Baker m'a demandé d'éviter de rendre cette lettre publique. Je lui ai répondu : "Nous ne sommes ni assis sous une tente à Safouan, ni des généraux irakiens que vous convoquez pour leur dicter vos conditions. Ce n'est pas à vous ni à quiconque de nous dire ce que nous devons faire. Nous recevons nos instructions d'Arafat." »

À une autre occasion, Baker va affubler Arafat du sobriquet "clown de Tunis". Cette fois, c'est Fayçal el-Husseini qui lance au secrétaire d'État : « Je voudrais vous dire, M. Baker, que notre relation sera de longue durée. Elle aura des hauts et des bas. Il nous arrivera de nous entendre et de nous affronter. Mais je voudrais vous dire que le ton que vous avez employé avec nous à propos de nos dirigeants, nous le refusons totalement et, à l'avenir, nous ne l'accepterons sous aucun prétexte.

Baker a alors répondu, poursuit Fayçal el-Husseini, qu'il était très heureux que nous ayons compris les points qu'il avait évoqués, et il s'est excusé pour ce qu'il avait dit et nous a assuré qu'il n'utiliserait plus de telles méthodes avec nous. »

En dépit de l'animosité de l'administration américaine à l'égard d'Arafat après la guerre du Golfe, elle va néanmoins apporter son concours lorsque, en octobre 1992, l'avion du président de l'OLP s'écrase dans le désert libyen : « J'ai contacté la Maison Blanche et les ministres des Affaires étrangères britannique et français, rapporte Bassam Abou Charif, les réveillant pour leur demander de nous aider à déterminer la position de l'avion. Lorsque j'ai demandé la Maison Blanche, ce n'était pas pour parler avec Bush, mais pour parler avec Carter via la Maison Blanche. J'ai ensuite demandé au président Carter d'intervenir auprès du président Bush, afin que les satellites américains, dont je sais qu'ils surveillent la Libye, nous renseignent sur la position de l'avion. Et quatorze minutes après notre entretien, ils nous ont fourni les coordonnées. »

En dépit de leur position de faiblesse, les Palestiniens sont bien décidés à ne pas se laisser traiter comme des acteurs de seconde zone. Cependant, ils ont bien conscience qu'ils n'ont pas d'autre choix que de participer au processus que les Américains ont décidé d'engager, même si les conditions qui leur sont proposées sont loin, très loin de satisfaire leurs revendications. « Le sentiment était que si nous ne faisions pas cet essai, nous pourrions être isolés pour de très longues années de toute évolution politique au Moyen-Orient », souligne Fayçal el-Husseini.

D'autant que la perspective de la négociation, et donc

des concessions, pousse le gouvernement Shamir à accélérer la colonisation des territoires occupés, afin de créer le plus possible de faits accomplis. Chaque arrivée de James Baker en Israël est ponctuée de nouvelles implantations, au grand dam des Palestiniens qui le lui font savoir, comme Haïdar Abdel Chafi qui demande à Baker s'il n'y a pas une contradiction entre la paix et les implantations : « Baker a répondu que oui, raconte Abdel Chafi, il y a bien incompatibilité entre la colonisation et la paix. Ma question fut donc de savoir si le gouvernement américain était prêt à agir pour amener Israël à suspendre sa politique de colonisation. Baker répondit qu'il était désolé de devoir dire qu'il ne pensait pas que le Congrès américain prendrait une telle décision.

"De quoi parlons-nous ?" lui ai-je demandé. Il a alors répondu qu'il n'y avait devant nous qu'une seule route, celle de se mettre autour d'une table de négociations afin que, progressivement, ces négociations nous mènent au but souhaité. Évidemment, je n'étais pas du tout convaincu, mais j'ai estimé que, du fait qu'ils étaient le parrain officiel du processus de paix, les États-Unis prendraient des décisions qui conduiraient Israël à interrompre sa politique de colonisation et à s'intégrer au processus de paix. »

Cette question sur les implantations, les Palestiniens la posent au début de chaque rencontre avec Baker : « Ils souhaitaient surtout exprimer leur colère et nous faire comprendre les dangers de la colonisation et les difficultés que présentait l'occupation israélienne. Tout cela se comprend, évidemment. Mais mon but était d'organiser la conférence et de lancer des négociations qui puissent évoluer vers la paix. Feyçal el-Husseini arrivait avec Hanane Ashraoui. Il avait l'habitude de déplier une carte pour me montrer une série de taches orange. Il avait marqué au feutre orange toutes les colonies israéliennes de Cisjordanie. Il commençait alors à se lamenter, me prenant à témoin : "Regardez... Regardez... Tout est orange."

Finalement, après plusieurs rencontres, je lui ai dit :

“Fayçal, je comprends très bien ce que vous dites, mais si on continue comme ça, lors de notre prochaine rencontre, vous me sortirez la même carte, mais à ce moment-là, elle sera entièrement orange. On devrait peut-être laisser votre carte de côté pour le moment, et chercher ensemble quelles sont les chances de pouvoir un jour échanger ces territoires contre un accord de paix.” »

Fayçal el-Husseini explique que cette démarche avait pour but d’obtenir de Baker « un papier qui garantisse notre position politique et qui nous aide à nous défendre vis-à-vis des Israéliens. Je lui ai dit, au début de l’un des entretiens que nous avons eus ensemble : “Monsieur Baker, en ce moment, vous parlez avec un homme mort, un mort en sursis. Je sais que les Israéliens et la droite israélienne préparent mon assassinat et je suis persuadé qu’ils réussiront un jour” ».

Après un certain nombre de rencontres, l’atmosphère finit par se détendre entre les Palestiniens et Baker. La très forte personnalité de Baker ne laisse pas d’intriguer ses interlocuteurs, comme le confie Hanane Ashraoui : « Je me posais de nombreuses questions sur cet homme qui venait de s’introduire dans un conflit aussi compliqué, qui venait à son tour mettre les pieds dans ce que j’appelais un champ de mines, l’endroit le plus explosif de la planète. Dès les premières minutes, j’ai senti que nous avions en face de nous quelqu’un qui avait une très forte personnalité. Des yeux vifs, un regard aigu, froid, presque glacial. Mais une intelligence hors du commun. Il nous a quand même donné l’occasion d’évoluer et de nous exprimer en toute franchise et sans mondanités.” »

Au mois d’octobre 1991, James Baker finit par obtenir l’accord de tous les protagonistes pour l’organisation d’une conférence parrainée par les États-Unis et l’URSS. Ce sera d’ailleurs la dernière participation de l’Union soviétique et de son président Mikhaïl Gorbatchev à un grand événement international. Quelques semaines plus tard, le système soviétique, qui a pratiquement cessé d’exister depuis le putsch avorté du mois d'août, aura disparu de la scène internationale et laissé ainsi le champ libre aux États-Unis. Au Proche-Orient, comme ailleurs dans le monde, ce changement est décisif car la guerre froide avait rendu presque impossible toute tentative de règlement global du conflit israélo-arabe. Mais la disparition de l'affrontement Est-Ouest ne va pas pour autant résoudre les problèmes du Proche-Orient. Loin s'en faut.

Pour pouvoir être admis à la conférence de Madrid, les Palestiniens ont dû faire une ultime concession : non seulement leurs représentants feront partie d'une délégation jordano-palestinienne et ne pourront se réclamer de l'OLP, mais, en outre, aucun délégué résidant à Jérusalem-Est ne sera admis à la table des négociations. Shamir est inflexible sur ce point. Ce qui exclut Fayçal el-Husseini et Hanane Ashraoui de la délégation. « Tous ceux que j'ai pu joindre, témoigne Fayçal el-Husseini, les pays arabes, les pays européens, tous les ministres des Affaires étrangères m'ont conseillé de continuer, à n'importe quelle condition. Nous sommes parvenus à une solution : je serai le chef de toute la délégation, tout le monde traitait avec moi sur cette base, mais je ne pouvais pas être à la table des négociations. »

Pour la première fois depuis 1947, les Palestiniens sont admis à participer, à part presque entière, à la construction de l'avenir du Moyen-Orient. Personne ne veut manquer cette occasion. La composition de la délégation s'annonce difficile, comme le rapporte, non sans humour, Hanane Ashraoui : « On racontait l'histoire suivante sur la délégation palestinienne : lorsqu'elle partira à Madrid, ceux qui resteraient en Palestine prendraient un minibus pour venir nous faire leurs adieux.

Tout le monde voulait faire partie de la délégation. C'était devenu une affaire politique, une affaire personnelle. Il y avait un comité de direction qui représentait directement la délégation auprès des officiels et de l'administration américaine. Il était composé de ceux qui étaient originaires de Jérusalem et donc interdits de participation, tels que moi-même, Feyçal et un groupe d'autres personnes qui nous accompagnaient, ainsi que des représentants politiques. La délégation comprenait, par ailleurs, le groupe des négociateurs qui avaient été choisis en fonction de leurs compétences, de leur appartenance politique ou encore parce qu'ils représentaient une ville, un certain village, un camp de réfugiés.

Nous avons donc formé une délégation de quatorze personnes, à laquelle s'ajoutaient les membres du comité de direction, le groupe de ceux qui avaient participé à l'organisation, ainsi que les comités stratégiques.

Enfin, nous avions aussi un imposant groupe de conseillers, au rôle assez flou. C'était une sorte de lot de consolation pour tous ceux, et ils étaient nombreux, qui n'ont pas pu faire partie de la délégation, Arafat les avait tous nommés "conseiller personnel de la délégation". Il y avait donc un tout petit groupe de délégués, et une foule de conseillers. Et nous sommes tous partis ensemble pour Madrid. Sur place, nous avons très vite constaté que la plupart des personnes n'avaient rien à faire. »

Haïdar Abdel Chafi a été désigné pour présider la délégation palestinienne à Madrid, à son grand étonnement : « Je ne m'attendais pas à ce qu'on me "demande". Après les réponses de Baker sur la question de la colonisation, je me suis retiré et je n'ai plus participé aux réunions avec lui. J'ai considéré que je n'avais plus de rôle à jouer dans ce processus. J'ai essayé de refuser, mais la pression était trop forte parce qu'il y avait unanimité autour de ma personne. C'est pour cette raison que j'ai accepté d'y participer. »

Le face-à-face

La conférence s'ouvre le 30 octobre 1991 à Madrid. À côté de l'URSS et des États-Unis, tous les pays du Moyen-Orient sont représentés, à l'exception de l'Iran et de l'Irak.

Yitzhak Shamir a exigé, par un engagement écrit, que le mot OLP ne soit pas prononcé.

La conférence manque de s'ouvrir sur un incident. L'un des délégués palestinien, Saeb Erekat, porte le traditionnel keffieh dont se paraient aussi les *fedayin*. Pour les autres participants, l'attitude d'Erekat frise la provocation : « Ce qui me désole, confie Erekat, c'est que de nombreux pays arabes sont intervenus pour me demander de l'enlever... Il était désolant de voir que la réussite du processus de paix dépendait d'un keffieh ! Trois jours après Madrid, nous avons tous été, en délégation, à Alger pour rencontrer le président Arafat. Après l'avoir embrassé, je lui ai dit : "C'est à cause de ce keffieh qu'on t'a empêché de participer à la conférence. Mais grâce à lui, tu y es entré, sur mes épaules, et je voudrais que tu le gardes." Et je le lui ai offert. »

Mais même au sein de la délégation palestinienne, le keffieh de Saeb Erekat ne fait pas l'unanimité : « Je n'étais pas vraiment d'accord pour que Saeb fasse cette démonstration, de cette façon-là », rapporte Abdel Chafi.

Shamir et Abdel Chafi, qui appartiennent tous deux à la même génération, se font face : « Alors qu'on était encore assis autour de la table, avant que je n'aille vers la tribune, Shamir était en face de moi. Je regardais son visage renfrogné et, d'ailleurs, je ne lui ai pas adressé la parole une seule fois. Il me surveillait et, de temps en temps, il se retournait vers les gens qui l'entouraient pour leur parler. On m'a rapporté plus tard que Shamir aurait dit que c'était sans doute une erreur de n'avoir pas invité l'OLP à venir parler au nom du peuple palestinien. »

Au cours de son discours, Shamir insiste sur le droit historique des Juifs sur la terre d'Israël et sur les agressions dont Israël a été l'objet depuis sa création en 1948. Abdel Chafi répond en soulignant les souffrances du peuple palestinien soumis à l'occupation israélienne. Son discours a été écrit par Hanane Ashraoui. « Il y a eu une discussion, explique Abdel Chafi, pour décider s'il fallait faire le discours en arabe ou en anglais. Je crois qu'Arafat tenait à ce qu'il soit fait en arabe. J'étais personnellement d'un avis contraire. Ce discours ne s'adressait pas uniquement au peuple palestinien, ni au monde arabe, il était destiné au monde entier. Finalement, l'anglais fut choisi. Je lisais mon texte en regardant Shamir, qui semblait gêné. C'était vraiment une occasion unique de pouvoir ainsi exposer avec force le drame des Palestiniens. »

Le Premier ministre israélien n'a évidemment pas accueilli le discours d'Abdel Chafi avec enthousiasme : « J'y ai prêté attention, mais son discours ne m'a pas surpris. C'était un discours inspiré par l'OLP. Il n'y avait aucune différence entre son style et celui d'Arafat à d'autres occasions. J'ai essayé d'être modéré, mais je leur ai dit, ouvertement, qu'ils ne pouvaient pas s'attendre à des compromis territoriaux de notre part. Mais il a été beaucoup plus véhément que moi. »

Personne n'est dupe du jeu du Premier ministre israélien : « C'était le comble de l'hypocrisie, souligne Yossi Beilin. Shamir était assis en face d'Abdel Chafi et essayait de se persuader qu'il ne discutait pas avec l'OLP, alors que c'était le même Abdel Chafi qui avait créé l'OLP, en 1964, à Jérusalem-Est. Il était même bien plus extrémiste qu'Arafat. »

Bien que les délégués palestiniens n'aient pas le droit de rencontrer des membres de l'OLP en vertu de la loi israélienne, une liaison permanente est établie avec Arafat : « Quand on venait me poser des questions, explique Yasser Arafat, je répondais que, selon nos statuts, tout Palestinien est membre de l'OLP. Et que, même si nous n'avions aucune relation avec elle, la délégation palestinienne dépendait tout entière de l'OLP. »

La délégation se rend même à deux reprises, de nuit et en secret, à Tunis et à Alger pour s'entretenir avec Arafat : « En fin de journée, la totalité de la délégation palestinienne quittait Madrid à destination d'Alger, pour informer Yasser Arafat. Nous étions obligés de voyager de nuit, secrètement. À Alger, nous avions une réunion, puis nous reprenions l'avion avant l'aube, pour pouvoir être à Madrid tôt le matin. Il y avait aussi les réunions du comité de direction dont j'étais membre, qui se tenaient à Tunis. Mais secrètement, sinon nous étions bons pour les tribunaux israéliens. »

Le secret n'est que de polichinelle. « C'était une sorte de jeu, reconnaît Saeb Erekat : "Je sais que tu sais, et tu sais que je sais, mais faisons comme si ni toi ni moi n'étions au courant." »

Même Shamir avoue aujourd'hui : « Nous nous étions opposés à la présence de membres de l'OLP. En réalité, s'ils n'assistaient pas physiquement à la conférence, nous savions qu'ils participaient en secret aux discussions. »

La conférence de Madrid n'a évidemment réglé aucun des contentieux entre Israël, les Palestiniens et les États arabes. « La conférence de Madrid, déplore Saeb Erekat, n'a été, en définitive, qu'une occasion pour les joutes médiatiques de Hanane Ashraoui et de Netanyahou, car les négociations en étaient réduites aux effets de manches. C'étaient des discussions plutôt ennuyeuses. »

Mais, tout de même, pour la première fois, tous les protagonistes du conflit se sont retrouvés autour d'une même table : « On a mis fin à un tabou, analyse James Baker. Les Arabes et les Israéliens n'avaient jamais pu discuter les uns avec les autres. Pour la première fois dans l'histoire, les pays arabes étaient assis face à Israël. Pour la première fois, surtout, les Israéliens rencontraient une délégation palestinienne. C'était un immense pas en avant. Sans Madrid, nous n'aurions jamais connu les progrès de ces dernières années. »

Même Yitzhak Shamir se réjouit des résultats de la conférence de Madrid : « L'URSS, la Chine et l'Inde ont alors décidé d'établir des relations diplomatiques avec nous. Beaucoup d'autres pays se sont joints à eux. La conférence a instauré une tout autre ambiance. »

Le bras de fer

Le Premier ministre israélien n'est pour autant pas disposé à changer de politique. Il développe les implantations dans les territoires occupés. Il aurait même déclaré qu'il était prêt à faire traîner les négociations pendant dix ans. Shamir dément avoir fait une telle déclaration : « Un journaliste me l'a attribuée. Je n'ai pas spécifié de durée. Il a prétendu que je voulais faire durer les négociations. Ce n'était pas mon objectif. Mais j'ai dit que j'étais prêt à de très longues négociations, comme il est d'usage dans ce type de conférence internationale. J'espérais pouvoir obtenir de bons résultats au fil du temps. »

En tout état de cause, les Américains veulent obtenir des progrès rapides du processus de paix ; ce que Shamir n'est pas prêt à leur offrir. D'autant plus que l'année suivante sera une année électorale aux États-Unis et en... Israël.

Un bras de fer va alors s'engager entre l'administration Bush et Shamir. Le Premier ministre israélien a besoin d'une garantie américaine pour obtenir un prêt de 10 milliards de dollars. Cet argent doit servir à l'intégration des Juifs soviétiques arrivés massivement (près de 250 000 entre 1988 et 1991) depuis que Mikhaïl Gorbatchev les a autorisés à partir. Or ce prêt est vital pour Shamir, car les Juifs soviétiques pourraient bien être les arbitres des prochaines élections générales israélien-nes. Mais cette fois, trop confiant dans le soutien du lobby juif américain, Shamir va se heurter à un mur.

Bush et Baker sont décidés à faire de l'arrêt de la colonisation la condition *sine qua non* à l'octroi du prêt de 10 milliards de dollars. Si Shamir ne cède pas, ils se débarrasseront de lui. « À l'issue de la guerre du Golfe, explique William Quandt, les choses se présentaient autrement. C'est à ce moment-là, je crois, qu'ils ont développé une stratégie pour en finir avec Shamir. Il n'était pas difficile de constater, au début de l'automne 1991, la mise en œuvre d'une telle stratégie. Nous n'avons pas seulement refusé le prêt. Nous avons imposé des conditions que nous savions inacceptables pour Shamir, mais qui pouvaient éventuellement être acceptables pour Rabin : l'arrêt de la colonisation. Nous avons clairement misé sur ces nouveaux immigrants [russes] pour qu'ils votent contre Shamir, en leur faisant comprendre que c'était lui qui s'opposait à leur bien-être. Telle était la stratégie de la Maison Blanche. Shamir a facilité tout cela, bien sûr, il était tellement impopulaire aux États-Unis. Il était "Monsieur Non". Même les groupes pro-israéliens aux États-Unis avaient du mal à avoir de l'enthousiasme pour lui. »

Shamir avait effectivement sous-estimé l'opposition à sa politique à l'intérieur même de la communauté juive américaine, comme il le reconnaît aujourd'hui : « Nous avions beaucoup d'amis aux États-Unis qui se seraient opposés à une politique anti-israélienne. Mais ils se sont en fait opposés à ma politique. Bush ne voulait pas nous accorder le soutien financier nécessaire à l'absorption de l'immigration russe. Mais nous avons résisté à la pression. Je suis sûr que, si nous avions remporté les élections, ils auraient accepté notre ligne de conduite et nous auraient accordé les garanties qu'ils avaient refusé de nous donner. »

Bush et Baker ont fait un pari en entreprenant cette épreuve de force avec Shamir. Un gouvernement israélien, quel qu'il soit, et malgré la puissance du lobby juif, ne peut pas se permettre d'avoir de mauvaises relations avec les États-Unis. C'est cela qui, selon James Baker, a provoqué la défaite de Shamir aux élections : « En Israël, un gouvernement qui souhaite survivre doit maintenir des relations correctes avec les États-Unis. Je crois que notre refus du prêt a permis la tenue de la conférence de Madrid, mais il a surtout influencé les résultats des élections en Israël. Il n'était pas destiné à jouer ce rôle. Nous ne nous étions pas dit : le refus du prêt aura pour effet l'arrivée au pouvoir d'un gouvernement plus favorable à la paix. Nous avons simplement dit à Shamir : "Si vous attendez de nous ces 10 milliards, en plus des 3 milliards que nous

1991. Beersheva
Yitzhak Shamir et le général Dan Shomron

Février 91. Missiles Scuds irakiens sur Tel Aviv

Le roi Hussein de Jordanie et Shimon Peres

1994. Shimon Peres, Warren Christopher
et le roi Hussein de Jordanie

Jérusalem. Yitzhak Rabin et Shimon Peres à la Knesset

Septembre 1993. Washington-Maison Blanche
Poignée de mains entre Yitzhak Rabin et Yasser Arafat

1994. Ehud Barak, Yitzhak Rabin et Yossi Beilin

Mai 1994. Le Caire
Arafat, le roi Hussein de Jordanie,
le Président Moubarak, Rabin et Peres

Grève à Hebron

Contrôle d'identité à Gaza

1994. Attentat du Hamas contre un bus à Jérusalem

1994. Jérusalem
Manifestation contre Rabin

4 novembre 1995. Tel Aviv
La place des Rois d'Israël après l'assassinat de Rabin

Droite : Mai 1996. Campagne électorale de Benyamin Netanyahou
Gauche : Mai 1996. Campagne électorale de Shimon Peres

1997. Saeb Erekat et Dan Shomron négocient
sous l'œil de Dennis Ross

1997. Washington
Petit déjeuner à la Maison Blanche : Bill Clinton, Yasser Arafat,
Hussein de Jordanie et Benyamin Netanyahou

donnons chaque année à Israël, on est en droit, de notre côté, d'espérer vous voir accorder un minimum d'intérêt, de respect, envers la ligne politique choisie par les États-Unis. Et cette ligne politique s'oppose fermement à la colonisation des territoires."

Au lieu de nous donner raison, le gouvernement israélien nous a dit : "Si c'est comme ça, nous allons vous battre au Congrès. Il vous obligera à nous donner ces 10 milliards."

La fine fleur du lobby pro-israélien, poursuit Baken, a commencé à arpenter les couloirs du Congrès. C'est un lobby très puissant. Ils réunissent beaucoup d'argent pour les campagnes électorales. Ils peuvent être très serviables, financièrement parlant. Mais ils sont aussi en mesure de pénaliser des sénateurs ou des membres du Congrès qui "votent mal" sur des sujets importants. C'est une force électorale très efficace, qui a une grande influence, notamment dans le domaine législatif. Beaucoup de personnes ignorent le fait que les citoyens américains offrent chaque année 1 000 dollars à chaque citoyen israélien. Beaucoup d'Américains vous diraient qu'il serait mieux d'offrir ne serait-ce que 100 dollars à chaque citoyen américain. Mais nous les avons battus. J'imagine que cela a été une grande surprise. Pour eux. On ne doit pas prendre les Américains pour des idiots. »

Malgré l'âpreté de cette bataille, James Baker conserve un bon souvenir de ses relations personnelles avec Shamir : « Shamir était le seul membre du gouvernement israélien en qui j'avais confiance. Je pouvais lui dire des choses sans les trouver le lendemain dans la presse israélienne. Il était le seul. Et il tenait ses promesses. Shamir était un dur, un récalcitrant et un têtu, mais c'était ce qu'il croyait devoir être. Il était difficile de négocier avec lui. C'était, de mon point de vue, un adversaire remarquable. J'avais beaucoup de respect pour sa personne, et mon opinion n'a pas changé. »

Shamir éprouve, lui, une rancune tenace envers le président Bush : « Il était à l'origine de toute l'idéologie que nous combattions. Sa philosophie tenait en un mot : il était convaincu que les Arabes avaient raison, que toutes leurs exigences territoriales étaient justifiées et que nous devions rendre tout ce que nous avions pris en 1967. Je lui ai clairement dit que nous nous y opposions vigoureusement et que nous continuions à penser que ces terres et ce pays nous appartenaient. Notre principal adversaire a toujours été Bush, et non pas Baker. Baker ne faisait qu'exécuter sa politique. »

L'administration Bush aura finalement raison de Shamir. Au mois de juin 1992, le Premier ministre israélien perd les élections. Selon l'un des conseillers de James Baker, la chute de Shamir lui aurait fait plus plaisir que celle de Sadam Hussein.

Yitzhak Rabin lui succède. Et... l'administration américaine accorde à Rabin les garanties bancaires pour le prêt de 10 milliards de dollars qu'elle avait refusé à son prédécesseur. Cinq ans d'Intifada ont fait 2000 morts et 17000 blessés chez les Palestiniens. Mais le soulèvement populaire s'est doté d'une direction, et les Palestiniens de l'intérieur ont mis sur pied l'infrastructure d'un État en voie de formation. Rabin, qui jouit d'une immense popularité, va tendre la main aux dirigeants de l'Intifada qu'il avait eu à combattre en tant que ministre de la Défense.

Pendant le bras de fer entre Bush et Shamir, le processus de paix s'est enlisé. Les espoirs formés à Madrid n'ont pas vraiment été concrétisés.

En outre, George Bush et James Baker, une fois la victoire de Rabin acquise, sont plus préoccupés par l'élection présidentielle américaine à venir que par le processus de paix. Baker démissionne d'ailleurs du département d'État pour se consacrer à la campagne électorale de son « ami de trente ans ». Mais il aura moins de succès qu'au Proche-Orient. Bush est battu au mois de novembre. Bill Clinton, le plus jeune président jamais élu aux États-Unis, le remplace.

Pendant ce temps, les négociateurs israéliens et palestiniens comprennent que la méthode mise en œuvre depuis Madrid est insuffisamment productive. Il va falloir explorer d'autres voies.

9

EN PASSANT PAR OSLO

1992-1993

Qu'y a-t-il de commun entre la paisible capitale norvégienne et l'Orient compliqué et explosif ? Rien ou presque. Si ce n'est qu'elle abrite un institut de recherche en sciences sociales dirigé par un homme qui se passionne pour cette région du monde. Grâce à Terje Larsen, Oslo va devenir le théâtre de l'un des événements les plus importants de cette fin du XXe siècle : l'instauration de la paix entre Israël et les Palestiniens. Ou du moins ses premiers pas.

Alors que la campagne électorale israélienne pour les élections législatives bat son plein, Terje Larsen propose ses services à Yossi Beilin, le conseiller de Shimon Peres, pour le cas où : « Je l'ai rencontré le 29 avril 1992, raconte Beilin. Il était en train de mener une recherche sur les conditions de vie des réfugiés à Gaza. Il m'a dit : "Si vous arrivez au pouvoir et que vous souhaitez créer un canal de négociations secrètes avec les Palestiniens, vous pourrez compter sur nous. Nous pouvons le faire. Nous pouvons vous soutenir financièrement et vous recevoir."

"Écoutez, lui ai-je répondu, il sera impossible de faire quoi que ce soit sans passer par une étape de ce type. J'ai personnellement participé à des négociations secrètes. Je suis convaincu que, si nous gagnons les élections, nous aurons besoin de votre soutien." »

Au mois de juin de la même année, Rabin gagne les élections, Peres est nommé ministre des Affaires étrangères et Beilin devient son adjoint. Dans un premier temps, Rabin veut poursuivre le processus engagé à Madrid. Des négociations bilatérales se tiennent à Washington. Rabin entend progresser dans ce cadre. Sa priorité semble être de discuter avec les Syriens.

Dans la capitale américaine, les négociations avec les Palestiniens s'enlisent. La délégation palestinienne ne dispose pas du pouvoir de décision. « Lorsque le parti travailliste est arrivé au pouvoir, souligne Saeb Erakat, il a très vite compris que notre délégation, de par sa composition, son contexte et sa nature, n'aurait jamais le pouvoir de négocier les questions primordiales. C'est pourquoi il était absolument nécessaire de créer un deuxième canal parallèle. En réalité, on avait commencé à en parler dès les premiers jours de Madrid. »

Les Palestiniens tentent de persuader des personnalités proches du parti travailliste que le gouvernement Rabin doit négocier directement avec Arafat. Yaïr Hirschfeld est l'un de ces intermédiaires entre les Palestiniens et le gouvernement. Cela fait déjà longtemps qu'il a établi, pour le compte de Peres, des canaux secrets avec les Palestiniens : « Je me suis occupé du problème palestinien avec Shimon Peres et Yossi Beilin de 1981 au début 1982. En 1982, j'ai dirigé, au nom de Peres et Beilin, les discussions avec les dirigeants palestiniens en Cisjordanie et à Gaza. À partir de 1988, j'ai parlé, en tant que membre de l'Académie, et non pas comme fonctionnaire du gouvernement, avec Hanane Ashraoui et Fayçal el-Husseini, et nous cherchions ensemble un point de départ pour des négociations officielles. »

Au lendemain de l'élection de Rabin, Yaïr Hirschfeld a une conversation avec l'universitaire palestinien Sari Nusseibeh qui lui dit : « Yaïr, si le gouvernement israélien est sérieux et souhaite véritablement arriver à un accord, il doit faire trois choses. Il doit parler à Arafat, pour des raisons psychologiques et politiques très claires, il doit parler à Abou Mazen, pour des raisons administratives (Abou Mazen était responsable de l'administration de l'OLP), et il doit parler à Fayçal el-Husseini pour des raisons d'ordre pratique. Vous devez discuter avec ces trois hommes. Tout ira bien si vous acceptez de le faire... »

Rendez-vous à Londres

À la fin de l'année 1992, Yaïr Hirschfeld demande à Hanane Ashraoui de lui établir un contact avec l'OLP. « J'ai alors réfléchi, raconte Hanane Ashraoui, à la personne qui pourrait être la mieux qualifiée pour accomplir cette mission au sein de l'OLP. Quelqu'un qui suivait les négociations multilatérales mais avait en même temps des compétences en économie. Cette personne ne pouvait être qu'Abou Ala. Je l'ai rencontré car le comité de direction devait se réunir à Londres. Et j'ai essayé d'organiser une première entrevue à Londres, en marge du comité de supervision des négociations multilatérales. »

Selon Hirschfeld, « Ashraoui a effectivement appelé Akram Anieh à Tunis, qui en a ensuite parlé à Arafat. Arafat a donné son autorisation pour cette rencontre. C'est moi qui ai décidé de rencontrer Abou Ala. C'était illégal. » En effet, la loi interdisant tout contact avec un membre de l'OLP ne sera abolie qu'au mois de janvier 1993.

Mais dans un premier temps, Abou Ala s'est montré réticent : « Hanane Ashraoui m'a contacté, ainsi que Fayçal el-Husseini, pour me convaincre. J'étais hésitant car avant cette date, je n'avais encore eu absolument aucun contact avec des Israéliens. J'ai donc refusé. Ils sont revenus à la charge une seconde fois, et puis j'ai eu un entretien avec Abou Ammar, qui n'était pas très chaud et n'avait pas montré un grand intérêt pour cette idée. Il m'a dit : “Pourquoi ne pas essayer ? Je n'ai pas d'objection. Va à Londres.”

J'ai alors réfléchi seul à la question, puis avec Afif Safieh, qui m'a dit que Hirschfeld était quelqu'un d'acceptable et de sérieux, et qu'il était de ceux qui acceptaient l'idée d'un État palestinien. »

La première rencontre entre Hirschfeld et Abou Ala se déroule à Londres le 3 décembre 1992. Hirschfeld demande à Terje Larsen, lui aussi présent dans la capitale britannique, de lui organiser un rendez-vous avec les Palestiniens.

« La première rencontre était très tendue, se souvient Hirschfeld. Nous n'avons même pas bu un verre d'eau. Elle a duré trois heures. Très souvent, dans ce genre de rencontre, on essaye d'échanger des compliments, dans le but de créer une bonne ambiance. Nous ne l'avons même pas fait. J'avais eu l'expérience de "premières rencontres" avec des Palestiniens. La technique est assez simple. Il suffit de faire un tour d'horizon, de parler de façon générale de tout ce qui touche aux relations israélo-palestiniennes et d'essayer de comprendre ce qui intéresse l'autre, ainsi que ce qui le motive. J'ai d'abord eu l'impression qu'il parlait aussi bien en son nom qu'en celui d'Arafat, et qu'il exprimait d'une façon totalement inhabituelle la volonté de l'OLP d'arriver à un accord avec Israël. Abou Ala m'a dit : "Nous sommes prêts à faire un long chemin pour arriver à un accord. Venez... Vous avez la possibilité d'obtenir beaucoup de choses."

C'est très inhabituel de s'exprimer ainsi lors d'une première rencontre. La deuxième impression était qu'ils étaient détachés de la réalité, qu'ils n'avaient pas la moindre idée de ce qui était important pour Rabin (ainsi que de ce qui était sans importance à ses yeux), qu'ils étaient tous prisonniers d'une idéologie interne, et qu'ils n'étaient pas encore véritablement prêts à un dialogue. Ils ne savaient pas quelles étaient les lignes rouges que le gouvernement israélien ne pouvait pas dépasser. Cela me paraissait être un défi très important. Abou Ala était venu avec plusieurs idées. La plupart étaient totalement irréalistes, mais c'était un point de départ. »

Hirschfeld et Abou Ala décident de se revoir le soir même pour poursuivre leurs entretiens. Entre-temps, Hirschfeld rend compte à Yossi Beilin de son entrevue avec Abou Ala : « "Yossi, si vous voulez que je continue, ne me dites rien. Mais si vous ne le souhaitez pas, demandez-moi de tout arrêter, lance Hirschfeld. – Continuez, répond Beilin." »

« J'aurais aimé pouvoir signer un accord avec les habitants des territoires, avoue Beilin. Mais ils nous disaient sans arrêt : "Vous voulez discuter ? Partez à Tunis. Nous pouvons vous parler, mais nous ne sommes pas en mesure de mener des négociations."

Il était évident pour moi, comme pour eux, qu'il serait impossible d'arriver à un accord en ne négociant qu'avec les habitants des territoires, car ils étaient conscients qu'ils ne représentaient personne. »

La deuxième rencontre entre Hirschfeld et Abou Ala se déroule à l'hôtel Ritz dans une ambiance un peu particulière, comme en témoigne Hirschfeld : « La deuxième rencontre fut plutôt drôle. Nous étions toujours à la recherche d'une chambre à l'hôtel Ritz, parce qu'il se trouvait en face de celui de Terje Larsen. L'hôtel avait organisé une soirée dansante. Il y avait une foule énorme. Les couples dansaient sur une musique assourdissante. Il n'y avait pas le moindre endroit où s'asseoir. Nous nous sommes glissés au milieu de la foule, et nous avons commencé à discuter. Nous étions obligés de hurler, à cause du bruit. Heureusement, personne ne prêtait la moindre attention à notre conversation.

Nous avons décidé de nous donner rendez-vous à Oslo. Terje Larsen m'avait assuré du soutien du gouvernement norvégien. J'avais besoin de quelqu'un qui puisse nous offrir un lieu de rencontre convenable, de l'argent pour payer le billet d'avion et une ambiance favorable à cette rencontre. »

Conversations à Oslo

La première rencontre à Oslo entre Hirschfeld et Abou Ala a lieu le 20 janvier 1993. Hirschfeld est accompagné de Ron Pundak, l'un de ses anciens étudiants, et Abou Ala d'un conseiller économique et d'un conseiller politique. Pour l'heure, seul Yossi Beilin est au courant de ce qui se passe à Oslo comme l'explique Hirschfeld : « Yossi a assumé, dès le départ, la direction des affaires politiques. Je lui présentais des rapports très détaillés des discussions. » Beilin veut tester ce canal avec l'OLP avant d'en parler à Peres : « Je n'avais pas encore révélé l'existence de ces rencontres, ni à Peres ni à Rabin. Je l'ai fait après la deuxième rencontre, en février 1993. Je ne voulais pas que Peres nous demande de mettre fin aux rencontres avant que nous sachions si elles pouvaient aboutir à quelque chose.

D'autre part, je ne voulais pas participer personnellement à une négociation qui devait rester secrète. Il fallait qu'en cas de fuite il me reste la possibilité de nier l'existence de ces négociations. J'ai donc décidé de rester en Israël, d'en suivre le déroulement, mais sans y participer. »

À Oslo, l'atmosphère s'est détendue entre Hirschfeld et Abou Ala : « Ron et moi, raconte Hirschfeld, arrivions tous les jours avec une grande quantité d'histoires drôles afin de briser la tension. Abou Ala est un homme qui a beaucoup de charme personnel. Une fois, à Oslo, lors d'une pause, il a disparu pendant deux ou trois heures. Quand on lui a demandé ce qu'il avait fait, il a dit qu'il était allé danser avec une femme d'un certain âge.

"Je lui ai dit que j'étais grec... Un négociant en meubles, en voyage d'affaires", nous a-t-il raconté.

Il ressemblait effectivement un peu à un homme d'affaires grec. »

Pourtant, la première journée des négociations fut le théâtre d'une passe d'armes entre Hirschfeld et Abou Ala.

Au cours du déjeuner, présidé par le vice-ministre norvégien des Affaires étrangères, Jan Egeland, Abou Ala prend la parole pour comparer l'occupation israélienne à l'occupation nazie de la Norvège. Hirschfeld réagit très violemment : « J'étais habitué à un double langage du côté palestinien. Devant des représentants d'autres pays, ils parlaient différemment. J'avais déjà connu ce genre de situation. J'ai réagi à cela devant tout le monde. J'ai été très clair. J'ai dit que le peuple juif avait beaucoup souffert à l'époque nazie et que nous cherchions la possibilité d'être responsables de notre propre avenir, de pouvoir nous défendre quand nous étions menacés. Ma réaction a été plutôt dure, mais elle a été très bien acceptée. C'était la première et la dernière fois qu'Abou Ala a parlé sur ce ton. Lors de ces rencontres, chacun tâtonne et essaye de sonder l'adversaire. C'était un moyen de vérifier les limites de l'adversaire. »

Dans un premier temps, les négociations secrètes à Oslo sont conçues comme un prolongement de celles, publiques, qui se tenaient au même moment à Washington. Oslo doit permettre de faire aboutir Washington : « Mon approche, explique Hirschfeld, était celle du gouvernement israélien. Mon objectif était de faciliter la réussite des négociations de Washington. Abou Ala cherchait à formuler des idées qui pourraient être présentées aux Américains qui, par la suite, en feraient part aux délégations israélienne et palestinienne à Washington. Le rêve palestinien correspond en fait au rêve américain : une proposition américaine acceptée par les deux côtés.

Il était clair que ni Rabin ni Peres n'accepteraient la proposition palestinienne. Nous avons commencé à parler de la déclaration de principes et des différents sujets sensibles. Mais nous partions du principe que notre travail devait rester secret et discret à Oslo, sans que personne ne soit au courant du rôle des Norvégiens. »

Gaza d'abord

Le déclic se produit dès la première rencontre d'Oslo, lorsque Abou Ala propose d'entamer les négociations sur Gaza : « Les Palestiniens, témoigne Hirschfeld, sont venus nous demander de reprendre notre ancienne proposition, "Gaza d'abord". Quand j'ai entendu "Gaza d'abord", j'ai compris que les choses devenaient sérieuses. Nous savions que 85 % des Israéliens était en faveur d'un retrait de Gaza. Peres et Rabin s'y étaient totalement engagés. Nous savions que nous aurions le soutien nécessaire en Israël. Nous avons commencé, lors de la première rencontre, à parler des moyens de développer la collaboration économique israélo-palestinienne. Nous savions que c'était très important pour Shimon Peres. »

Après cette première rencontre, Beilin demande à Hirschfeld de rédiger une déclaration de principes qui pourrait servir de base de travail pour les discussions suivantes : « Je me suis enfermé chez moi et j'ai écrit pendant quatre jours. Je ne suis pas un fonctionnaire d'État et je n'ai donc pas obtenu les documents officiels du gouvernement. Le conseiller de l'ambassadeur britannique m'a apporté les documents israéliens et palestiniens de Washington. C'était complètement contraire aux règlements diplomatiques. Mais il m'a beaucoup aidé. Hanane Ashraoui m'a donné un document qui résumait les treize points de sa position.

Nous savions qu'il fallait créer quelque chose de nouveau, mais nous ne voulions pas mettre fin à l'ancien système. Le principe des étapes a permis de conserver le gouvernement militaire et l'administration civile pendant la mise en place de l'Autorité palestinienne. Nous avons décidé de le faire progressivement, en ajoutant de nouveaux éléments au système déjà en place. Les Palestiniens l'ont accepté dès notre deuxième rencontre à Oslo. »

À ce stade des négociations, Beilin décide d'informer Peres des discussions en cours à Oslo : « C'est seulement à ce moment-là que j'ai montré le document à Peres. Mais pas avant. J'attendais d'être sûr d'avoir en main quelque chose de sérieux.

Les murs ne se sont pas écroulés. Peres n'a pas fait un bond en s'écriant : "Ça y est ! Nous parlons avec l'OLP !" Il est vrai qu'il a dit, citant quelques paragraphes, que l'accord était très mauvais. Peres en a parlé à Rabin très peu de temps après avoir appris la nouvelle. Je crois que Rabin n'a pas été bouleversé, lui non plus. D'autres tentatives de pourparlers avec l'OLP avaient lieu parallèlement et à notre insu. Rabin considérait Oslo comme une possibilité parmi d'autres. Il a dit à Peres : "Ils n'ont qu'à continuer à discuter. Cela ne me gêne pas." »

Peres affirme avoir toujours tenu Rabin au courant de l'évolution des négociations : « Je ne lui cachais ni les bonnes nouvelles ni les mauvaises. Dès qu'on a commencé à travailler sur le sujet, j'ai dit à Yitzhak : "Nous avons tous les deux un défaut : tu es un éternel pessimiste et je suis un éternel optimiste." »

Selon Leah Rabin : « l'Intifada avait obligé Yitzhak à voir la réalité en face. Elle l'a forcé, sans l'ombre d'un doute, à tout essayer pour trouver une solution. Il a compris à ce moment-là que cette situation ne pouvait pas durer éternellement, que l'emploi de la force n'était pas la réponse à une insurrection populaire. Et que les négociations ne pourraient se faire qu'avec l'OLP, et personne d'autre. Et avec Yasser Arafat, parce qu'il n'y avait personne d'autre. »

Côté palestinien, la situation est un peu différente puisque c'est Arafat qui a autorisé les rencontres : « Arafat suivait de très près nos discussions, rapporte Abou Ala, jour après jour, mot à mot. Nous l'informions de tout et écoutions ses propositions. Il participait à tout. Par conséquent, à travers ce dialogue, au cours des premières séances, nous étions parvenus à rédiger le brouillon d'un projet de déclaration de principes. »

Sur la base du document rédigé par Hirschfeld, les négociations progressent assez rapidement et permettent de fixer le cadre d'un éventuel accord : « Nous avions trois objectifs à Oslo, détaille Hirschfeld. Le premier était de fixer des principes de négociations, à savoir "Gaza d'abord", une progression par étapes, une coopération économique et le développement de la Cisjordanie et de Gaza. Le deuxième était de passer en revue tous les sujets et de décider lesquels étaient immédiatement acceptables, et lesquels devaient être repoussés à une échéance ultérieure. Il était clair que Jérusalem ne pouvait pas faire partie de l'accord intérimaire. Le troisième était de prouver que les discussions à Oslo pouvaient aboutir à des solutions véritables, et surtout qu'Arafat et l'OLP souhaitaient réellement arriver à un accord avec Israël. Nous avons demandé des preuves sérieuses aux Palestiniens. »

Rabin soumet la poursuite des discussions d'Oslo à la reprise des négociations de Washington. « Rabin, rapporte Yossi Beilin, craignait tout le temps qu'Oslo ne fût une ruse d'Arafat destinée à ralentir le progrès des pourparlers de Washington. Il avait peur que l'objectif d'Arafat ne fût l'échec aussi bien de Washington que celui d'Oslo. »

Les négociations de Washington ont été suspendues par les Palestiniens à la suite de l'expulsion vers le Liban, en décembre 1992, de 400 militants islamistes – mesure qui a soulevé un tollé général – après l'enlèvement, par un commando du *Hamas*, d'un garde-frontière israélien. Finalement, les Palestiniens acceptent de retourner à Washington le 27 avril 1993, en échange, les Israéliens ont accepté que Fayçal el-Husseini dirige la délégation palestinienne.

La solution a été trouvée à Oslo. Comme l'explique Hirschfeld : « Nous sommes arrivés avec Abou Ala à définir des principes qui puissent donner un élan aux négociations multilatérales. Quand nous y sommes parvenus, nous avons pu dire à Peres et à Rabin qu'un accord avait été conclu sur les problèmes fondamentaux, et que cela correspondait à cent pour cent à leurs points de vue. Nous leur avons expliqué que l'OLP était prête à concrétiser ces accords en prenant plusieurs mesures afin d'établir une confiance mutuelle. »

Au mois d'avril, Peres émet une idée qui va permettre de faire progresser les négociations. Il ajoute la ville de Jéricho, située en Cisjordanie, à la bande Gaza, élargissant ainsi l'espace où s'exercera l'autonomie palestinienne : « Peres a compris, estime Beilin, que l'OLP aurait des difficultés à accepter une initiative qui ne concernerait que Gaza. L'OLP avait peur que Gaza soit la première et la dernière initiative israélienne et souhaitait obtenir quelque chose en Cisjordanie. Peres a alors proposé l'idée de Jéricho. Mais le problème était qu'il ne parlait que de la ville de Jéricho, alors que l'OLP avait compris qu'il s'agissait de la région tout entière. Rabin a eu du mal à accepter cette interprétation. »

Au bout de quelques semaines de discussions, les Palestiniens commencent à poser la question de l'autorité des négociateurs israéliens. Si à Washington les Israéliens se trouvaient face à une délégation sans pouvoir de décision, à Oslo la situation est exactement l'inverse. Hirschfeld et Pundak ne sont que des universitaires. « Les Palestiniens, raconte Beilin, nous disaient sans arrêt : "Nous voulons savoir qui vous soutient." Abou Ala était en fait le ministre des Finances de l'OLP, et à la tête des discussions multilatérales. Mes représentants à Oslo étaient deux excellents universitaires, mais ne jouissaient d'aucun statut officiel. Terje Larsen, qui participait aux discussions, avait beau assurer les Palestiniens qu'ils avaient carte blanche pour parler en mon nom, ils ont demandé, assez tôt, que je participe aux négociations. Ils voulaient être sûrs qu'un représentant du gouvernement israélien soutînt effectivement leurs interlocuteurs. Nous avions évité de passer à un échelon supérieur jusqu'à ce qu'Abou Ala l'exige. »

« Hold your horse » !

Uri Savir, le directeur général du ministère des Affaires étrangères israélien, va alors faire son entrée dans les négociations d'Oslo. La décision d'envoyer Savir a été prise lors d'une discussion entre Peres et Rabin, comme l'explique Yossi Beilin : « En avril 1993, Peres en a parlé à Rabin. Peres lui a dit : "Je suis prêt à partir à Oslo.

– *Hold your horse*, lui a répondu Rabin. Une minute. Calme-toi. Je ne veux pas envoyer là-bas un ministre. Il nous faut juste un fonctionnaire.

– Si un fonctionnaire suffit, a lancé Peres, autant envoyer le meilleur du ministère."

C'était Uri Savir. Il a été mis dans le secret alors que les discussions se tenaient déjà depuis quelques mois. Nous lui avons expliqué la situation, il est tombé des nues. Et nous l'avons envoyé à Oslo. »

Dès lors, les discussions changent de nature lorsque Uri Savir rejoint Oslo le 20 mai 1993 : « Avec l'arrivée d'Uri Savir, souligne Hirschfeld, les discussions devenaient des négociations secrètes entre le gouvernement israélien et l'OLP. C'était une étape supplémentaire dans le déroulement des négociations. »

Pour la première fois, un Premier ministre israélien autorise la rencontre d'un haut fonctionnaire avec l'un des plus proches collaborateurs d'Arafat. Le moment est historique. « J'étais très ému, se souvient Uri Savir. Je rencontrais pour la première fois quelqu'un de l'OLP. Terje Larsen, qui m'attendait avec Abou Ala, m'a dit, en pointant son doigt sur lui : "Permettez-moi de vous présenter votre ennemi numéro un."

Pour tenter de dégeler l'atmosphère, nous cherchions tous les deux les mots justes, une langue nouvelle. Nous venions de deux mondes différents. Nous avons commencé par plaisanter. L'humour, c'est ce que nous avions en commun. Leur sens de l'humour est identique au nôtre. Un mélange de cynisme et de philosophie, propre aux peuples qui ont connu des moments si difficiles. »

Désormais, des noms de code sont attribués, comme le raconte Beilin : « Rabin était le grand-père, Peres le père, et moi le fils. Du côté palestinien, Arafat était le grand-père, Abou Mazen le père, et Abou Ala le fils. » « Mais en réalité, note Shimon Peres, c'était plus un jeu qu'autre chose. Uri Savir et Abou Ala ont passé leur temps à se moquer de nous tous, à inventer des blagues. Cela aussi faisait partie des négociations. »

Cependant, plus que jamais, les négociations d'Oslo doivent rester secrètes.

« Personne ne faisait attention à tous ces déplacements, note Beilin. Il y a très peu d'avions qui atterrissent en Norvège. Nous faisions de grands efforts pour brouiller les pistes. Uri Savir n'a pas utilisé une fausse identité, mais il a dû changer d'avion à plusieurs reprises, pour éviter que les employés du ministère ne connaissent sa destination. De plus, la plupart des rencontres ont eu lieu pendant le week-end. On partait le vendredi pour revenir samedi soir ou dimanche matin, en essayant de faire le minimum de vagues. »

Aussi incroyable que cela puisse paraître, le dialogue israélo-palestinien d'Oslo ne sera jamais éventé jusqu'à la conclusion des accords. Ce qui en soi représente déjà un exploit, comme le souligne Abou Ala : « Ce qui est extraordinaire dans le succès des rencontres d'Oslo, c'est la volonté qu'ont eue les deux délégations à en préserver le secret jusqu'au succès ou à l'échec. » Et Yossi Beilin d'ajouter : « Le monde n'était pas censé apprendre l'existence d'Oslo. Si, pendant les discussions secrètes, nous n'étions pas arrivés à la reconnaissance mutuelle entre Israël et l'OLP, le public n'aurait jamais entendu parler d'Oslo. »

Personne n'a vraiment pensé que les négociations d'Oslo avaient une quelconque chance d'aboutir. Les Américains, tenus au courant de leur déroulement, y ont peu prêté attention, comme le reconnaît Dennis Ross : « Oslo a été gardé secret par les Israéliens et les Palestiniens, car c'était dans leur intérêt. Nous recevions de temps en temps des informations sur ce qui se passait là-bas. Mais, sincèrement, au début en tout cas, personne ne les prenait au sérieux, car nous pensions que les personnes chargées de négocier ne disposaient pas de l'autorité nécessaire. Bien que l'on connaissait l'existence de ce créneau, on ignorait son contenu, sa substance. Il a fallu attendre quelques mois pour apprendre ce qui s'y passait réellement. Rabin, quand il en parlait avec nous, n'exprimait pas non plus un grand espoir quant aux chances de réussir. Même quand il nous a appelés pour nous annoncer l'accord, et que Peres allait arriver aux États-Unis pour rencontrer le secrétaire d'État et moi-même, il est resté très prudent. »

Peres confirme les doutes de Rabin sur la possibilité d'arriver à un accord à Oslo : « Il n'accordait pas d'importance aux rencontres qui se tenaient à Oslo. Il a même dit plus tard que s'il m'en avait laissé la responsabilité au lieu de s'en occuper lui-même, c'était uniquement parce qu'il était certain que ces discussions ne mèneraient à rien. »

C'est, paradoxalement, ce qui leur a permis de se dérouler dans la sérénité, loin des projecteurs.

Quelques semaines après son arrivée à Oslo, Uri Savir est flanqué d'un conseiller juridique, Joël Singer, qui, avant de travailler pour un cabinet d'avocats à New York, avait mis ses talents au service de l'armée israélienne. Son intervention va permettre de dynamiser les discussions.

Singer reprend les travaux réalisés depuis le début des négociations d'Oslo pour parvenir à formuler une déclaration de principes israélo-palestinienne : « Lors de la première rencontre, témoigne Hirschfeld, Joël leur a remis une liste de quarante questions. Les Palestiniens étaient quelque peu effrayés, mais ils sont partis, comme s'ils allaient faire leurs devoirs, et sont revenus plus tard avec les réponses. Joël a alors rédigé un document qui est la déclaration de principes que nous connaissons aujourd'hui. Nous avons alors négocié sur la base du document de Singer. Ces négociations étaient beaucoup plus précises que celles que nous avions menées jusqu'à présent. Notre but était de créer une base d'entente politique pour des négociations plus pointues. »

Le 6 juillet 1993, les négociateurs sont parvenus à un accord, mais soudain la machine va se gripper, comme le raconte Yaïr Hirschfeld : « Les Palestiniens ont repris les négociations à zéro, puis nous ont dit : "On oublie tout. Voici vingt-cinq nouvelles exigences."

Ils voulaient savoir s'ils allaient vraiment obtenir la reconnaissance officielle de l'OLP. Ils souhaitaient avoir suffisamment de temps pour vérifier ce point. »

Singer tente de convaincre Rabin et Peres qu'ils doivent franchir cette étape : « Il a dit, témoigne Hirschfeld, aussi bien à Rabin qu'à Peres, que nous devions reconnaître officiellement l'OLP. En échange, nous pouvions exiger des compromis très importants de la part de l'OLP. Rabin et Peres ont refusé, et il a demandé s'il pouvait en parler à titre individuel, sans prétendre les représenter. Et c'est ce qu'il a fait. »

Les quatre questions de Rabin

C'est l'intervention d'une autre personnalité qui, paradoxalement, ignorant tout de ce qui est en train de se jouer à Oslo, va permettre de débloquer la situation.

Ahmed Tibi est un Arabe israélien qui, depuis près d'une vingtaine d'années, sert d'intermédiaire à des échanges entre certains dirigeants israéliens, notamment Ezer Weizmann, et l'OLP. « Ezer Weizmann, rapporte Ahmed Tibi, était une des personnalités que je connaissais le mieux du côté israélien. Ses positions étaient progressistes, libérales, et pour une reconnaissance de l'OLP, ou au moins pour le dialogue avec elle. J'en veux pour preuve les nombreuses lettres de Weizmann que j'ai portées à Arafat et à la direction palestinienne, qui lui répondaient alors par la même voie. Lui-même les transmettait ensuite à Shimon Peres, alors chef du gouvernement et du parti travailliste. Shamir l'avait même accusé non seulement d'avoir eu une rencontre directe avec un représentant de l'OLP à Genève, mais d'avoir envoyé des lettres à la direction de l'OLP, lui prodiguant des conseils sur la manière de répondre aux propositions de Baker. »

Tibi, qui a acquis la confiance d'Arafat, a noué une relation d'amitié avec le ministre travailliste de la Santé, Haim Ramon. Tibi et Ramon vont se faire les messagers de leurs patrons respectifs, Arafat et Rabin.

Au mois de juillet de la même année, Tibi prend contact avec Ramon : « Le président Arafat voulait savoir si Yitzhak Rabin était sérieusement prêt à reconnaître l'OLP. J'ai donc décidé de sonder Haim Ramon, avant d'aller voir Yitzhak Rabin. Je lui ai alors demandé : "Est-ce que Rabin reconnaîtra l'OLP ?"

Il me donna alors une réponse presque positive en me disant : "Je reviendrai te voir avec une réponse plus officielle après avoir vu Rabin." »

Quelques jours plus tard, Tibi revoit Ramon, qui lui dit : « Je vais te donner une liste de quatre questions que Rabin aimerait poser au président Arafat et à la direction palestinienne. Nous aimerions avoir leurs réponses. La suite des événements, positive ou négative, en dépendra. »

« Il écrivit alors les quatre questions de sa propre main, raconte Tibi. L'OLP est-elle prête à accepter :

1. Une solution provisoire avant la solution définitive ?
2. Que la question des colonies soit examinée en fin de course, dans le cadre de la solution finale.
3. Que la sécurité extérieure – au départ ils avaient évoqué la sécurité globale – soit assurée par Israël.
4. Que la question de Jérusalem fasse partie du règlement final. »

Muni des quatre questions de Rabin, Tibi se rend à Tunis pour recueillir les réponses d'Arafat. « Il a examiné les questions, poursuit Tibi, et me dit qu'Abou Mazen m'attendait pour me donner les réponses sous une forme officielle. J'ai donc été trouver Abou Mazen qui n'avait d'abord pas très envie de donner des réponses – je l'ai su par la suite – parce qu'il y avait déjà des négociations secrètes en cours à Oslo. Il m'a posé une autre question, Rabin se contenterait-il des questions qu'il venait de nous poser ou bien allait-il nous en poser d'autres sitôt que nous aurions répondu à celles-ci ? Je n'avais pas alors très bien compris sa remarque. Le lendemain, Abou Mazen me livra des réponses positives aux quatre questions. Mais, il posait une condition : que le gouvernement d'Israël reconnaisse l'OLP comme seul représentant légitime du peuple palestinien. Cela signifiait que les quatre réponses devenaient nulles s'il n'y avait pas de contact direct officiel avec l'OLP. Je suis donc reparti avec les réponses que j'ai remises en main propre à Haim Ramon qui, à son tour, les a données à Rabin. Deux jours après, Haim Ramon me rappela pour me dire que Rabin était très satisfait des réponses. C'était un mois avant la conclusion des accords d'Oslo et je ne savais toujours pas qui en étaient les acteurs. »

La promesse de reconnaissance de l'OLP par Israël obtenue, il reste peu d'obstacles sur la route de l'accord israélo-palestinien.

Mais personne ne se doute encore que le moment historique approche. Pire, une crise couve au sein du camp palestinien. Fayçal el-Husseini, qui ne sait rien des négociations d'Oslo, se rend à Tunis au début du mois d'août 1993. La délégation qu'il dirige ne veut pas accepter les concessions imposées par Arafat dans le cadre des négociations bilatérales de Washington. En compagnie d'Hanane Ashraoui et Saeb Erekat, il présente sa démission au président de l'OLP.

C'est à ce moment qu'il rencontre Abou Ala qui, lui, repart pour Oslo : « Je savais que ma démission avait provoqué un tremblement de terre, souligne Fayçal el-Husseini. Je m'étais donc étonné de voir Abou Ala quitter Tunis au moment où j'y arrivais. Et mon sentiment était que Abou Ala se dirigeait vers quelque chose d'important. Je lui ai alors demandé : "Abou Ala, où vas-tu comme ça ?" Il m'a répondu qu'il allait en Europe pour travailler. Je lui ai alors demandé : "Abou Ala, fais-tu partie de la seconde équipe des négociateurs ?"

Il m'a dit que non, ce n'était pas lui. Une semaine plus tard, il était devenu clair que c'était bien lui, le second canal. »

L'espoir

Abou Ala s'envole pour Oslo. Cette fois l'accord est en vue. Il est signé le 20 août à 2 heures du matin. Shimon Peres est venu de Tel-Aviv pour assister à l'événement.

« C'était la première fois que je rencontrais Peres, témoigne Abou Ala. Et c'était la première fois aussi que lui-même rencontrait quelqu'un de l'OLP. Le bureau sur lequel nous avons signé l'accord était celui sur lequel la Norvège avait signé son accession à l'indépendance.

Ce jour-là, la délégation israélienne nous avait prévenus que c'était l'anniversaire de Peres. Nous lui avons alors souhaité un joyeux anniversaire. À ce moment-là, il a prononcé un discours très prometteur sur l'avenir de la paix et la volonté du gouvernement israélien d'établir et de renforcer la paix dans la région. »

Une réelle émotion envahit tous les participants à cette cérémonie secrète : « C'était le plus beau cadeau qu'une personne puisse recevoir », souligne Peres.

Abou Ala ne peut retenir quelques larmes en déclarant devant ceux qui viennent avec lui d'accomplir ce chemin vers la paix : « Je n'ai pleuré que deux fois dans ma vie. Une première fois, lorsque le peuple palestinien a pris le chemin de l'exil. Et une deuxième fois maintenant, parce qu'aujourd'hui nous apercevons enfin une lueur d'espoir, la matérialisation des espérances de tous les Palestiniens. »

La scène est immortalisée sur une mauvaise vidéo amateur. Cependant, personne n'imagine encore que cet accord sera célébré sur la pelouse de la Maison Blanche : « En fin de compte, souligne Yossi Beilin, il ne s'agissait que d'une déclaration de principes. Peres pensait qu'une poignée de main serait quelque chose de prématuré, que l'on ferait ainsi passer un message incorrect. Il croyait que cela devrait survenir beaucoup plus tard. Personne ne pensait que la conclusion, temporaire, des discussions serait cette cérémonie à la Maison Blanche, face au monde entier. Personne ne s'imaginait une fin pareille. Il y avait, je dirais, une disproportion entre l'importance juridique du document et ce moment historique de réconciliation entre deux peuples. »

Les Palestiniens considéraient aussi que le moment de la grande réconciliation médiatique n'était pas encore venu : « Les événements en ont décidé autrement, note Abou Ala. Et les discussions d'Oslo sont devenues des accords, que nous sommes allés signer à Washington. Une fois ces documents signés, personne ne pourrait faire marche arrière, ni Arafat, ni Rabin, ni personne. »

L'accord va être encore tenu secret pendant une semaine. Shimon Peres veut rencontrer les Américains, qui en ignorent tout, avant de le rendre public. « Après la signature à Oslo, raconte Peres, nous avons réalisé que les Américains avaient été tenus à l'écart. Nous avons décidé de leur en parler. J'ai appelé Yitzhak [Rabin] et je lui ai proposé d'aller voir Clinton. Yitzhak pensait que c'était un peu exagéré, et m'a demandé d'aller en discuter d'abord avec Warren Christopher, pour que ce soit ce dernier qui en informe Clinton. Nous avons appelé Christopher. Il était en vacances en Californie. Nous avons décidé, Holst et moi, de nous rendre en Californie. C'est un vol assez long. Nous l'avons effectué dans un avion que nous avions loué afin de rester discrets. Nous avons atterri en Islande, de nuit, pour faire le plein d'essence. Nous étions de très bonne humeur. Nous sommes entrés dans le terminal pour prendre un café. Une serveuse est venue nous voir pour me demander un autographe. Nous nous sommes immédiatement enfuis. Le voyage était censé être secret ! Nous sommes arrivés en Californie. Là aussi, la rencontre devait être discrète. Nous nous sommes rencontrés dans une base navale américaine. Christopher et Dennis Ross nous attendaient. Nous étions avec Holst, Uri Savir et Larsen.

J'ai alors proposé à Christopher de fêter tout cela à la Maison Blanche. Il a appelé le président Clinton, qui a immédiatement répondu qu'il serait ravi. Je dois dire que Christopher et Ross étaient ravis d'apprendre la signature de l'accord. Ils ont dit que c'était un document incroyable. Ils n'avaient absolument rien à critiquer. Nous étions tellement contents que nous avons décidé de prendre un café à la cantine des officiers. Là aussi, on nous a sauté dessus pour obtenir des autographes. Nous nous sommes à nouveau enfuis, et nous sommes rentrés chez nous. »

Le 30 août 1993, le monde apprend que l'OLP et Israël viennent de conclure un accord. La stupéfaction est générale.

Côté palestinien, les sentiments sont partagés. Certains, notamment ceux qui faisaient partie de la délégation qui négociait officiellement à Washington, ont le sentiment d'avoir été quelque peu dupés. C'est le cas de Fayçal el-Husseini qui regrette de ne pas avoir eu son mot à dire sur le contenu de la déclaration de principes : « Je savais que ces accords devaient rester secrets et qu'il fallait surtout éviter la moindre fuite. Mais j'aurais simplement souhaité qu'on nous invite à Tunis, qu'on nous isole avec interdiction d'entrer en contact avec quiconque et qu'on nous donne quelques heures pour lire ces textes et donner notre avis. Je crois que, si cela avait été fait, nous aurions pu y introduire des amendements positifs. Nous, nous connaissons les Israéliens mieux qu'eux. Nous savons ce qu'ils sont susceptibles d'accepter ou de refuser. Je crois que nous aurions pu améliorer l'accord d'Oslo. Malheureusement, cela ne s'est pas produit. »

Haïdar Abdel Chafi, qui avait présidé la délégation palestinienne à Madrid, fait lui aussi part de sa déception et de ses réserves lorsqu'Arafat lui présente l'accord : « Arafat m'a demandé de venir à Tunis. Je n'avais jamais été tenu au courant de ce qui se passait à Oslo. En tout cas pas avant la signature des premières clauses de l'accord. Et lorsque j'ai parcouru les textes, ma première question a été de savoir si la délégation était accompagnée d'un conseiller juridique. On m'a répondu que non, il n'y avait pas de conseiller juridique. J'ai condamné l'accord et j'ai dit : "C'est un mauvais accord qui nous créera de nombreux problèmes."

J'ai critiqué les accords d'Oslo parce que je considère qu'ils sont mauvais. Je l'ai dit en public, j'ai refusé d'aller à Washington participer à la cérémonie des signatures, et je suis retiré de la vie politique, en tout cas pour tout ce qui touche aux négociations de paix. »

Fayçal el-Husseini et Haïdar Abdel Chafi expriment sans aucun doute une certaine amertume d'avoir à la fois mené des négociations sans objet à Washington et peut-être aussi d'avoir été écartés au moment crucial, alors qu'ils conduisent depuis des décennies le combat quotidien contre l'occupation israélienne. Le clivage entre l'OLP de Tunis, où Arafat est installé depuis son départ du Liban, et les Palestiniens de l'intérieur refait surface.

Mais les accords d'Oslo recueillent l'assentiment d'une grande partie des Palestiniens. Chacun comprend que l'occasion d'ouvrir une brèche vers l'État palestinien doit être saisie, que les rancœurs ne doivent pas l'emporter, à l'instar de Saeb Erekat, membre lui aussi de la délégation de Washington : « Je n'ai pu avoir accès à l'accord d'Oslo que dix jours avant la signature de l'accord à Washington. J'ai dit à tous mes collègues, à Haïdar, Fayçal, Hanane et tous les autres : "J'aimerais que vous examiniez l'accord en toute objectivité, en oubliant tous les facteurs personnels. Ne dites pas que les négociations de Washington ont été un leurre."

Je leur ai aussi dit que les accords d'Oslo comprenaient soixante-trois articles dont certains ne seraient peut-être jamais appliqués, mais qu'au niveau des principes il était complet. Nous étions prêts à accepter bien moins à Washington. »

Bassam Abou Charif, l'ancien terroriste du FPLP des années 70, approuve lui aussi cet accord en dépit de quelques réserves : « Il a été conclu dans la précipitation. Trop de points importants sont restés vagues, flous, ce qui rend possible son exploitation par l'autre partie. Cela dit, l'accord d'Oslo est un premier pas très important sur le chemin de l'établissement de notre État palestinien indépendant. »

Le mouvement *Hamas* se déclare, quant à lui, totalement opposé aux accords d'Oslo : « Ils signifient la reconnaissance du droit d'Israël et c'est une position que nous ne pouvons pas assumer politiquement et que nous ne pouvons pas, selon l'Islam, justifier », affirme Mahmoud al-Zahar, l'un des dirigeants du *Hamas*.

Leïla Khaled prend, elle aussi, position contre les accords d'Oslo : « Tous les Palestiniens se retrouvent dans le rejet des accords d'Oslo. Pas un ne l'accepte. Même ceux qui ont joué un rôle majeur dans ces négociations considèrent, avec le recul, que c'est un accord injuste. »

Côté israélien, les réactions sont aussi partagées. « Les gens étaient sous le choc, estime Yossi Beilin. Personne ne s'attendait à une nouvelle pareille. Personne non plus ne savait comment réagir, comment assimiler un bouleversement de cette importance. Les premières manifestations, très violentes, n'ont commencé que plus tard. »

Les leaders du *Likoud* le rejettent. « À mon grand regret, souligne Benyamin Netanyahou, j'ai trouvé un grand nombre de défauts dans cet accord. Beaucoup de choses que je redoutais se sont révélées être de réels dangers. »

Yitzhak Shamir le qualifie « d'erreur dramatique », tout comme Ariel Sharon ou le général Rafael Eytan, pour qui « c'est un mauvais accord. Rabin lui-même a dit qu'il a été signé trop rapidement. Nous allons le payer cher ». La gauche, en revanche, est tout entière acquise à l'accord.

« Nous avons obtenu le meilleur accord possible, estime Yossi Beilin, dans une conjoncture où l'OLP était affaiblie. Il se peut que, sans cet accord, l'OLP se soit totalement désintégrée. Dans ce cas de figure, nous nous serions retrouvés face au *Hamas*. On nous critique d'avoir sauvé l'OLP. Je ne suis pas sûr que cela soit totalement faux. À mon avis, nous avons bien fait de la sauver à ce moment-là et de l'aider à redevenir une force centrale au sein du peuple palestinien. Arafat est notre partenaire. Nous vivons au Proche-Orient. Nous n'avons pas choisi nos partenaires. Je ne pense pas qu'il nous incombe de porter un jugement sur les personnes avec lesquelles nous négocions. Arafat est là. Il est le leader le plus important au sein du camp palestinien. Il est en mesure de prendre des décisions et je crois que nous devons l'accepter. »

Poignée de main à Washington

Absents des négociations d'Oslo, les Américains veulent donner de l'éclat à la signature de la déclaration de principes israélo-palestinienne. Comme Jimmy Carter quinze ans auparavant pour les accords de Camp David, Bill Clinton veut organiser une cérémonie solennelle à la Maison Blanche. « Soudain, affirme Yossi Beilin, les Américains ont réalisé que c'était quelque chose d'important, et ils ont décidé que la conclusion devait avoir lieu chez eux. »

Mais, auparavant, il reste un détail à régler. L'OLP et l'État d'Israël doivent officiellement et mutuellement se reconnaître. Ce sera chose faite au début du mois de septembre, quelques jours avant la cérémonie de Washington prévue pour le 13 septembre 1993. Une nouvelle fois, des négociations secrètes, qui se sont déroulées dans les coulisses d'un grand hôtel parisien, à l'insu du Quai d'Orsay et des services de renseignements français, auront été nécessaires pour parvenir à cet acte hautement symbolique.

Dans un premier temps, il est envisagé que seuls Shimon Peres et Abou Mazen, le véritable artisan des accords d'Oslo aux côtés d'Arafat, seront présents à Washington pour la cérémonie de signature. Mais le président de l'OLP veut venir à la Maison Blanche. Les Américains vont alors exiger que Rabin soit, lui aussi, de la fête. « On a reçu un appel de Washington, rapporte Leah Rabin. Je crois que c'était Warren Christopher en personne. "Yitzhak, le président souhaite vivement que vous veniez à Washington, lui a dit Christopher.

– Je ne peux pas venir si le président n'invite pas Arafat, lui a répondu Yitzhak.

– Mais le président l'a déjà invité, a dit Christopher.

– Dans ce cas-là, j'arrive, a lancé Yitzhak." »

Cette cérémonie a failli rallumer la guerre des frères ennemis travaillistes, comme le raconte Shimon Peres : « Arafat a annoncé qu'il allait venir. Le président américain avait demandé que les plus hautes personnalités participent à la cérémonie. Même quand on a appris qu'Arafat allait venir, Yitzhak continuait à insister pour que j'y aille. Tout le monde lui a dit qu'il fallait qu'il vienne en personne. Cela a failli mal tourner entre nous. Il a décidé de partir à Washington sans me l'annoncer. Je l'ai très mal pris. Il est venu me voir... »

Un journaliste ironise : « La signature de Washington, c'est d'abord et surtout un traité de paix entre Rabin et Peres. »

En revanche, Peres refuse d'emmener Yaïr Hirschfeld et Ron Pundak, à l'origine des négociations d'Oslo. « Quand il y a un accouchement, on ne peut inviter tout le personnel de l'hôpital », leur déclare Peres.

Pour Hirschfeld, la pilule est quelque peu amère : « Cela ne m'a pas rempli de joie. Il y a toujours des luttes intestines, des jalousies, c'est la nature humaine. » La mariée est belle et se découvre de nombreux prétendants qui veulent l'accompagner pour le grand jour. « Quand on a réalisé l'importance historique de ce qui avait été accompli, confie Yossi Beilin, tout le monde en revendiquait la paternité. »

Finalement, Hirschfeld et tous les négociateurs se rendront à Washington.

Quelques heures avant la signature de l'accord israélo-palestinien sur la pelouse de la Maison Blanche, un détail a failli tout faire capoter. Le texte de la déclaration de principes ne mentionne pas l'OLP. Le terme de délégation palestinienne est utilisé. Arafat exige que le nom de son organisation figure dans la déclaration.

Le 13 septembre 1993, à 5 heures du matin, il fait réveiller son conseiller, Ahmed Tibi, et lui dit : « Regarde, les Israéliens n'acceptent pas que l'accord soit signé entre le gouvernement d'Israël et l'OLP, mais plutôt entre le gouvernement israélien et la délégation palestinienne. Il y a quatre jours, il y a pourtant eu la reconnaissance mutuelle. De quoi s'agit-il, alors ?

– Il est encore trop tôt, répond Tibi.

– Trop tôt ou pas, tu vas résoudre cette question, lance Arafat. »

Tibi contacte alors l'ambassadeur israélien Itamar Rabinovitch, mais celui-ci est déjà parti pour l'aéroport chercher Peres et Rabin.

« J'ai ensuite contacté Haim Ramon à Tel-Aviv, poursuit Tibi, qui m'a dit qu'il ne pouvait plus rien faire puisque Peres et Rabin étaient déjà à Washington. Une heure après, à peu près, Rabinovitch me rappelait et me dit : "J'ai bien reçu votre message. Que puis-je faire pour vous ?"

Je lui ai alors dit que le président Arafat ne pourrait pas signer tant qu'il serait mentionné "délégation palestinienne" au lieu d'"OLP". Il me répondit qu'ils avaient déjà livré le texte de l'accord. Je lui ai alors demandé de prévenir Peres et Rabin.

Il était très tôt, le matin, je suis allé à l'hôtel de la délégation israélienne où m'attendaient Shimon Peres, Rabinovitch et les assistants de Shimon Peres à qui j'ai présenté le problème. Ils m'ont répondu : "Nous ne pouvons plus rien changer, vous savez qu'on a fait voter l'accord par la Knesset et vous savez qu'il est très difficile de changer les décisions de la Knesset."

Il semble qu'à cet instant précis Shimon Peres ait oublié qu'il se trouvait face à un citoyen israélien qui connaît la vie politique israélienne dans ses moindres détails. J'ai donc souri. Il me demanda : "Pourquoi ce sourire ?

– Il semble que vous ayez oublié qui je suis, lui ai-je répondu. Le Parlement israélien n'a pas encore entériné l'accord et n'est censée le faire que dans deux semaines. Il convient donc de changer d'argument."

Il sourit alors à son tour et me dit : "Je comprends maintenant pourquoi Arafat vous a nommé conseiller."

Il commença malgré tout par refuser. Au bout de quarante minutes environ, il me dit qu'il était possible d'ajouter au bas du document, à l'opposé de la mention "gouvernement d'Israël" qui doit porter la signature de Shimon Peres, la mention "OLP". Je lui demandai ce qu'il en était du reste du texte. Il me répondit : "Je ne peux rien faire et il me semble que vous voulez laisser passer une nouvelle occasion historique."

Je lui dis que c'était inacceptable car il y avait eu reconnaissance mutuelle avec l'OLP et que cette reconnaissance devait mener à une reconnaissance officielle sur le papier aussi. J'ajoutais : Si la mention n'est pas changée le président Arafat refusera catégoriquement et n'assistera même pas à la cérémonie." »

« Ahmed Tibi m'a dit que si je n'acceptais pas ses conditions, Arafat ferait ses valises et s'en irait, se souvient Peres. Je lui ai répondu : "Ça tombe bien... Nous n'avons pas encore défait les nôtres. Il n'a qu'à partir, s'il le souhaite." »

« Je quittais alors la pièce, poursuit Tibi, pour revenir dans la suite d'Arafat où m'attendait toute la direction palestinienne qu'Arafat avait fait réveiller pour consultation. Je leur appris que Peres acceptait de changer la mention uniquement à l'endroit de la signature. Le président jugea cela positif mais tout à fait insuffisant, ce que confirmèrent tous les autres. Nous attendîmes deux heures pendant que d'autres tentatives étaient faites par Dennis Ross et par Christopher. Dennis Ross avait totalement adopté la position israélienne, me disant qu'il n'y avait pas de raison de changer quoi que ce soit. C'était là – je peux le dire puisqu'en définitive nous avons réussi à changer le texte – un nouvel exemple de ce que peuvent, mais ne veulent pas faire les Américains. D'après moi, ils ne voulaient même pas essayer.

Vers 8 h 30, je suis reparti à l'hôtel de la délégation israélienne, mais en vain. La seconde rencontre était pire que la première. J'ai prévenu Peres qu'Arafat avait donné des instructions pour que son avion soit prêt à quitter Washington dans l'heure. Peres s'énerva et dit : “Vous confirmez que vous ne ratez jamais une occasion de perdre une opportunité.”

À 10 h 05, Yossi Beilin, vice-ministre des Affaires étrangères, appelle la suite du président Arafat et demande à me parler. Il me pria de les rejoindre. Le président me suggéra d'y aller de suite.

Ils me firent d'abord tout un laïus sur l'importance historique de ce document et que nous, Palestiniens, étions en train de perdre une occasion historique de réaliser les rêves de notre peuple en insistant pour changer un seul mot sans importance dans le document. Je répondis : “Si ce n'est pas important, changez-le ! Pourquoi cette insistance pour quelque chose qui n'a pas d'importance et qui est déjà approuvé ?”

La discussion dura un quart d'heure. Yossi Beilin, Rabinovitch, Shimon Peres et Rabin étaient dans l'autre chambre. À 10 h 20, Shimon Peres me dit : “Tenez, voici le texte du document, nous avons remplacé ‘délégation palestinienne’ par ‘l'équipe de l'OLP’.

– C'est bien, répondis-je. Pourquoi ne pas l'avoir fait dès le début de la réunion ? Pourquoi avoir attendu un quart d'heure ? La cérémonie doit se tenir à 11 heures."

Mais je devais obtenir l'accord du président. J'ai appelé Arafat directement de l'hôtel pour le prévenir. Il me demanda : "Tu en es sûr ?

– Oui, ai-je répondu."

Il accepta alors la proposition et me dit : "Une bise pour toi... Et un autre pour eux."

J'ai remercié Shimon Peres et son équipe et je suis retourné à mon hôtel. »

De retour à son hôtel, Tibi ne trouvera personne. Arafat et la délégation palestinienne étaient déjà partis à la Maison Blanche. Il ne restait qu'un quart d'heure avant le début de la cérémonie : « Je l'ai suivi dans le hall de l'hôtel... À la télévision. »

Trois mille invités, les caméras du monde entier attendent, sous un magnifique soleil de fin d'été, le moment historique : la poignée de main entre Rabin et Arafat.

Rabin semble un peu hésitant au moment de prendre la main de son vieil ennemi. « Il y a eu un tout petit problème. Mais tout le monde a pu le voir. C'est moi qui lui ai tendu la main en premier, avant qu'il ne le fasse. Moi, j'étais confiant : celui qui contrôle la situation s'avance comme un ange », se souvient Arafat.

Rabin est un militaire qui goûte peu l'effusion des sentiments. « Yitzhak a souvent évité la moindre poignée de main, témoigne Peres. Il y avait un problème avec Arafat. Il a toujours tendance à vouloir vous embrasser. Rabin ne voulait pas le faire. C'est Clinton qui a mis en scène cette poignée de main. Vous avez vu les hésitations de Rabin, quand il lui a serré la main. C'était très dur. Après avoir serré la main d'Arafat, il s'est tourné vers moi et m'a chuchoté à l'oreille : "Chacun son tour", comme si cette poignée de main équivalait à une descente aux Enfers. »

Leah Rabin avance une autre explication au manque d'enthousiasme de son défunt mari : « C'était un moment historique de la plus haute signification. Yitzhak en était conscient. Mais il était là, face au monde entier, face aux caméras, en train de serrer la main d'Arafat, sachant qu'il avait toujours dit qu'il ne le ferait jamais. Il avait donc l'impression de passer pour un menteur. Il se disait :

"Je le fais en bonne foi, avec lucidité, car je comprends que l'OLP est le seul partenaire de paix pour Israël. Je conclus la paix avec mon ennemi. La paix se fait avec les ennemis, non pas avec les amis."

Mais il sentait tout de même qu'il rompait sa promesse. Je crois que cela a été la raison de son hésitation. Si la cérémonie n'avait pas eu lieu devant la presse, son visage eût été peut-être différent. Mais il voulait être là, j'en suis certaine. Il était parfaitement conscient de l'importance historique de ce moment, que personne ne croyait possible. »

Cette poignée de main a provoqué un séisme en Israël. Le *Jerusalem Post* parle d'« un spectacle obscène ». La société israélienne est plus que jamais divisée.

Leïla Khaled, la militante du FPLP qui avait organisé des détournements d'avions pour promouvoir la cause palestinienne, suit cette scène devant son poste de télévision à des milliers de kilomètres de Washington : « Je pensais à tous ceux qui étaient en prison, raconte-t-elle, ceux qui étaient morts sous la torture, ceux dont les maisons avaient été détruites, ceux qu'on avait séparés à vie de leur famille. Je voyais leurs visages défiler en surimpression sur les images de ces deux hommes qui se serraient la main, debout sur le sang des martyrs, comme si tout le reste n'avait jamais existé. »

L'accord d'Oslo a brisé les tabous. Dans les coulisses de la Maison Blanche, Israéliens et Jordaniens entament les négociations en vue de la conclusion d'un traité de paix entre leurs deux pays. Il sera signé un an plus tard, le 26 octobre 1994, à quelques kilomètres d'Eilat et d'Akaba. « Je pense, et la majorité des Jordaniens est d'accord avec moi, que nous avons agi au bon moment », estime le roi Hussein en réponse à ses détracteurs qui lui reprochent de ne pas avoir attendu la Syrie pour conclure la paix avec

Israël. Le souverain hachémite n'aura plus besoin de rendez-vous clandestins dans la capitale londonienne pour rencontrer les dirigeants israéliens.

La reconnaissance mutuelle entre Israël et L'OLP, la poignée de main Rabin-Arafat soulèvent beaucoup d'espoir. Mais rien n'est encore réglé. Tout reste à faire.

Le chemin de la paix sera encore pavé de nombreux obstacles et d'immenses souffrances.

1998 : AUTONOMIE PALESTINIENNE

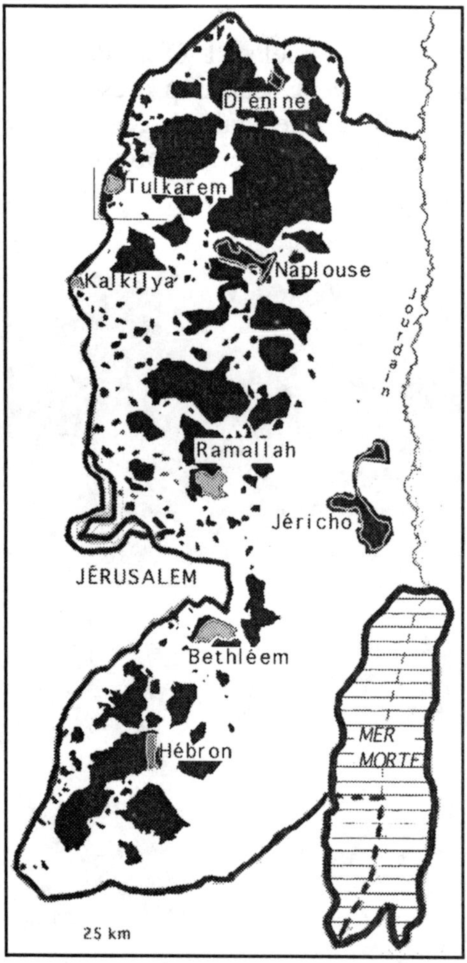

Contrôle civil palestinien – Israël en charge de la sécurité.

Contrôle israélien.

Contrôle entièrement palestinien.

BANDE DE GAZA

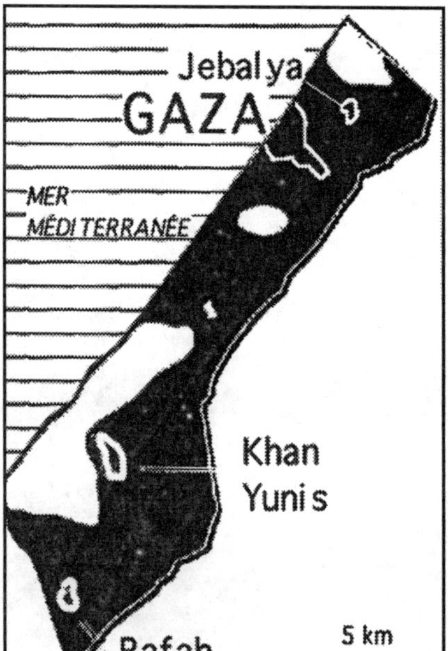

Zone entièrement contrôlée par les Palestiniens.

Zone entièrement contrôlée par les Israéliens.

10

LES DOULEURS DE LA PAIX

1993-1998

L'euphorie qui avait saisi les acteurs du conflit israélo-palestinien après la signature des accords d'Oslo sera de courte durée.

Les premières négociations entre Rabin et Arafat se déroulent au Caire quelques jours après la cérémonie de la Maison Blanche. Le dialogue entre les deux hommes confirme les craintes émises par certains à propos des documents signés à Oslo. Il reste de nombreux obstacles à surmonter et de problèmes à résoudre pour mettre en application cette déclaration de principes, dont les contours sont extrêmement flous. Le calendrier prévu ne pourra pas être respecté. De longs mois de négociations seront nécessaires pour régler tous les détails de l'entrée en vigueur de l'autonomie palestinienne.

Les premiers pas

L'une des questions les plus sensibles concerne les points de passage entre les territoires autonomes et les pays voisins d'Israël, notamment la Jordanie. « Abou Ala et moi-même, raconte Uri Savir, avons discuté pendant trois mois afin de définir les modalités de contrôle du passage sur le pont Allenby. Je crois que peu de gens savent qu'il existe un document de 180 pages qui ne concerne que ce passage-là. Mais nous avons quand même réussi à raccourcir la durée du contrôle frontalier, qui s'étalait sur huit heures, à trente minutes. On a laissé les Palestiniens exprimer leur fierté nationale. Il y a un drapeau, et un Palestinien qui tamponne les passeports. Nous sommes responsables de la sécurité. Personne ne sait que derrière la vitre sans tain devant laquelle se trouve ce Palestinien, il y a un officier israélien qui vérifie tout. Chaque centimètre du pont Allenby est décrit dans ce document. »

Des deux côtés, chacun a bien conscience que la réussite des négociations passe par l'instauration d'une relation de confiance entre Arafat et Rabin.

La collaboration entre les responsables des services de sécurité israélien et palestinien va permettre d'établir un climat propice au développement de bons rapports entre Rabin et Arafat. Les premières rencontres entre les hommes du *Shin Beth* et ceux des services spéciaux palestiniens se déroulent dans une atmosphère quelque peu étrange. Les Palestiniens présents sont ceux qui, quelque temps auparavant, étaient poursuivis, arrêtés, emprisonnés par les Israéliens assis en face d'eux.

Karmit Guillon, l'un des responsables du Shin Beth, s'est retrouvé face à Amin Guidi, considéré comme l'un des auteurs du massacre des athlètes israéliens à Munich en 1972 : « Je me suis retrouvé dans une situation qui, peu de temps auparavant, aurait semblé totalement impossible, confie Guillon. J'étais assis dans une pièce avec ce terroriste. Israël avait déployé beaucoup d'efforts pour l'éliminer, entre autres lors de la célèbre opération de Beyrouth. C'était évidemment une sensation étrange. J'ai eu l'occasion d'en reparler avec Amin, et il m'a dit qu'il avait ressenti la même chose. Les rapports entre le *Shin Beth* et les hommes du *Fatah*, surtout avec Mohamed Dahlan et Jibril Rajoub, étaient très étroits, je dirais même intimes. Nous les avions interrogés, nous sommes venus les arrêter chez eux en pleine nuit, nous étions les cibles de leurs attentats.

Hirschfeld, qui a certainement connu des émotions fortes, n'avait cependant pas eu ce contact étroit avec des Palestiniens avant de se retrouver à Oslo. Je crois que c'est pour cette raison que les choses ont été plus simples pour nous. Je crois que, de tous les liens qui ont été créés, aussi bien politiques qu'économiques, ce sont les liens entre les responsables de la sécurité qui se sont le plus rapidement développés. »

Mohamed Dahlan, aujourd'hui chef de la police palestinienne à Gaza, partage le même sentiment que Guillon : « Ammon Shahak, le chef d'état-major adjoint de l'armée israélienne, et Yaacov Peri, le chef du *Shin Beth*, sont deux personnes qui ont une bonne compréhension de la situation et désireuses de bâtir la paix entre les deux peuples. Peut-être est-ce dû au fait que ces deux hommes connaissent le prix du sang versé par les Palestiniens. Ils savent que la répression ne peut que conduire à des violences contre les Israéliens. Shahak et Peri sont donc parmi ceux qui ont contribué à instaurer la confiance entre le président Arafat et Rabin, et entre nos services de renseignements respectifs. »

Pendant que les ennemis d'hier apprennent à se connaître, les plus virulents opposants aux accords d'Oslo s'apprêtent à commettre des actes qu'ils veulent irréparables pour dynamiter le processus engagé.

Côté palestinien, la signature de la déclaration de principes n'a pas mis un terme à l'agitation dans les territoires occupés et elle a surtout relancé les opérations du *Hamas* contre les civils israéliens et contre les soldats de *Tsahal*, entraînant des bouclages à répétition des territoires occupés. Du même coup, la situation économique et sociale des Palestiniens se dégrade et accroît leur mécontentement.

Cependant, ce ne sont pas les actions du *Hamas* qui vont mettre en péril le processus de paix. La première grande secousse va se produire après un attentat commis par un extrémiste juif.

La profanation d'Hébron

Le 25 février 1994, le docteur Baruch Goldstein, habitant de la colonie de Kyriat Arba en Cisjordanie et membre du mouvement extrémiste religieux *Kach*, se rend à Hébron. La ville palestinienne est située à quelques kilomètres de l'implantation de Kyriat Arba. Goldstein, réserviste dans l'armée israélienne, est vêtu de son uniforme et armé d'un fusil-mitrailleur. À 5 h 30 du matin, il pénètre dans le Caveau des Patriarches. L'endroit est un lieu saint pour les juifs et pour les musulmans qui s'y relaient, selon un ordre bien réglé, pour y prier.

Goldstein ouvre le feu sur les fidèles musulmans. Il vide plusieurs chargeurs, tirant des centaines de balles. Le bilan est très lourd : 29 morts et 125 blessés. Très vite, les heurts qui opposent les Palestiniens à l'armée israélienne à Hébron s'étendent à tous les territoires occupés.

Yasser Arafat suspend les négociations avec les Israéliens et veut porter l'affaire devant le Conseil de sécurité de l'ONU. Il réclame une condamnation d'Israël et l'envoi d'une force internationale à la place de l'armée israélienne.

Saeb Erekat se trouvait à Washington au moment des événements d'Hébron : « Nous avons appelé Arafat pour recevoir des instructions. J'ai contacté le général Dani Rothschild, alors chef de la délégation israélienne. Il a commencé par me présenter ses condoléances et me dire combien ce qui venait de se produire l'affligeait. Je lui ai alors dit que cela devrait se traduire par le retrait des colons de la ville d'Hébron, qu'il fallait les désarmer, arrêter le développement des colonies de peuplement et cesser la confiscation des terres. Ensuite, j'ai informé les Américains de notre position. Mais, une fois encore, l'administration américaine n'a pris en compte aucune des propositions palestiniennes. Dennis Ross insistait sur les questions de procédure. Il voulait obtenir la reprise des négociations. Le contenu de nos propositions n'a même pas été abordé ! »

Au cours de plusieurs rencontres avec Arafat, Dennis Ross, qui suit toujours le processus de paix au sein du département d'État malgré l'arrivée de Clinton au pouvoir, tente de le convaincre de reprendre les négociations avec Israël : « La période qui a suivi le massacre d'Hébron a été la plus difficile que nous ayons connue. Il y a eu un moment où j'ai cru que tout le processus de paix allait s'effondrer.

Arafat se trouvait à Tunis, loin des événements, mais sous la pression de la population en Cisjordanie qui lui demandait de ne pas reprendre les négociations immédiatement. Je me suis rendu à Tunis deux lundis de suite, le 14 et le 21 mars. À chaque fois, un petit groupe d'Israéliens se joignait à nous car, à l'époque, il n'y avait pas de relations diplomatiques entre Israël et la Tunisie.

Nous rencontrions les Palestiniens et les Israéliens, et ces derniers se voyaient entre eux. Nous discutions de façon intensive pendant toute la journée. À un moment donné, alors que je passais en revue certaines possibilités, le président Arafat m'a dit : "Il n'y a pas d'autre alternative. Nous ne pouvons plus rebrousser chemin. Nous devons continuer. La guerre, le conflit et la violence ne sont pas des options."

Cela a été un moment crucial. »

Les Israéliens qui accompagnent Dennis Ross à Tunis sont le général Ammon Shahak et le général Ouzi Dayan, Jacques Néria, le conseiller personnel de Rabin ainsi que Uri Savir et Joël Singer, les négociateurs d'Oslo.

Lorsqu'ils rencontrent Arafat, l'ambiance est extrêmement tendue, comme le raconte Uri Savir : « Nous avons été véritablement stupéfaits. Nous lui avons transmis l'émotion du public israélien, du gouvernement, de *Tsahal*. Mais Arafat n'attendait pas des explications ou des condoléances. La mise hors la loi du mouvement d'extrême droite *Kahana Haï* ne lui suffisait pas. Il exigeait que l'armée israélienne quitte Hébron pour être remplacée par une force militaire internationale, assistée d'une police palestinienne armée. Le gouvernement a décidé de ne pas accepter ces demandes. Lors de la seconde visite, nous avons eu une conversation très dure avec Arafat. Il disait que sa situation, au sein de la population, était devenue insoutenable, et qu'en Cisjordanie on brûlait ses portraits. Beaucoup de gens considéraient l'accord d'Oslo comme une reddition. Il a dit qu'il ne pourrait pas poursuivre les négociations si le quartier juif de Hébron n'était pas évacué. Je me souviens qu'au milieu de cette conversation, très dure mais franche, le général Shahak a pris Arafat dans un coin et lui a dit : "Écoutez, il y a des choses que le gouvernement israélien peut faire pour vous, entre autres au sujet de la présence internationale à Hebron. Mais il y a des choses que le gouvernement ne fera pas, qui plus est sous votre pression. C'est vous le chef. Vous devez décider si vous poursuivez les négociations ou pas."

Arafat s'est retiré pour revenir quelques minutes plus tard. Devant sa délégation, qui était visiblement stupéfaite, il a annoncé la poursuite des négociations. »

Les membres de la délégation palestinienne furent effectivement très surpris par la décision d'Arafat ainsi que le confirme Haïdar Abdel Chafi : « Nous avons été stupéfaits par la soudaine décision d'Arafat de reprendre les négociations. Nous nous sommes opposés à lui. Nous lui avons dit qu'il ne nous était pas possible de le suivre... Que c'était là une occasion unique pour obliger Israël à appliquer les résolutions car il y avait alors une unanimité du monde entier contre Israël, et que cela ne se produisait pas souvent. »

Sur deux points, Arafat a obtenu gain de cause. Le 18 mars, le Conseil de sécurité de l'ONU vote une condamnation du massacre perpétré par le docteur Goldstein et envoie cent soixante observateurs internationaux à Hébron, mais l'armée israélienne reste stationnée sur place.

Les négociations israélo-palestiniennes reprennent le 31 mars. Mais Arafat est très affecté par la dégradation de son image dans la population palestinienne. Il s'épanche auprès de Shimon Peres :

« Au cours d'une de ces longues nuits de négociations en tête à tête avec Arafat, il m'a dit, et il ne plaisantait qu'à moitié : “Regardez ce que vous avez fait de moi. J'étais l'homme le plus populaire parmi les Palestiniens, et même au cœur du monde arabe. Chaque enfant brandissait ma photo. Et aujourd'hui, à cause de vous, je suis devenu quelqu'un qu'on conteste, qu'on critique, à qui on s'oppose.

– Écoutez, lui ai-je répondu. Tout au long de ce siècle, le peuple palestinien a eu deux chefs : le Mufti de Jérusalem, pendant quarante et un ans, et vous, pendant vingt-six ans. Cela fait presque soixante-dix ans en tout. Le Mufti était très populaire, mais il faisait ce que vous avez fait plus tard. Des attentats, des meurtres. Il est responsable de la naissance du problème des réfugiés. Il a ordonné aux habitants arabes de Haïfa de quitter la ville, leur disant qu'ils y reviendraient en vainqueurs. Vous avez continué le terrorisme... Et qu'avez-vous obtenu ? Le peuple palestinien n'a connu que tragédies et désastres. Il était sans terre, sans solution, avec des réfugiés, des morts, et 100 000 personnes en prison. Vous êtes actuellement moins populaire, c'est vrai. Mais vous avez donné une adresse géographique au peuple palestinien. C'est la première fois que vous avez votre propre administration, que vous êtes des partenaires à part entière, que vous avez un avenir. Dites-moi ce qui, à vos yeux, est plus important. Être populaire et faire subir des tragédies à son peuple, ou être critiqué mais lui donner de l'espoir ?” »

Le massacre d'Hébron a de nouveau enclenché le cycle de la violence : attentats, revendiqués par le Hamas, contre des civils israéliens, suivis du bouclages des territoires occupés. Une concrétisation de la déclaration de principes devient urgente pour que les dividendes de la paix aient une chance d'exister avant même d'avoir été dilapidés.

Le retour d'Arafat

Un accord est signé au Caire le 4 mai 1994. Il institue, pour une période de cinq ans, une autorité palestinienne autonome sur la bande de Gaza et la ville de Jéricho. La cérémonie de signature a lieu en présence du président égyptien Hosni Moubarak, de Warren Christopher, le secrétaire d'État américain, et d'Andreï Kozyrev, le ministre russe des Affaires étrangères. Peres, Rabin et Arafat sont évidemment présents.

Mais, au moment d'apposer son paraphe sur les documents, Arafat se rétracte. Il rejette les cartes qui accompagnent l'accord. Alors que Kozyrev et Christopher prononcent leurs discours, tout le monde s'agite en coulisses car Arafat menace de partir. Moubarak est furieux. « Les accords du Caire sur Gaza et Jéricho, explique Abou Ala, comportaient des cartes qui concernaient les problèmes de sécurité et les mouvements de l'armée israélienne. Ce sont donc des questions symboliques dans une phase transitoire. Nous sommes partis. Le président Moubarak et Peres nous ont alors demandé de revenir. Nous avons fait demi-tour et j'ai pu exposer notre point de vue. En conséquence, nous avons ajouté sur le document que ces cartes étaient conditionnées par l'accord final sur Gaza et Jéricho et qu'elles étaient liées à l'accord dans son ensemble qui était encore en cours de négociation. »

Quelques jours plus tard, les premiers policiers palestiniens font leur entrée à Gaza. Puis ce fut au tour d'Arafat.

Le 1er juillet 1994, après vingt-sept ans d'occupation israélienne, Yasser Arafat franchit le poste frontière de Rafah : « Je me suis mis tout de suite à genoux, j'ai prié et j'ai embrassé la terre palestinienne. » La foule qui l'accueille est immense. Les services de sécurité sont complètement débordés, comme en témoigne Mohamed Dahlan, chargé d'organiser la sécurité du président de l'OLP : « Dès le premier instant, c'en était fini de tous les plans que nous avions élaborés à cause de l'immense foule venue recevoir le président Arafat. Mais tout s'est bien passé. Nous n'avions pas les moyens d'assurer sérieusement sa sécurité. Je crois que seule la chance lui a permis de sortir indemne de ce bain de foule. Cette situation a d'ailleurs duré plusieurs mois. Il préférait circuler à pied, ou en voiture décapotable, pour que la plupart des citoyens vivant à Gaza et en Cisjordanie puissent le voir de près. Il a déclaré : "J'ai vécu la plus belle journée de ma vie au moment de mon retour. Un grand nombre de personnes que je ne connais pas attendaient depuis des heures pour me recevoir. C'était la plus belle récompense pour le rôle que j'avais joué au service de la cause nationale palestinienne." »

Oum Jihad, l'épouse de l'ancien numéro deux de l'OLP éliminé par le Mossad en 1988, rentre à Gaza en compagnie d'Arafat. Elle est aussi envahie par l'émotion : « J'étais évidemment très heureuse, mais aussi triste d'y être sans Abou Jihad. C'est très difficile à exprimer. Heureuse et triste à la fois... Dès la première minute où j'ai mis les pieds à Gaza, je n'ai pas arrêté de pleurer. La première personne que j'ai rencontrée, un proche parent, avait quatre ans lorsque j'avais quitté Gaza. »

Malgré son opposition aux accords d'Oslo, Leïla Khaled décide elle aussi de fouler cette terre palestinienne qu'elle n'a jamais connue, mais l'expérience lui laisse un goût très amer : « J'ai ressenti combien l'accord conclu était humiliant. Je n'avais jamais mis les pieds en Palestine. C'était la première fois. Après plus de vingt-cinq ans de lutte quotidienne, pas seulement la mienne, mais celle de tout un peuple, je retournais sur notre terre enfin libérée. Avant même que le soldat ne prenne mon laissez-passer, pendant que je traversais le pont sur le Jourdain, j'ai eu un choc à la vue du drapeau israélien. J'étais paralysée par la douleur.

Cela a été plus difficile encore lorsque j'ai dû m'isoler pour être interrogée par les Israéliens. »

Les premiers mois de l'Autorité palestinienne sont difficiles. Le Hamas multiplie les attentats en Israël, ce qui entraîne un bouclage régulier et répété des zones autonomes et occupées. « Ce sont les accords d'Oslo, affirme Shamir, qui ont permis au Hamas de mener les attaques suicides. Nous leur avons laissé le champ libre à l'intérieur de Gaza. Ce terrorisme ne provenait que de Gaza. Ils n'étaient plus contrôlés par nos services de sécurité et ont pu fabriquer leurs armements. Le seul problème était alors de transporter la bombe humaine à Jérusalem, ou à Tel-Aviv. Sans l'accord d'Oslo, ce terrorisme n'aurait pas pu exister. Le Hamas était une organisation beaucoup plus faible que l'OLP. Nous en aurions fini avec eux, comme nous en avions fini avec l'OLP. »

Le calendrier des négociations prend une nouvelle fois du retard. Les élections prévues, dans le cadre des accords, pour élire un conseil de l'autonomie sont sans cesse reportées. En outre, la colonisation israélienne autour de la ville de Jérusalem se poursuit, avec l'autorisation du gouvernement dirigé par Yitzhak Rabin.

Oslo II à Turin

La tension monte dangereusement. Pour éviter un blocage complet de la situation, Yitzhak Rabin fait appel une nouvelle fois aux négociateurs d'Oslo qui reprennent leurs rendez-vous secrets, mais cette fois en plein cœur de Tel-Aviv, comme le raconte Uri Savir : « Après la mise en œuvre de l'accord "Gaza-Jéricho", les attentats terroristes ont repris. La première expérience palestinienne d'autogouvernement a mal débuté. Les impôts n'étaient pas perçus, les institutions n'étaient pas créées, et il n'y avait pas de coopération économique israélo-palestinienne.

Les territoires étaient bouclés suite aux attentats. Les négociations ont été effectivement suspendues. Yitzhak Rabin nous a demandé de nous réunir avec nos collègues palestiniens. Je me souviens qu'il nous a dit :

"Prenez votre temps. Tirez les conclusions de ce qui a échoué."

Nous leur avons donné les clés, mais ils ont réalisé qu'il n'y avait pas de moteur dans le véhicule. De notre côté, nous avons constaté que le chauffeur n'avait pas encore son permis de conduire.

Nous nous sommes réunis dans la discrétion la plus totale. C'était à l'hôtel Yamit à Tel-Aviv. Nous nous rencontrions plusieurs fois par semaine. Nous avons déplié une carte de Ramallah sur la table. La ville était alors sous notre contrôle. Ouzi Dayan représentait le point de vue militaire. Il a prouvé aux Palestiniens que, si on calquait sur Ramallah le modèle de Gaza, on n'arriverait jamais à un accord intérimaire. Les Palestiniens ont essayé de prouver que, si le développement économique à Ramallah suivait le modèle de Gaza, il n'y aurait aucune chance de voir la situation du peuple palestinien évoluer. Nous avons discuté ainsi pendant quatre mois, de décembre 1994 à mars 1995.

Alors que le gouvernement venait d'arriver à la conclusion qu'il fallait séparer les peuples, nous avons soutenu le contraire, à savoir que la coopération était essentielle. Il était très inhabituel pour des Palestiniens et des Israéliens de se réunir dans le but de tirer les leçons de leurs erreurs. Nous avons conseillé à Rabin, Peres et Arafat de suivre la voie de la coopération, qui ferait partie d'une entente globale. »

Le 10 décembre 1994, Rabin, Peres et Arafat reçoivent le prix Nobel de la paix, à Oslo, tout un symbole.

Les négociations entre le gouvernement israélien et l'Autorité palestinienne reprennent au printemps 1995 en vue de parvenir à un accord intérimaire sur l'ensemble de la Cisjordanie, conformément au texte de la déclaration de principes signé à Oslo.

Les mêmes causes produisant les mêmes effets, Peres et Arafat décident d'établir un nouveau canal secret entre Uri Savir et Abou Ala. Mais cette fois Oslo – plus assez discrète – est délaissée au profit de Turin. « Nous souhaitions trouver un endroit loin des journalistes et des manifestants, explique Uri Savir, mais suffisamment près pour pouvoir revenir et parler à ceux qui prenaient les décisions. Nous nous sommes adressés à Mme Agnelli, l'épouse du ministre italien des Affaires étrangères de l'époque. Notre ambassadeur, Avi Pazner, lui en a parlé et elle a dit : "J'ai un frère qui s'appelle Agnelli, il a une entreprise qui s'appelle Fiat. Elle a une filiale dans un endroit très joli du côté de Turin. Vous pourrez vous y rendre tous les week-ends."

Les propriétaires ne parlaient que l'italien. On leur a dit, ainsi qu'au pilote de l'avion de Fiat qui nous a emmenés à Turin, que nous étions des personnalités du Proche-Orient qui souhaitaient acquérir des véhicules Fiat. Je crois que nous étions des hommes d'affaires assez particuliers. Nous y parlions, de jour comme de nuit, de questions de sécurité, très importantes. Ouzi Dayan était en charge des questions militaires et Singer s'occupait des élections. J'étais moi-même à la tête de la délégation, face à quatre Palestiniens. À mon avis, nous avons fait des progrès étonnants. C'était dû, entre autres, au caractère secret des rencontres. »

Abou Ala, qui dirigeait la délégation palestinienne, partage le même sentiment qu'Uri Savir : « À Turin, l'ambiance était propice aux négociations. C'est ce qui nous a permis d'aboutir à la structure de l'accord intérimaire. À Eilat, nous avons annoncé la conclusion de l'accord après huit mois de négociations qui avaient eu lieu en Italie et à l'ambassade du Norvège à Tel-Aviv où nous avions d'ailleurs couché plusieurs fois sans que personne ne l'ait jamais su. »

L'accord est finalisé à Taba le 10 août 1995 et signé à Washington le 28 septembre 1995. Il prévoit l'élection d'un Conseil national de l'autonomie et de son président.

La Cisjordanie est découpée en trois zones : A, B et C. La zone A comprend les principales villes de Cisjordanie qui doivent devenir entièrement autonomes. La zone B est partiellement autonome, le gouvernement israélien restant responsable de la sécurité. La zone C couvre toutes les colonies israéliennes. Les zones A et B, théoriquement placées sous l'autorité du Conseil de l'autonomie, représentent 30 % du territoire de la Cisjordanie et regroupent 90 % de la population palestinienne.

L'accord de Taba précise enfin que le statut final de la Cisjordanie et de Gaza devait être discuté à partir du 5 mai 1996.

Mais l'assassinat d'Yitzhak Rabin le 4 novembre 1995 et la défaite de Shimon Peres aux élections en juin 1996 vont bouleverser ce fragile édifice.

Le meurtre de Rabin

Depuis des mois, l'opposition au processus de paix ne cesse de grandir en Israël. La société israélienne, traumatisée par les attentats suicides du *Hamas*, est coupée en deux. Les mouvements extrémistes nationalistes et religieux mais aussi le Likoud multiplient les manifestations de rue bruyantes et haineuses. Les manifestants brandissent des portraits d'Yitzhak Rabin déguisé en SS, brûlent son effigie et lancent des appels au meurtre du Premier ministre sans que les leaders du Likoud y trouvent à redire. Yitzhak Rabin a été tué par des mots avant de l'être par une arme.

« Lors de notre visite à Ofakim j'ai été bloqué avec Rabin, raconte Ehud Barak. Une centaine de jeunes extrémistes religieux hurlaient des horreurs contre Rabin et appelaient à une action violente contre lui. Et qui peut oublier les manifestations sur la place de Sion, à Jérusalem, où l'on a brûlé des caricatures de Rabin en uniforme SS ? Ou les fausses "funérailles" où le chef de l'opposition, Netanyahou, marchait derrière un cercueil sur lequel il était écrit "Rabin" ? »

Yasser Arafat s'inquiétait lui aussi de la montée de la violence en Israël : « J'avais mis Rabin en garde en lui envoyant un mot où j'avais écrit : "Faites attention à tous ces groupes de fanatiques." »

Leah Rabin met en cause le rôle de l'actuel Premier ministre israélien, alors chef de l'opposition, Benyamin Netanyahou : « Le chemin vers la paix était dangereux. Mon mari l'avait dit plusieurs fois à la tribune de la Knesset. Il était conscient des risques qu'il avait pris, dès le début. Il le répétait sans cesse. Je me sentais insultée, comme pétrifiée, devant ces gens qui osaient venir dans notre rue et hurler : "Rabin est un traître", "Rabin est un assassin" ou "Rabin a assassiné le sionisme". Il n'y a jamais eu personne en face de ces manifestants. Pas une seule personne pour leur dire : "Mais qu'est-ce que vous êtes en train de faire ?"

Yitzhak était très clairement devenu l'unique cible du Likoud. Netanyahou n'était pas le seul, mais en tant que candidat au poste de Premier ministre, il était responsable. M. Netanyahou lui-même a déclaré : "Yitzhak Rabin ne sait plus comment diriger ce pays... Il le mène à sa destruction. Vous croyez que les Palestiniens vont se contenter de la Cisjordanie ? Ils voudront aussi Tel-Aviv."

Sa tactique était de faire peur à la population. »

Les services de sécurité israéliens, omnibulés par la menace islamiste, négligent le danger que représentent les extrémistes juifs. Pourtant, le geste de Yigal Amir, l'assassin de Rabin, n'est pas le produit du hasard ou l'œuvre d'un fou égaré. Amir, étudiant religieux à l'université Bar Ilan, passé par les unités d'élite de l'armée israélienne, appartient à un groupuscule d'extrême droite activiste – il a déjà été arrêté et relâché par la police israélienne – et très bien organisé, comme le montreront l'arsenal et les documents retrouvés à son domicile.

Le 4 novembre 1995, le parti travailliste décide de répondre à la mobilisation de la droite et de l'extrême droite en organisant une grande manifestation sur la place des Rois d'Israël à Tel-Aviv. Rabin et Peres veulent rassembler leurs partisans et montrer que le processus de paix bénéficie d'un large soutien dans l'opinion publique contrairement à ce que tendrait à faire croire la monopolisation de la rue par l'opposition hostile aux accords d'Oslo.

Pourtant, les dirigeants travaillistes doutent du succès de leur initiative. « Yitzhak croyait que peu de gens viendraient à la réunion publique, rapporte Leah Rabin. Ce jour-là, dans la voiture, son garde du corps s'est retourné vers nous et a dit à Yitzhak : "Autant vous prévenir, nous avons reçu une information nous avertissant qu'un commando suicide du *Hamas* allait essayer de se dissimuler dans la foule."

J'étais terrifiée, morte de peur... Pendant tout la soirée, je n'ai rien fait d'autre que surveiller le public. À chaque seconde, je me disais : "Mon Dieu ! Tout sauf ça. Pas aujourd'hui." »

Contrairement aux craintes de Rabin, la manifestation est un succès. Plus de 100 000 personnes sont rassemblées sur la place des Rois d'Israël, au même endroit où, treize ans plus tôt, avait eu lieu la grande manifestation contre les massacres de Sabra et Chatila. Le Premier ministre, si peu enclin aux démonstrations émotionnelles, se laisse porter par le climat de liesse. « Je crois que jamais ni lui ni Peres, n'avaient vécu des instants de bonheur aussi forts, aussi grands. Même quand Yitzhak a serré Peres dans ses bras, c'était sincère, spontané, confie Leah Rabin. Je crois qu'ils étaient vraiment heureux et qu'ils se sont embrassés sincèrement et sans hypocrisie. »

La sourde hostilité entre les deux frères ennemis semble, pour une fois, oubliée, au grand étonnement de Shimon Peres : « Yitzhak était dans un état d'exaltation indescriptible. C'était le plus beau jour de sa vie. Nous nous connaissions depuis cinquante ans, et il ne m'avait jamais pris dans les bras comme il l'a fait ce soir-là. En cinquante ans, je ne l'avais jamais entendu chanter. »

Cependant, les services de sécurité redoutent toujours un attentat du Hamas. « Nous n'avons évidemment pas imaginé la possibilité d'une menace juive », avoue Shimon

Peres. La fête s'achève sans incident, comme le rapporte Leah Rabin : « Les gens lui criaient : "Yitzhak, on t'aime", "Yitzhak, on t'aime..."

Quelqu'un a crié : "Leah, prend bien soin de lui."

J'ai répondu : "Je ferai de mon mieux." »

Leah Rabin fait part de son soulagement à un garde du corps en descendant de l'estrade : « Tout s'est bien passé. »

« Jusqu'à présent » lui répond prudemment le responsable du Shin Beth.

Yigal Amir se tient à quelques mètres à proximité de la voiture de Rabin. Personne ne lui a demandé ce qu'il faisait dans ce périmètre de sécurité. Lorsque Rabin rejoint sa voiture, Amir tire plusieurs coups de feu, le Premier ministre s'effondre. Comme Anouar el-Sadate, tombé lui aussi sous les balles d'un fanatique religieux quatorze ans plus tôt.

Leah Rabin est quelques mètres derrière son mari : « J'ai entendu des coups de feu. Je l'ai vu tomber et les gardes du corps se jeter sur lui. J'ai cru qu'ils l'avaient jeté par terre pour le protéger. Quelqu'un m'a dit : "Ce sont des balles à blanc. Ce n'est rien. Suivez-moi, vite."

J'avais l'impression de me trouver face à une force irrésistible. Je ne pouvais rien dire. On m'a poussée dans la voiture, et nous sommes partis. »

Au moment où claquent les coups de feux, Shimon Peres vient de quitter les lieux : « J'ai demandé aux gardes du corps d'arrêter la voiture, car je voulais voir ce qui s'était passé. Mais ils étaient déjà très tendus et ils m'ont dit que c'était hors de question. On ne savait pas qui tirait et sur qui. On m'a emmené à un bureau du *Shin Beth* à Tel-Aviv. On m'a dit que Yitzhak était probablement en route vers l'hôpital. Nous ne savions rien.

Leah Rabin est emmenée elle aussi dans les locaux du Shin Beth : "On m'a fait entrer dans une pièce vide, avec une table et un téléphone. J'étais toute seule devant ce téléphone et cette chambre vide, avec la phrase 'Nous vous le dirons quand nous le saurons.' Personne n'entrait.

J'ai appelé ma fille, Dalia, et je lui ai dit : 'On a tiré sur ton père, mais ils disent que ce n'est pas vrai.' Elle s'est mise à hurler : 'On a tiré sur papa ?

– Oui, mais ils disent que c'était des balles à blanc.'"

Au moment où elle me demandait où j'étais, j'ai entendu des personnes chuchoter dans le couloir. Ils disaient : "Un blessé grave ou un blessé léger ?"

Je ne voulais surtout pas demander de quel blessé grave ils parlaient. Je commençais à imaginer le pire, car si Yitzhak était le blessé léger, ils me l'auraient dit. Mais ils ne m'ont rien dit. Un peu plus tard, j'ai demandé à nouveau où était Yitzhak. Quelqu'un m'a dit qu'il était à l'hôpital. J'ai crié : "Emmenez-moi tout de suite à l'hôpital."

Lorsque je suis arrivée à l'hôpital, j'ai tout de suite compris que la situation était très grave. Il m'a suffi de croiser le regard du docteur Barbash qui m'attendait à l'entrée de l'hôpital. Ses yeux m'annonçaient déjà le pire. Je crois lui avoir demandé : "Il y a encore de l'espoir ?"

Il ne m'a pas répondu, l'air désespéré. On était en train de l'opérer, alors qu'il n'y avait plus de chance de le sauver. Les enfants m'ont rejointe là-bas. Et petit à petit, tout le monde est arrivé, Peres, Weizmann, des amis, la famille. »

Simon Peres a aussi été obligé d'exiger que les hommes du *Shin Beth* le conduisent à l'hôpital : « Le médecin s'est approché de nous et nous a dit qu'à son grand regret Yitzhak venait de mourir. Leah a fondu en larmes, toute la famille. Moi-même, j'étais en état de choc, anéanti. J'ai demandé si je pouvais le voir, une dernière fois. Ils nous ont laissés entrer, Leah et moi, dans la salle d'opération. Il était allongé, le corps à moitié recouvert par un drap. Il avait aux lèvres un sourire paisible, mais où perçait une pointe d'ironie. Je l'ai embrassé sur le front, puis je suis sorti. »

Lorsqu'il est informé de la nouvelle de la mort de Rabin, Yasser Arafat se trouve en compagnie du président portugais Mario Soares : « Ç'a été, pour moi, une tragédie. Je ne peux pas oublier, et je n'oublierais jamais, que

Rabin a été mon partenaire lorsque nous avons signé cette paix des braves. Et il venait d'en payer le prix. »

Saeb Erekat était à ce moment-là aux côtés d'Arafat. « Je lisais dans les yeux d'Arafat : Que va faire Peres ? Est-ce que Peres sera à la hauteur ? Quelles vont être les conséquences pour nous ? La tension est tombée un peu lorsqu'on a appris que l'assassin était israélien.

Il m'avait dit le soir de l'assassinat que ce n'était pas seulement Rabin que l'on venait de tuer, mais également le processus de paix. C'est ce que m'a dit Arafat, ce 4 novembre, à 10 heures du soir : "Rabin et le processus de paix sont morts."

J'étais assis près de lui. Mais ce n'est qu'aujourd'hui que j'ai compris ce qu'il voulait dire. »

La mort de Rabin provoque un choc immense en Israël. « L'assassinat de Rabin est quelque chose de très grave, une tragédie. Mais ne crois pas que ce soit une rupture », analyse le président de l'État d'Israël, Ezer Weizmann. Les leaders du Likoud sont mis en accusation pour n'avoir pas fait cesser les appels au meurtre contre Rabin.

Dans les commentaires, une étrange question revient sans cesse : comment un Juif a-t-il pu assassiner un autre juif ? Comme si Israël ne comptait pas autant d'assassins et de criminels en puissance que les autres sociétés. « Les Juifs se sont défini un tabou, affirme Benyamin Netanyahou, qui a duré deux mille ans. Les Juifs ne tuent pas d'autres juifs pour des raisons de désaccords politiques. Un Premier ministre juif a été assassiné par un autre Juif. C'est effarant. Mais cela nous a surtout impressionnés en tant que Juifs qui vivent avec ce tabou, cette interdiction. C'est pour cette raison que l'assassinat de Rabin nous a ébranlés de façon si violente. Le choc a été plus fort que celui qui peut se produire chez d'autres peuples, où les assassinats politiques sont courants. Chez nous, non. Je ne peux pas promettre que cela ne se reproduira pas chez nous. Mais je constate la réaction de toutes les couches de la population. Je crois qu'il n'y aura jamais de guerre civile ici. À mon avis, ce qui nous unit empêche la formation d'un telle scission au sein du peuple. »

Rien n'est moins sûr. La détermination de certains groupes extrémistes et de colons fort bien armés, confortés par la politique du tandem Netanyahou-Sharon, risque de déboucher sur une confrontation violente le jour où, inévitablement, les compromis avec les Palestiniens seront à nouveau à l'ordre du jour. « Il ne s'agit pas d'une bande d'hurluberlus à tendance messianique, estime Karmit Guillon, l'ancien chef du Shin Beth, mais de personnes très sérieuses qui ont consciemment décidé de mettre fin au processus de paix. Ces gens n'ont pas besoin d'être des milliers. Quelques individus suffisent. Il s'agit certainement de plusieurs dizaines, peut-être une centaine de personnes. Mais si vous constatez ce que Yigal Amir a réussi à faire tout seul, vous comprendrez que dix, ça fait beaucoup. »

L'historien Tom Segev ne croit pas à l'hypothèse d'une guerre civile en Israël : « Nous avons certains mécanismes politiques qui empêcheront une guerre civile. Les actes de violence sont possibles, mais une guerre civile, comme celle qui s'est déroulée à Sarajevo, est une impossibilité. Je le crois en tout cas. Nous avons encore certaines choses en commun. Nous avons surtout un ennemi commun. Ce n'est pas un hasard si beaucoup de personnes ont peur de la paix. Elles ont peur d'un monde sans ennemis. »

Les chefs d'État du monde entier viennent assister aux obsèques d'Yitzhak Rabin à Jérusalem, y compris le président égyptien Hosni Moubarak et le roi Hussein de Jordanie qui se rend, à cette occasion, pour la première fois depuis 1967, dans la Ville sainte : « Lorsque j'ai appris que Rabin était blessé, j'ai été terriblement choqué, en colère. Je ne pouvais pas croire ce qui venait d'arriver. Nos relations avaient atteint un stade où nous pouvions être francs l'un envers l'autre. Il acceptait mes critiques et moi les siennes. Nous travaillions pour faire progresser la paix, dans l'intérêt de nos peuples. J'étais effondré et j'ai donc décidé que je devais aller présenter mes condoléances. »

Yasser Arafat, lui, n'a pas été invité à assister à la cérémonie qu'il suit devant son poste de télévision. Quelques jours plus tard, il ira chez Leah Rabin pour rendre hommage au Premier ministre assassiné : « C'était très difficile pour moi, mais j'ai estimé qu'il était de mon devoir de le faire et je l'ai fait. Deux jours auparavant, elle et moi avions signé un communiqué à l'adresse des deux peuples palestinien et israélien les appelant à la paix des braves. »

Leah Rabin s'avoue encore surprise par la démarche d'Arafat : « Je me disais que Yitzhak ne l'aurait jamais cru. Il n'aurait jamais pu imaginer Yasser Arafat sans keffieh, assis sur le canapé dans notre appartement. Il était venu se joindre à nous, comme l'aurait fait un proche parent. Ça a été un moment étonnant. Et jusqu'à ce jour, il me parle comme s'il faisait partie de la famille. Serrer la main d'Arafat ne m'a jamais posé le moindre problème. En revanche, il m'est difficile de serrer la main de Netanyahou. »

Shimon Peres succède à Rabin au poste de Premier ministre. Peres décide d'avancer la date des élections, pour profiter de la vague d'émotion soulevée par l'assassinat de Rabin. Le pays tout entier semble prêt à soutenir Peres et à l'aider à poursuivre le processus de paix. Tous les sondages donnent Peres vainqueur contre Netanyahou avec une confortable avance.

Peres opère le retrait de l'armée israélienne des principales villes de Cisjordanie, à l'exception de Hébron, conformément au calendrier prévu dans les accords de Taba.

Les élections palestiniennes pour élire le conseil de l'autonomie se tiennent enfin le 20 janvier 1996, avec dix-huit mois de retard sur le calendrier prévu à la signature des accords du Caire en mai 1994. Yasser Arafat est élu président de l'Autorité avec 88 % des suffrages exprimés, et son organisation, le *Fatah*, recueille 51 sièges sur les 88 du conseil législatif.

Uri Savir considère que ces élections représentent une étape décisive des relations israélo-palestiniennes : « Nous les considérions comme l'application d'un système de valeurs auquel nous croyons, à savoir que nous n'avons pas le droit de dominer un autre peuple et que ce peuple a le droit à son propre gouvernement, élu librement au suffrage universel. Je crois que le plus beau jour que nous ayons vécu, tout au long de ce processus, a été celui des élections palestiniennes. C'était une réussite dans un contexte très complexe. Ces élections ont marqué un tournant dans l'histoire de l'indépendance palestinienne. Elles ont été le point culminant de la coopération israélo-palestinienne au point de vue politique et sécuritaire, ainsi qu'une étape importante vers la création d'une entité palestinienne aux côtés d'Israël. »

Pour Fayçal el-Husseini, ces élections marquent aussi une nouvelle étape dans la construction de l'État palestinien : « Après une grossesse interminable, notre bébé est enfin né. Il est beaucoup plus petit que nous ne l'espérions, et nettement moins joli que nous ne l'aurions souhaité. C'est vrai qu'il n'est pas particulièrement beau, plutôt menu, chétif, mais il a besoin d'être choyé, et nous allons l'élever, parce que c'est notre enfant, et qu'il est notre fils, quoi que nous disions de lui. »

Mais ces progrès du processus de paix vont être annihilés par la politique suicidaire que mène Shimon Peres à partir du début de l'année 1996.

Le faucon

Au mois de janvier, Peres, qui souffre de ne pas disposer auprès de l'opinion publique israélienne d'un crédit suffisant en matière de sécurité, autorise l'élimination de Yehia Ayache considéré comme l'un des organisateurs des attentats suicides perpétrés par le *Hamas*. « En Israël, avant chaque élection, la colombe a toujours tendance à se déguiser en faucon », ironise l'historienne israélienne Anita Shapira. Cette décision va ouvrir un nouveau cycle de violence qui conduira Peres à la défaite.

L'opération est confiée au *Shin Beth*. Le 5 janvier 1996, Yehia Ayache est tué par l'explosion de son téléphone portable qui a été piégé. Shimon Peres justifie sa décision : « Il était évident qu'Ayache préparait un attentat. Ce que nous lui avons fait n'était pas une vengeance, mais une opération préventive. S'il avait eu l'occasion de faire un autre attentat, cela aurait été terrible. Il était responsable de cinquant-six attentats. J'avais demandé à Arafat d'arrêter Ayache. Je lui avais dit que "l'ingénieur" se trouvait à Gaza. Arafat m'avait répondu qu'il savait, de source sûre, qu'Ayache avait quitté Gaza. Je lui ai dit : "Vous vous trompez. Il y est toujours." »

Mohamed Dahlan, le chef de la police palestinienne à Gaza, affirme aussi qu'il ignorait tout de la présence d'Ayache sur le territoire autonome : « Les Israéliens savaient en effet où se trouvait Yehia Ayache. C'est l'une des erreurs du *Hamas*. Mais nous, à l'époque, ne le savions pas. Nous mettions en place notre appareil de sécurité et nous étions toujours dans une phase d'instabilité. Lorsque Peres a pris la place de Rabin, il a commis l'erreur de vouloir montrer aux Israéliens que lui aussi pouvait être inflexible, dur, et capable de régler les questions de sécurité avec la même poigne de fer que son prédécesseur. Nous avions conclu un accord avec le Hamas, non écrit il est vrai, mais qu'ils ont respecté. Et ils n'ont plus mené d'opération contre Israël, ni eux ni le *Djihad islamique*, pendant quatre ou cinq mois. Les Israéliens ont pris la décision de supprimer Ayache uniquement pour tenter de faire oublier la faillite de leurs services secrets, incapables de protéger Rabin. C'est l'assassinat de leur Premier ministre, qu'ils n'ont pas pu empêcher, qui les a poussés, pour redorer un prestige un peu terni, à monter une opération spectaculaire destinée à prouver qu'ils étaient encore crédibles et efficaces. »

La réaction des dirigeants du Hamas est terrible : ils lancent plusieurs opérations suicides en Israël qui font près de soixante morts et deux cents blessés en quelques semaines. « Nous devions venger cet assassinat. Ce furent les opérations de février et mars 1996. Le *Hamas* ne pouvait pas laisser Israël tuer des civils sans réagir. »

Le *Hamas*, qui vient de porter le coup de grâce à Shimon Peres, est en train d'offrir à Netanyahou les élections sur un plateau. Cette succession d'attentats produit un effet désastreux sur l'opinion publique : « Ce sont les quatre attentats du Hamas qui nous ont fait perdre vingt points dans tous les sondages. Ces attentats, souligne Peres, ont été diffusés à la télévision 24 heures sur 24, sans interruption. Tout ce sang, ces corps déchiquetés, les larmes, les cris. Et toutes ces attaques contre moi, entre autres : "Assassin ! Traître !" »

Face à la campagne électorale de Netanyahou, indécente – uniquement à base d'images d'attentats – mais musclée, la campagne de Peres paraît terne. « Inepte », précise un quotidien du soir.

Benyamin Netanyahou se défend d'avoir exploité ces événements tragiques : « On a préféré ne pas montrer mes appels pour stopper les violences verbales qui ont précédé les élections. Je suppose qu'il n'y avait pas grand intérêt à le souligner, puisqu'on avait décidé de me dépeindre comme le plus violent démagogue du pays, ou Dieu sait quoi d'autre. »

Peres demande à Yasser Arafat d'intervenir pour mettre fin aux attentats du Hamas, comme en témoigne Mohamed Dahlan : « Ils ont assassiné Ayache alors que la situation était parfaitement calme. Et après en avoir payé le prix, ces quatre attentats, les Israéliens sont venus demander à l'Autorité palestinienne de rétablir l'ordre, parce que la situation entre eux et le Hamas était devenue explosive. Ils ont ensuite essayé politiquement de faire en sorte que l'Autorité palestinienne en paye le prix. »

Le piège qu'Israël a construit depuis des années vient

de se refermer. Les mouvement islamistes avaient été encouragés pour déstabiliser l'OLP. « Nous savions tous, souligne Sari Nusseibeh, qu'Israël a soutenu les organisations islamiques et les Frères musulmans, et les a aidés à se développer dans les territoires occupés, dans le seul but d'affaiblir le Mouvement national palestinien. »

Israël est maintenant obligé de demander à Arafat de l'aider à combattre ces islamistes dont les actions menacent de faire exploser le processus de paix. « *Hamas* ou les mouvements islamistes n'ont jamais été des agents d'Israël, explique Fayçal el-Husseini. Israël a simplement voulu exploiter leur existence pour créer des problèmes internes au mouvement national palestinien. Et c'est ce qui s'est produit. Mais à un moment donné, cette force, qu'ils espéraient utiliser pour déstabiliser le mouvement national palestinien, s'est retournée contre eux. »

Les élections israéliennes vont se tenir dans un climat de grande tension car, parallèlement aux attentats du Hamas, les accrochages entre le *Hezbollah* et l'armée israélienne reprennent dans le sud du Liban. Shimon Peres voudra, encore une fois, montrer qu'il est capable de faire preuve d'une grande fermeté.

Le 11 avril 1996, il déclenche l'opération « Raisins de la colère » censée mettre un terme aux tirs de roquettes du *Hezbollah* sur le nord d'Israël. L'aviation israélienne bombarde la banlieue de Beyrouth et le sud du pays. Mais au cours de l'un de ces raids, le quartier général de la FINUL (Force intérimaire des Nations unies au Liban) à Cana, qui abrite de nombreux réfugiés, est touché, faisant près d'une centaine de victimes civiles et autant de blessés. Il faudra l'intervention des États-Unis et de la France pour permettre l'établissement d'un cessez-le-feu.

Le 29 mai 1996, les premières estimations des instituts de sondages déclarent Shimon Peres vainqueur des élections. Une courte victoire qui permet à tous les commentateurs de gloser sur la sagesse de l'électorat israélien qui a voté en faveur de la paix. Le « syndrome Rabin » a joué en faveur de Peres comme tout le monde s'y attendait, à l'instar de l'ancien Premier ministre Shamir : « J'étais presque sûr qu'en raison de ce meurtre le Likoud allait perdre les élections. »

Quelques heures plus tard c'est le coup de théâtre, Shimon Peres est battu avec un écart de moins de 30 000 voix. Porté au pouvoir par les attentats du *Hamas*, Benyamin Netanyahou, à qui l'on ne donnait pas l'ombre d'une chance quelques semaines plus tôt, est élu. Netanyahou se trompait lorsqu'il avait dit à son directeur de cabinet : « Rabin sera plus difficile à battre mort que vivant. » Le principal adversaire d'un accord de paix avec les Palestiniens vient d'être choisi pour diriger le pays pendant quatre ans.

Leah Rabin accuse Peres d'avoir mené la campagne électorale avec beaucoup trop de légèreté : « C'était un moment particulièrement pénible. Aller se coucher alors que sur le téléviseur tombaient les dernières estimations qui confirmaient la victoire du Likoud, c'est un crime sans pardon ! On n'aurait jamais dû perdre ces élections. Non seulement on pouvait, mais on devait les remporter sans difficulté, si on avait investi un minimum d'effort. Peres a fait preuve de négligence. Peres est responsable d'une série de maladresses. Je pense qu'il a surtout commis une erreur, la plus grave : croire dès le début que la victoire lui était acquise. »

Une fois encore, Peres échoue devant le suffrage universel : « Nous avons fait tellement d'erreurs, reconnaît Peres. Pas seulement la rupture avec les partis religieux, mais surtout la modification du système électoral. Ça a été une erreur fatale. »

Certains dirigeants de gauche israélienne, comme Shulamit Aloni, reprochent à Peres de ne pas avoir évoqué le meurtre de Rabin : « Le parti travailliste a décidé, Dieu sait pourquoi, de ne pas en parler lors de la campagne électorale. On aurait dû le faire. Il est inimaginable que

Netanyahou, qui a participé à toutes les manifestations contre Rabin, soit Premier ministre. »

Benyamin Netanyahou attribue sa victoire à l'échec du processus de paix : « J'ai été élu parce que la paix n'existait pas. J'ai été élu parce que des centaines de personnes continuaient à être massacrées dans notre pays, dans ces bus qui explosaient dans les villes. Ce que l'on a appelé "processus de paix" n'était en réalité qu'un processus d'anarchie. »

À son arrivée au pouvoir, le nouveau Premier ministre reprend, sous la pression des Américains, les négociations avec Arafat. Mais elles se déroulent dans un tout autre climat, comme le souligne Saeb Erekat : « La différence est très grande. Avec le précédent gouvernement, je négociais avec des partenaires. La confiance régnait. Nous jouions cartes sur table. Avec le présent gouvernement, je crains que plus nous nous parlons et moins nous nous faisons confiance. »

Pour Hanane Ashraoui, les négociations avec Netanyahou sont encore plus difficiles qu'avec Shamir : « Shamir était clair. Il imposait son point de vue, même s'il ne prenait pas la réalité en compte non plus. Maintenant, dans sa manière d'affronter la réalité, Netanyahou pratique la fuite en avant. Il a découvert qu'il y avait des engagements à respecter, incompatibles avec sa doctrine, son idéologie. »

Malgré la poursuite des négociations, le processus de paix s'enlise. Le gouvernement israélien multiplie les gestes considérés comme de véritables provocations par les Palestiniens. En septembre 1996, le Premier ministre israélien annonce l'ouverture d'un tunnel sous l'esplanade des mosquées dans la vieille ville de Jérusalem. Immédiatement, de violents incidents éclatent en Cisjordanie et débouchent sur des affrontements entre la police palestinienne et l'armée israélienne.

Tenu par les engagements internationaux de ses prédécesseurs, Benyamin Nentanyahou signe, en janvier 1997, après des semaines de laborieuses négociations, un accord sur l'évacuation partielle de la ville d'Hébron – où résident 400 colons israéliens pour 120000 habitants palestiniens – et un calendrier de redéploiement de l'armée israélienne en Cisjordanie. La signature de l'accord n'est pas saluée par une accolade entre les négociateurs mais par un échange de propos qui ne laisse guère d'illusions sur l'avenir des relations entre l'Autorité palestinienne et le gouvernement Netanyahou : « On a laissé passer Hébron, lance le Premier ministre israélien à Saeb Erekat.

– Monsieur le Premier ministre, répond Erekat, je ne doute pas qu'en quittant cette pièce ce soir nous ayions encore moins confiance les uns dans les autres qu'avant d'avoir entamé les négociations. »

Depuis cet accord, aucun progrès n'a été accompli. Après avoir levé tous les obstacles légaux à la poursuite de la colonisation et autorisé la construction de milliers d'habitations dans les colonies juives de Cisjordanie, désormais desservies par des autoroutes interdites aux Arabes, Netanyahou, en mars 1997, décide, en violation des accords signés à Washington, de mettre en chantier 6000 logements à Har Homa, à l'est de Jérusalem. C'est un coup fatal porté à un processus de paix déjà à l'agonie.

L'exercice solitaire du pouvoir

Côté palestinien, même si aucune personnalité n'est vraiment en mesure de le concurrencer, Arafat, affaibli, déstabilisé par l'élection de Netanyahou, est accusé d'avoir bradé la lutte des Palestiniens pour obtenir une caricature d'État. Même ceux qui étaient proches d'Arafat réclament un peu plus de démocratie et rejettent cette Autorité palestinienne accusée de corruption, ces ministres incompétents qui ont détourné ou gaspillé en un an 1 milliard de francs sur les 9 milliards que verse la communauté internationale à l'Autorité palestinienne.

« Il y a une tension entre ceux qui ont vécu ici, explique Yossi Beilin, ont souffert, en ont payé le prix, fait de la prison, et ceux qui vivaient à Tunis, à qui ils reprochent, au moins à certains d'entre eux, d'avoir mené là-bas une vie relativement confortable. Quand les gens de Tunis sont arrivés ici et ont pris les principaux postes, les Palestiniens qui habitaient ici leur ont demandé : “Mais où étiez-vous pendant toutes ces années ?” »

Haïdar Abdel Chafi, qui jouit d'une grande popularité à Gaza, ne ménage pas le gouvernement présidé par Arafat : « À mon avis, l'Autorité palestinienne a été et est toujours mauvaise. Son action est loin de répondre ne serait-ce qu'à une partie de nos demandes. »

Leïla Khaled met en cause l'exercice solitaire du pouvoir pratiqué par Arafat : « Yasser Arafat est connu pour sa tendance à vouloir prendre les décisions tout seul. Nous avons pourtant un comité exécutif, un conseil national, où les gens débattent. Mais lui n'a qu'un principe : “Vous pouvez dire ce que vous voulez, on fera ce que j'aurai décidé.” Ça s'est toujours passé comme ça avec Arafat. Les gens qui sont aujourd'hui à la tête de l'Autorité palestinienne doivent se retirer. Ils ne font plus rien pour la population. Ce n'est pas seulement Arafat qui doit céder sa place, mais la totalité de nos dirigeants. »

L'Autorité palestinienne est de plus en plus stigmatisée pour son attitude à l'égard des droits de l'homme. « Les principes des droits de l'homme ne sont pas respectés. Je suis vraiment désolé de devoir le dire, mais c'est la vérité », regrette Abdel Chafi.

L'appareil répressif mis en place ne cesse de croître, comptant désormais près de 30 000 personnes. Les pratiques de la police palestinienne, au nom de la protection du processus de paix, ne sont guère différentes de celles de l'armée israélienne hier dénoncées.

« C'est dur à dire, témoigne Mahmoud el-Zahar, l'un des dirigeants du *Hamas*, mais nous avons connu les mêmes souffrances sous l'Autorité palestinienne. Les coups, les insultes, les os brisés, la torture. Tous les moyens dont se servaient les Israéliens ont été réutilisés par les policiers palestiniens. »

Mohamed Dahlan admet que de telles violations des droits de l'homme ont eu cours dans les prisons palestiniennes : « L'intention du *Hamas* est de détruire le pouvoir de l'Autorité palestinienne. Il y a sûrement eu des débordements de la part de certains individus de l'Autorité palestinienne, mais ce n'étaient que des comportements individuels. Ça ne change rien. Toute situation où un citoyen palestinien est blessé, ou tué, par un de nos policiers est une honte, une tache qui restera sur l'histoire du peuple palestinien. »

Une fois n'est pas coutume, le roi Hussein prend la défense de Yasser Arafat : « La violence place aujourd'hui Arafat dans une position impossible. Il doit, sous les pressions, prendre des mesures contre sa propre population. Je crois même que dans certaines circonstances il est obligé de passer par-dessus les droits de l'homme, alors que l'on attendait le contraire de sa part. Mais seul un homme comme Arafat peut survivre à ce genre de situation. »

À cela répond Haïdar Abdel Chafi, dont le sentiment est partagé par beaucoup de ses compatriotes : « La soupape de sécurité, c'est l'instauration d'une vraie démocratie. C'est ce dont nous avons le plus besoin. Très vite. »

Mais une véritable démocratie ne peut s'instaurer que dans un climat de paix et de développement. Le blocage actuel du processus entamé à Madrid en 1991 ne favorisera certainement pas les aspirations démocratiques mais risque, au contraire, d'engendrer plus de frustrations et de désespoir, et de renforcer ainsi des courants extrémistes.

CONCLUSION

Faut-il être optimiste ou pessimiste quant à l'avenir du processus de paix au Proche-Orient ? « Peptimiste » aimait à répondre le grand écrivain et journaliste palestinien, Émile Habibi, qui avait accepté le plan de partage de la Palestine en 1947.

La fin des illusions

La plupart des acteurs du conflit israélo-palestinien s'accordent pour dire que, à court terme, la politique du Premier ministre israélien vide de sa substance le processus entamé à Oslo. Benyamin Netanyahou, qui s'inscrit dans la tradition la plus radicale du sionisme – celle de Jabotinsky, dont son père fut le secrétaire –, est cohérent avec lui-même puisqu'il a violemment combattu ces accords.

« Avec l'élection de Netanyahou, le processus d'Oslo est mort, affirme Sari Nusseibeh. Je crois que nous allons devoir trouver une nouvelle forme de lutte contre Israël. »

Cette analyse est partagée par Abdel Chafi : « On regrette toujours d'avoir à envisager le pire, le retour à la violence, le sang a nouveau versé, et tout le reste. Toutefois, je crois que la partie palestinienne a la conscience tranquille, parce qu'elle a fait toutes les concessions possibles pour la paix, mais en vain, du fait de l'obstination israélienne. »

Yasser Arafat met en cause l'attitude du Premier ministre israélien : « Le processus de paix traverse actuellement une crise très grave. Uniquement à cause de la position du gouvernement israélien. Netanyahou refuse non seulement de continuer le processus d'Oslo, mais également d'appliquer et dc respecter ce qui a déjà été signé. Le peuple palestinien a pu mener une Intifada de sept ans. Je tiens à préciser, et il faut que tout le monde l'ait à l'esprit, que le peuple palestinien est prêt, aujourd'hui, demain, à tirer un trait sur ces sept ans d'Intifada et à tout recommencer à nouveau. »

Fayçal el-Husseini est, lui, encore plus sévère : « Netanyahou veut tuer ce processus de paix et personnellement, je crois qu'il l'a tué. Le processus de paix, dont tout le monde parle encore, n'est plus qu'un cadavre. Ce que fait Netanyahou ressemble plus à une profanation de cadavre qu'à une tentative de réanimation d'un accord de paix à l'agonie. »

Haïdar Abdel Chafi refuse d'attribuer le blocage du processus de paix à la seule politique de Netanyahou : « Cette allégation est fallacieuse. Le processus de paix a perdu sa crédibilité peu de temps après l'accord d'Oslo. »

Ahmed Tibi veut rester optimiste : « Je crois que ce processus est plus fort que les dirigeants. Oslo est plus fort que Benyamin Netanyahou et si vous me demandiez qui des deux tombera le premier, de Benyamin Netanyahou ou d'Oslo, je ne pense pas qu'Oslo sera le premier. »

Du côté de la gauche israélienne, le constat n'est guère plus encourageant : « Aujourd'hui tout s'est brisé », regrette Shulamit Aloni. À la tête du gouvernement, se trouve actuellement un homme qui ne doit pas y rester un jour de plus. »

Le leader du parti travailliste, Ehud Barak, considère que « Netanyahou, comme chef d'État, ne comprend ni la profondeur et la complexité des problèmes, ni les grandes tendances de l'histoire du Proche-Orient. Il a une analyse très dogmatique et très simpliste, ce qui limite ses horizons et sa capacité à saisir des opportunités quand elles se présentent. Je ferai tous les efforts pour qu'il quitte le gouvernement le plus tôt possible. J'utiliserai tous les moyens légaux pour convaincre le public. Nous devons essayer de le faire chuter, mais nous devons également prévoir la continuation de son régime jusqu'à la fin de son mandat.

Le gouvernement dans sa composition actuelle, majoritairement plus à droite que Netanyahou lui-même, est fondamentalement incapable d'arriver à un accord de paix au Proche-Orient. Pour cette raison, il se heurtera à un mur infranchissable et à des explosions de violence bien avant l'an 2000. Je le dis avec beaucoup de peine et de chagrin, car on aurait pu éviter cette situation. »

Leah Rabin, quant à elle, émet un jugement sans appel sur le gouvernement Netanyahou : « Nous ressemblons à une république bananière. C'est un régime brutal, agressif, totalement indifférent aux aspirations de la population. Avec à sa tête un homme vulgaire, un tyran qui prend seul toutes les décisions et se moque complètement de l'opinion publique. J'ai du mal à croire qu'on puisse le faire changer d'avis, puisqu'il n'écoute même pas ses plus proches collaborateurs. Je suis écœurée. Et en même temps terrifiée. Un phénomène fasciste est en train de se développer ici. J'ai de la peine à croire qu'il y a des gens en Israël qui apprécient ce comportement. Maintenant, la droite s'est alliée aux extrémistes religieux, et cette coalition scinde le peuple en deux. Mais les blessures peuvent encore être guéries. La situation n'est pas sans espoir. Je suis encore optimiste. »

Ariel Sharon, à la tête d'un grand ministère des Infrastructures, en réalité chargé de poursuivre la colonisation de la Cisjordanie et surtout de Jérusalem, récuse Arafat comme partenaire de la construction de la paix : « Je suis pour les négociations avec les Palestiniens, je suis en faveur de la paix et je suis prêt à prendre des décisions très importantes dans ce domaine. Mais je ne crois pas qu'il soit possible d'arriver à un accord avec un homme, Arafat, qui, fondamentalement, reste un assassin. » De toute évidence, Sharon n'a pas digéré de ne pas avoir pu éliminer son vieil ennemi au Liban en 1982.

Quant au Premier ministre israélien, il rejette la responsabilité du blocage du processus de paix sur les Palestiniens : « L'Autorité palestinienne fermait les yeux, parfois, et même souvent, sur les actions du *Hamas* et du *Jihad islamique*, dont l'objectif était de faire pression sur nous afin que nous fassions de plus en plus de concessions. Ces concessions n'ont pas mis fin au terrorisme. Elles n'ont pas amené la paix véritable. Une paix véritable signifie la fin de la violence et des guerres. Ce n'est pas ce que nous avons connu. Nous ne voulons certainement pas d'une paix comme celle-ci. Nous voulons une paix véritable. Les Palestiniens et les Arabes doivent comprendre que le peuple israélien veut la paix et la sécurité. Nous voulons la paix sans le terrorisme. On ne peut pas mener un processus de paix et un processus de terreur simultanément. C'est absurde. C'est ridicule. J'ai du mal à croire que certains l'ont pensé. Il est donc difficile pour eux d'accepter cette nouvelle situation. Ils se sont habitués à une situation où, s'ils n'obtiennent pas ce qu'ils veulent, ils utilisent le terrorisme. Parfois, ils ont même utilisé le terrorisme alors qu'ils avaient déjà reçu ce qu'ils avaient demandé, dans le but d'obtenir des concessions supplémentaires. Nous refusons de vivre avec cette dualité. Il faut choisir : le terrorisme ou la paix. »

La passivité américaine

L'administration américaine peut-elle amener le gouvernement israélien à revoir sa politique, comme l'avaient fait, dans une certaine mesure, James Baker et George Bush ? Bill Clinton n'a pas jusqu'à présent manifesté de grandes velléités d'affronter le Premier ministre israélien, alors que dans un second mandat, en règle générale, un président américain possède une marge de manœuvre plus importante.

Hanane Ashraoui estime que « la faiblesse américaine

actuelle n'est pas justifiée, en tant que président possesseur d'un second mandat et en tant que parrain du processus de paix, Clinton se devait de jouer un rôle beaucoup plus déterminant et empreint de moins de parti pris pour Israël. Il s'agit là d'un problème de crédibilité pour les États-Unis eux-mêmes et pas seulement pour le processus de paix. Mais je ne m'attends pas du tout à un changement de la politique américaine. Nous savons qu'il y a un parti pris historique, une alliance stratégique entre Israël et les États-Unis ».

Saeb Erekat ne se fait aucune illusion sur une quelconque volonté américaine d'exercer une réelle pression sur Israël : « Nous n'avons jamais pensé qu'il puisse un jour y avoir une administration américaine objective. Objective ! Nous ne demandons pas qu'elle nous accorde son soutien, mais simplement qu'elle soit objective. Cela ne s'est jamais produit et ne se produira jamais ! C'est un vrai problème pour les négociations. Nous l'avons dit à Dennis Ross. Il y a une différence entre une tentative de sauver Netanyahou et une tentative de sauver le processus de paix. Sauver le processus de paix commande d'empêcher Netanyahou d'aller plus loin, avant qu'il ne soit trop tard. »

L'ancien secrétaire d'État, James Baker, souligne, non sans ironie les contradictions de la politique américaine : « Clinton a fait quelques efforts. Il a dit récemment que les colonies constituaient un obstacle pour la paix. Il a demandé à Netanyahou d'éviter de relancer la colonisation, car cela ne ferait pas avancer le processus de paix. À la question : Est-ce que les colonies sont un obstacle pour la paix ? il a répondu par l'affirmative. Mais on a l'impression qu'il essaye de courir deux lièvres à la fois. Quand on le voit critiquer la colonisation d'une part et, d'autre part, utiliser son droit de veto quand l'ONU souhaite exprimer le même reproche, on se demande quelle est la ligne de conduite des États-Unis. Quand les États-Unis font partie des deux seuls votes opposés à la décision du Conseil de sécurité, on se demande pourquoi le président dit que la colonisation est un obstacle à la paix tout en ordonnant son représentant à l'ONU d'imposer son veto. »

William Quandt émet lui aussi de sérieux doutes sur la détermination américaine : « Shamir, "Monsieur Non", était une cible facile. Il passait son temps à dire "non" à tout le monde. Netanyahou dira plutôt "oui, mais..." et insistera sur la sécurité. Il a grandi dans ce pays, il sait comment traiter les médias américains. Il s'assurera que l'idée que l'on se faisait de Shamir, celle d'un homme têtu, négatif et inflexible, ne s'applique pas à lui. Il le fera en présentant un discours aux apparences raisonnables. À mon avis, dans la pratique, il sera tout aussi déterminé à agir d'une façon qui sera un obstacle à une vraie paix. Mais il faut attendre et voir. Clinton, en tout cas, n'est pas un homme de confrontation. Il lui laissera le bénéfice du doute aussi longtemps que possible. »

Les États-Unis peuvent-ils contraindre les Israéliens à faire la paix, alors qu'un gouvernement, démocratiquement élu, s'y refuse ?

Le Premier ministre israélien ne semble pas craindre devoir revivre la même aventure que Shamir : « On ne peut pas imposer à Israël quelque chose qui est en opposition avec ses intérêts. Je ne crois pas que quelqu'un à Washington pense pouvoir le faire. On a connu des moments de forte pression, tout le monde le sait. Mais on ne peut pas imposer à notre pays des conditions qui mettent en péril son avenir et sa sécurité. »

Mais finalement, souligne Uri Savir : « C'est à nous, et non pas aux Américains de décider si nous voulons poursuivre le processus de paix, ou si nous le laissons s'effondrer, avec tout ce que cela va entraîner comme difficultés, comme violences. Ceux qui en ont la charge en ce moment ne le réalisent pas, mais cette désagrégation posera d'énormes dangers à la sécurité de l'État d'Israël. »

Ni paix ni sécurité

En tout état de cause, le blocage du processus de paix fait peser de grands dangers sur la région, en renforçant les opposants à tout compromis, à toute concession. Les fanatiques des deux cotés ont pris le dessus. Près de Hébron, la tombe de Baruch Goldstein est devenue un lieu de pèlerinage pour les extrémistes israéliens. Benyamin Netanyahou, dont les affiches électorales proclamaient : « La paix dans la sécurité », découvre aujourd'hui qu'il n'a obtenu ni l'un ni l'autre.

« Aujourd'hui, s'inquiète Abba Eban, il y a un danger majeur, celui de voir s'effriter, puis disparaître, tout ce qui a été accompli. Et si cela se produit, il me paraît impossible qu'une occasion semblable se présente à nouveau. »

Saeb Erekat se désole de voir de très sombres perspectives se profiler :

« Je crois que Netanyahou réussira à pousser les deux peuples, israélien et palestinien, dans la violence, le chaos et le bain de sang. Et il y pousse la région tout entière. Netanyahou aide l'extrémisme comme jamais auparavant. L'extrémisme palestinien aussi bien qu'israélien. Sauf imprévu, Netanyahou peut rester au pouvoir en Israël jusqu'au 7 novembre de l'an 2000. À mon avis, deux ans avant cette date, le processus de paix aura été jeté dans les oubliettes de l'histoire. C'est un homme déterminé et je suis certain qu'il a un plan pour tuer le processus de paix. En fin de compte, c'est un gouvernement qui ne trouve aucun intérêt à négocier avec nous. Et, de plus, ils nous sont totalement étrangers. Ils ne nous connaissent pas du tout. Ils ont une vision des choses qui nous est totalement étrangère. À tel point que je suis quelquefois tenté de leur dire : "Vous ne voulez pas me toucher ? Touchez-moi. Je suis fait de chair, de sang. Comme vous. Nous avons nous aussi un père, une mère. Nous sommes propres, nous nous lavons, nous nous habillons." »

Mohamed Dahlan assure que la situation actuelle ne peut que renforcer les mouvements islamistes : « Netanyahou a tout fait pour affaiblir et déstabiliser l'Autorité palestinienne auprès de la population. C'est lui qui pousse les Palestiniens à rejoindre les mouvements extrémistes, en particulier le Hamas et le Djihad islamique. »

Le danger est d'autant plus grand que, comme le souligne Sari Nusseibeh, le mouvement national palestinien pouvait « faire une concession sur la terre en contrepartie de l'établissement d'un État, et de la préservation de notre identité. Pour les mouvements islamistes, cela n'est pas possible ». Ce que résume Ehud Barak d'une formule à l'emporte-pièce : « Entre Arafat et le Hamas, ou le Jihad islamique, ou n'importe qui d'autre au sein du mouvement palestinien, je préfère Arafat. »

Le mouvement islamiste n'est guère prêt à faire des concessions à en croire Mahmoud al-Zahar, l'un des dirigeants du Hamas, pour qui « Israël n'est qu'un accident de l'histoire. La position du Hamas est claire, à savoir qu'il considère Israël comme un corps étranger. Premièrement, nous ne reconnaîtrons jamais l'État d'Israël. Deuxièmement, nous ne ferons jamais la paix avec Israël. Et troisièmement, même si nous sommes d'accord pour accepter une trêve, nous n'accepterons jamais de reconnaître à Israël le moindre droit, ne serait-ce que sur un seul pouce de la totalité de la terre palestinienne. La Palestine, qui est une terre du Waqf islamique, est la propriété de tous les musulmans. Israël disparaîtra un jour, et la Palestine, toute la Palestine, reviendra aux enfants de Palestine, et il y sera établi un État islamique, partie intégrante du Grand État islamique. Ce sera un grand État, avec Jérusalem pour capitale. Le nom ne sera pas Palestine. Ce sera la capitale d'un grand État islamique dans cette région. Cela est écrit dans le Coran et il en a été décidé ainsi. Les chrétiens et les juifs qui ont vécu sur cette terre jouiront de la liberté totale de pratiquer leur culte, de même que les musulmans. Ceux d'entre eux qui voudront se joindre à l'armée islamique pourront le faire. Et ceux qui ne le veulent pas paieront une taxe : la Jezia ».

Cette position n'est pas très éloignée de celle de Leïla Khaled, même si cette dernière, laïque convaincue, ne se situe pas dans une perspective islamiste : « Personnellement, je reste profondément convaincue que cette terre nous appartient. Ma foi est inébranlable. Notre terre nous sera restituée, même s'il faudra attendre cent ans pour cela. Jérusalem est arabe et elle le restera.

L'Union soviétique est née en 1917 et s'est brusquement effondrée en 1990. Il est donc tout à fait possible qu'Israël s'écroule. Dans vingt, cinquante ou cent ans. Ce n'est pas une question d'années. »

La bande de Gaza, avec 1 million d'habitants, détient la plus forte densité au monde et est un terreau fertile pour l'expansion des mouvements islamistes. Le phénomène est d'autant plus inquiétant qu'aujourd'hui, comme ailleurs dans le monde arabo-musulman, le *Hamas* ne se nourrit pas seulement du désespoir des plus pauvres, mais attire des élites qui désertent le mouvement national palestinien : « Pour l'Occident, le *Hamas*, c'est uniquement les attentats suicides, affirme Zahar. Le *Hamas*, ce sont des ingénieurs, des médecins, des diplômés de toutes les universités du monde, des experts en physique nucléaire, en sciences humaines et en littérature. *Hamas* n'est donc pas du tout comme le dépeint l'Occident. »

Le Proche-Orient vit depuis cinquante ans une tension qui persiste, en grande partie en raison du déni – par Israël et aussi par de nombreux États arabes – des aspirations nationales palestiniennes.

État des lieux

Un État palestinien verra-t-il le jour ? Quels peuvent en être les contours ? De quels attributs de souveraineté disposera-t-il ?

Des réponses à ces questions dépend l'avenir du processus de paix. Elles sont évidemment diverses côté israélien et côté palestinien.

Selon l'ancien secrétaire d'État, James Baker : « l'État palestinien est en train de se créer. Nous nous dirigeons de façon presque certaine vers la création d'un État de forme inconnue. Il est en train de se former actuellement sous vos yeux. Il y a un drapeau palestinien, un président d'une autorité nationale, une partie du territoire qui est en totalité soumise à sa juridiction, ou plutôt à sa force militaire, là où l'armée israélienne n'est plus déployée. Le chemin sera parsemé d'obstacles, surtout avec le gouvernement actuel. Netanyahou s'est engagé dans un processus auquel il n'aurait jamais donné son accord *ab initio*, tout en essayant de satisfaire les extrémistes au sein de son gouvernement. Il y aura beaucoup de dérapages, mais on y arrivera au bout du compte. »

Le temps de la décision finale approche car la période transitoire qui a débuté en 1994 devrait s'achever en 1999. À cette date, un statut final des territoires autonomes devrait être déterminé. Mais un retard considérable a déjà été pris sur le calendrier prévu. Or, comme le rappelle Abou Ala, « cet accord – et cela est très important – est un accord transitoire qui court sur cinq ans, pas une journée de plus. Cela signifie qu'après cinq ans de phase transitoire nous serons libres de déterminer notre position. Nous aurions alors le droit – et le monde devrait nous y aider – à proclamer notre État, en déterminer les frontières, en proclamer la capitale, en définir la nature et les relations, unilatéralement. Le temps perdu aujourd'hui par Netanyahou est un temps précieux. Les deux peuples le regretteront ».

Trois options se dessinent aujourd'hui.

La première, portée par l'extrême droite israélienne et une partie de la droite, refuse toute éventualité d'un État palestinien puisque, selon ce courant, il existe déjà en Jordanie. « Je n'ai jamais dit qu'il fallait tuer ou expulser tous les Arabes, déclare Benny Eilon, membre d'un parti d'extrême droite, *Moledet*. Nous ne parlons que d'un transfert, accepté par les deux peuples, qui parviendrait à cette conclusion : “Nous nous sommes entre-tués pendant cent ans. Nous n’avons rien obtenu. Séparons-nous. Chacun ira chez soi.” Il faut accepter que, de part et d’autre du Jourdain, deux États soient créés : la Palestine juive, c’est-à-dire Israël, et la Palestine arabe, c’est-à-dire la Jordanie, ou Arafatland, si ça leur fait plaisir. »

La seconde option est celle du tandem Netanyahou-Sharon. N’ayant pu récuser les accords d’Oslo, les deux dirigeants du Likoud considèrent maintenant qu’Israël a épuisé son capital de concessions. L’État palestinien, vidé de nombreuses prérogatives et attributs de la souveraineté, est établi, puisque l’Autorité palestinienne exerce son contrôle sur 90 % de la population palestinienne mais sur à peine 7 % des territoires occupés après 1967. « À mon grand regret, déclare Sharon, l’État palestinien a déjà été créé. Il est là ! Pour cette raison, je n’attache aucune importance aux slogans creux du genre : “Nous n’accepterons jamais un État palestinien.” Je préfère voir la réalité en face. Il faut s’assurer que cet État ne constitue pas une menace pour Israël. Il faut veiller à ce que chaque détail de l’accord soit minutieusement respecté, ce qui n’est pas le cas, malheureusement. »

Le gouvernement Netanyahou envisage, dans le statut final, d’accorder à l’Autorité palestinienne environ 35 % de la Cisjordanie. Les 65 % restants seraient annexés par Israël et le statut de Jérusalem, capitale éternelle et réunifiée, ne souffrirait d’aucun compromis : « Nous ne sommes pas prêts à retourner aux frontières de 1967, ni à diviser Jérusalem, affirme Benyamin Netanyahou. Arafat a dû supposer qu’il avait déjà obtenu ces choses-là. Il ferait mieux d’oublier cette idée. Ainsi que le droit au retour des réfugiés palestiniens, et toutes les autres lubies qu’ils ont en tête. S’ils le comprennent, mais je crois qu’ils ne l’ont pas encore vraiment compris, je suis convaincu que nous pourrons non seulement poursuivre le processus de paix, mais aussi le conclure par un accord de paix avec les

Palestiniens. Je crois que c'est difficile, mais pas impossible. Je suis ni euphorique ni déprimé. Je suis un réaliste et, par conséquent, optimiste. »

Cette solution est rejetée par les Palestiniens. Ils veulent un État en bonne et due forme avec Jérusalem-Est pour capitale et n'y dérogeront pas, comme le souligne Hanane Ashraoui : « Toutes les terres qui ont été occupées en 1967 doivent constituer les frontières de l'État palestinien et, sans l'ombre d'un doute, Jérusalem sera la capitale de cet État. C'est le minimum acceptable. Toute autre solution qui prévoirait une annexion de territoires, ou l'amputation de Jérusalem du reste de la terre de Palestine, ne mènera pas à la paix. »

Que fera le parti travailliste s'il revient au pouvoir après les prochaines élections prévues en l'an 2000 ? La réponse apportée par Ehud Barak ne permet pas de se faire une idée très précise : « Nous ne reviendrons pas aux frontières de 1967, nous ne laisserons pas une armée étrangère s'installer à l'ouest du Jourdain et nous maintiendrons la souveraineté israélienne sur la majorité des colons, à défaut de pouvoir garder la majorité des colonies. Je peux très bien envisager un État palestinien, éventuellement soumis à quelques contraintes, comme l'un des résultats possibles de ce processus. Je peux également envisager une confédération jordano-palestinienne. Cette dernière solution serait meilleure que la première, mais ce seront les Palestiniens qui décideront. »

Quelques jours avant l'assassinat de Rabin, Abou Ala et Yossi Beilin étaient parvenus à rédiger un document qui fixe les contours du futur État palestinien. Rabin n'a pas eu le temps d'en prendre connaissance : « Ce document, explique Beilin, parle d'un État palestinien démilitarisé dans la majorité des territoires, en Cisjordanie ainsi qu'à Gaza. Il envisage l'annexion par Israël d'une petite partie des territoires où demeure la majorité des colons et accorde aux Palestiniens un petit territoire près de Gaza. La proposition qui concerne Jérusalem est complexe. La région appelée

“Abou Dis” sera la capitale palestinienne. C’est une région en dehors de la municipalité de Jérusalem mais à l’intérieur de l’“Al Qods” palestinienne. Les Palestiniens contrôleront les mosquées sur le mont du Temple. Telles sont les grandes lignes de ce document. Je suppose qu’il constitue le point de départ de longues négociations. Rabin a été assassiné peu de temps après. Il était dans mon intention de lui présenter ce document. Abou Mazen s’était engagé à le montrer à Arafat. Cela n’a pas eu lieu. Quand nous avons rédigé ce document, le 31 octobre 1995, nous estimions qu’il nous faudrait un mois, un mois et demi pour le négocier, peut-être un peu plus. Ce n’est pas vraiment un accord. Il n’est pas signé. C’est une entente qui pourra constituer une base à des négociations. Elle n’engage personne. Si des négociations ont lieu, on pourra se référer à ce document et parler sérieusement des mesures à prendre. À mon avis, le statut final se basera sur ce document. Il n’y aura pas de statut final sans un État palestinien. »

Le partage de la terre palestinienne est inéluctable. Ezer Weizmann, le président de l’État d’Israël, n’envisage pas d’autre possibilité pour arriver à la paix : « Nous souffrons aujourd’hui parce que nous n’avons pas réussi à conquérir tout le pays, et ils souffrent parce qu’ils n’ont pas accepté le partage. Les deux côtés doivent compren-dre qu’aucun d’entre eux n’obtiendra l’intégralité du pays d’Israël. Les Palestiniens et Israël ont beaucoup à perdre si tout explose. Je ne voudrais pas que nos rapports avec les Palestiniens soient des rapports de force. Nous aussi, nous devons comprendre que nous sommes arrivés à une situation où une nouvelle carte se dessine. Est-ce qu’on va finir par s’aimer ? Seul le temps nous le dira. Personne ne peut forcer les deux partenaires d’un couple à s’aimer. On peut les marier, mais on ne peut pas exiger d’eux qu’ils s’aiment. »

L’un des problèmes est peut-être que, comme le dit Uri Savir, Israéliens et Palestiniens « ont fini par se reconnaître sans avoir eu le temps de se connaître ».

Shimon Peres est convaincu que « la paix a, tout compte fait, un côté romantique. Il faut en être amoureux. C'est quelque chose de différent. Quand on achète quelque chose dans un magasin, on le prend, et on passe à la caisse payer. En ce qui concerne la paix, il faut d'abord en payer le prix, puis espérer qu'elle arrivera un jour ».

La paix romantique ? Il est permis d'en douter. Ce serait oublier que la paix est synonyme de concessions, de renoncements dont le prix est parfois élevé. Mais les résultats obtenus peuvent éloigner durablement le spectre de la guerre.

Au Proche-Orient, la seule alternative à la paix, ce sera la guerre. L'histoire des cinquante dernières années montre que tout blocage du processus de paix, toute absence de perspective d'un règlement durable de la question palestinienne, conduit à une nouvelle guerre. La prochaine sera encore plus terrifiante que les précédentes compte tenu des stocks d'armes accumulés et de leur puissance de destruction.

« Les Palestiniens veulent la paix, affirme Leah Rabin. Pour leurs familles, pour leurs enfants. Comme nous. On en a assez des guerres et du sang. On en a assez d'envoyer nos soldats en Cisjordanie protéger les colons et les quelques centimètres de terre que nous abandonnerions sans regrets en échange de la paix. Je ne peux pas envisager autre chose que la paix. Trop d'espoirs sont nés. Le processus est irréversible. On ne peut plus l'arrêter. On peut le rendre plus douloureux, mais on ne peut pas tuer les espoirs des habitants de la région. La paix viendra. »

Le pire n'est jamais sûr, même s'il faut s'y préparer. Au Proche-Orient plus qu'ailleurs. La paix est le seul moyen de l'éviter.

CHRONOLOGIE

1896

Théodore Herzl publie *L'État des Juifs*.

1897

29-31 août : Premier congrès de l'Organisation sioniste mondiale à Bâle.

1916

16 mai : Accords Sykes-Picot sur le partage du Proche-Orient entre la France et la Grande-Bretagne.

1917

2 novembre : Déclaration Balfour.

1922

24 juillet : La SDN confie à la Grande-Bretagne un mandat sur la Palestine.

1929

Violents affrontements judéo-arabes en Palestine.

1935

Promulgation des lois antijuives de Nuremberg.

1936-1939

Révolte arabe en Palestine.

1937

La commission Peel propose le partage de la Palestine.

1939

17 mai : Publication du *Livre blanc* britannique limitant l'immigration juive.

1942

20 janvier : Conférence de Wannsee sur la solution finale de la question juive.

6 mai : Conférence de l'Agence juive à l'hôtel Biltmore à New York. Le mouvement sioniste revendique explicitement un État juif en Palestine.

1945

Mars : Création de la Ligue arabe.

Avril : Libération des camps de concentration et d'extermination nazis. Découverte du génocide.

1947

Février : La Grande-Bretagne porte la question palestinienne devant les Nations unies.

29 novembre : L'ONU adopte le plan de partage de la Palestine.

1948

9 avril : Massacre de Deir Yassine.

14 mai : Proclamation de l'État d'Israël.

15 mai : Premier conflit israëlo-arabe.

1949

Février-Juillet : Signature d'armistices entre Israël et les États arabes.

11 mai : Admission d'Israël à l'ONU.

1950

24 avril : Annexion de la Cisjordanie par la Transjordanie.

1951

20 juillet : Assassinat du roi Abdallah de Transjordanie.

1952

23 juillet : Renversement du roi égyptien Farouk par les « officiers libres ». Nasser devient Premier ministre.

11 août : Hussein devient roi de Jordanie.

1954

25 février : Nasser devient président de la République.

1956

26 juillet : Nasser nationalise le canal de Suez.

29 octobre-6 novembre : Intervention franco-israélo-britannique à Suez.

1959

Octobre : Premier congrès au Koweït du *Fatah*, dirigé par Yasser Arafat.

1963

Juin : Démission de David Ben Gourion. Levi Eshkol lui succède.

1964

26 mai : Premier congrès national palestinien à Jérusalem. Création de l'OLP.

1967

6 avril : Violents combats aériens entre la Syrie et Israël.

18 mai : Nasser demande le retrait des casques bleus du Sinaï.

5-11 juin : Guerre des Six Jours.

29 août : Conférence de Khartoum.

21 novembre : Résolution 242 à l'ONU.

1969

Yasser Arafat devient président de l'OLP.

1970

Septembre : Violents affrontements entre l'OLP et l'armée jordanienne.

28 septembre : Mort de Nasser.

15 octobre : Anouar el-Sadate devient président de la République.

1972

Septembre : Attentat contre les athlètes israéliens aux jeux Olympiques de Munich.

1973

Octobre : Guerre du Kippour.

1974

11 avril : Démission de Golda Meir. Yitzhak Rabin devient Premier ministre.

1977

17 mai : Victoire de la droite aux élections israéliennes. Menahem Begin est nommé Premier ministre.

19 novembre : Anouar el-Sadate se rend à Jérusalem.

1978

Septembre : Négociations israélo-égyptiennes à Camp David.

1978

26 mars : Traité de paix entre l'Égypte et Israël.

1981

6 octobre : Assassinat du président Sadate.

1982

6 juin : Israël envahit le Liban.

16 septembre : Massacres de Sabra et Chatila.

1983

15 septembre : Begin démissionne. Il est remplacé par Yitzhak Shamir.

20 décembre : Arafat et 4 000 Palestiniens quittent Tripoli au Liban.

1984

13 septembre : Accord entre le Likoud et le parti travailliste en Israël. Formation d'un gouvernement d'union nationale. Peres gouvernera deux ans.

1986

20 octobre : Shamir succède à Peres.

1987

9 décembre : Début de l'Intifada.

1988

16 avril : Abou Jihad exécuté par les Israéliens à Tunis.

12 novembre : L'OLP reconnaît les résolutions 181, 242 et 338 de l'ONU.

15 novembre : Arafat proclame à Alger la création d'un État palestinien.

1990

2 août : Saddam Hussein envahit le Koweït.

1991

17 janvier : Début de la guerre du Golfe. Tirs de missiles irakiens sur Tel-Aviv, le lendemain.

8 mars : Première tournée de James Baker au Proche-Orient.

30 octobre : Conférence de Madrid.

1992

23 juin : Yitzhak Rabin devient Premier ministre.

1993

Janvier : Début des négociations secrètes d'Oslo

13 septembre : Signature des accords d'Oslo à la Maison Blanche. Poignée de main Arafat et Rabin.

1994

25 février : Massacre à Hébron perpétré par un extrémiste juif, Baruch Goldstein.

Avril : Bilan de sept ans d'Intifada : 2 156 Palestiniens et 219 Israéliens tués.

4 mai : Accord final sur une autonomie palestinienne au Caire.

1er juillet : Retour d'Arafat à Gaza.

17 octobre : Traité de paix entre Israël et la Jordanie.

1995

4 novembre : Assassinat de Yitzhak Rabin. Shimon Peres le remplace.

1996

Janvier : Assassinat de Yehia Ayache, l'un des dirigeants du Hamas, organisé par le Shin Beth.

Février-avril : Série d'attentats du Hamas en Israël.

29 mai : Benyamin Netanyahou est élu Premier ministre.

25 septembre : 76 morts après l'ouverture d'un tunnel à Jérusalem.

1997

18 janvier : Retrait de Tsahal des quatre cinquièmes de la ville d'Hébron.

Février : Extension des quartiers juifs à Jérusalem-Est.

1998

Blocage du processus de paix.

LISTE DES TÉMOINS

Haïdar Abdel Chafi, chef de la délégation palestinienne à Madrid.

Bassam Abou Charif, membre du Front populaire de libération de la Palestine.

Abou Ala, négociateur palestinien à Oslo, ministre de l'Économie et des Finances de l'Autorité palestinienne.

Shulamit Aloni, député israélien du Meretz (extrême gauche).

Meïr Amit, ancien chef du Mossad.

Yasser Arafat, président de l'Autorité palestinienne.

Hanane Ashraoui, négociatrice palestinienne à Madrid, ministre de l'Éducation de l'Autorité palestinienne.

James Baker, ancien secrétaire d'État américain.

Ehud Barak, ancien chef d'état-major israélien, secrétaire général du Parti travailliste.

Yossi Beilin, conseiller de Shimon Peres, ancien vice-ministre des Affaires étrangères.

Boutros Boutros-Ghali, ancien ministre égyptien des Affaires étrangères d'Anouar el-Sadate.

Jimmy Carter, ancien président des États-Unis.

Mohamed Dahlan, directeur de la police palestinienne à Gaza.

Abba Eban, ancien ministre israélien des Affaires étrangères.

Saeb Erekat, conseiller personnel de Yasser Arafat.

Benni Eylon, député israélien du parti Modelet (extrême droite).

Rafael Eytan, ministre du gouvernement Netanyahou,

ancien chef d'état-major israélien pendant la guerre du Liban.

Mordechaï Gazit, ancien directeur de cabinet de Golda Meir.

Alexander Haig, ancien secrétaire d'État américain.

Yaïr Hirschfeld, universitaire, négociateur israélien à Oslo.

Motti Hod, commandant de l'aviation israélienne en 1967.

Hussein Ibn Talal, roi de Jordanie.

Fayçal el-Husseini, dirigeant palestinien, négociateur à Washington.

Oum Jihad, veuve d'Abou Jihad, ministre de la Santé de l'Autorité palestinienne.

Henry Kissinger, ancien secrétaire d'État américain.

Leïla Khaled, membre du Front populaire de libération de la Palestine.

David Kimche, ancien directeur adjoint du Mossad.

Benyamin Netanyahou, Premier ministre israélien.

Sari Nusseibeh, universitaire palestinien, dirigeant de l'Intifada.

Meïr Païl, colonel israélien, témoin du massacre de Deir Yassine.

Shimon Peres, ancien Premier ministre israélien.

William Quandt, ancien conseiller de Jimmy Carter pour le Moyen-Orient.

Leah Rabin, épouse de Yitzhak Rabin.

Dennis Ross, diplomate américain, chargé du processus de paix au Proche-Orient.

Jehane Sadate, épouse de Anouar el-Sadate.

Uri Savir, diplomate, négociateur israélien à Oslo.

Tom Segev, historien israélien.

Yitzhak Shamir, ancien Premier ministre israélien.

Anita Shapira, historienne israélienne.

Ariel Sharon, ministre des Infrastructures du gouvernement Netanyahou, ancien ministre de la Défense.

Dan Shomron, ancien chef d'état-major israélien.

Rafael Sivron, ingénieur militaire israélien.
Ahmed Tibi, conseiller d'Arafat.
Ezer Weizman, président de l'État d'Israël.
Mahmoud al-Zahar, dirigeant du *Hamas*.

TABLE

Cet ouvrage a été réalisé par la
SOCIÉTÉ NOUVELLE FIRMIN-DIDOT
Mesnil-sur-l'Estrée
pour le compte des Éditions du Rocher
en avril 1998

Éditions du Rocher
28, rue Comte-Félix-Gastaldi
Monaco

Imprimé en France
Dépôt légal : avril 1998
CNE section commerce et industrie Monaco : 19023
N° d'impression : 42488